春潮NOV+

回到分歧的路口

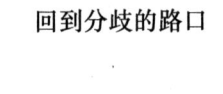

单身快乐吗

亲密关系焦虑者自救手册

THE UNEXPECTED JOY OF BEING SINGLE

［英］凯瑟琳·格雷 著　薛一一 译

中信出版集团｜北京

图书在版编目（CIP）数据

单身快乐吗：亲密关系焦虑者自救手册/（英）凯瑟琳·格雷著；薛一一译.--北京：中信出版社，2022.4

书名原文：The Unexpected Joy of Being Single
ISBN 978-7-5217-3893-3

Ⅰ.①单… Ⅱ.①凯…②薛… Ⅲ.①恋爱心理学-通俗读物 Ⅳ.①C913.1-49

中国版本图书馆CIP数据核字(2021)第279931号

The Unexpected Joy of Being Single by Catherine Gray
Copyright © Catherine Gray 2018
Published by arrangement with Rachel Mills Literary Ltd
Simplified Chinese translation copyright © 2022 by CITIC Press Corporation
ALL RIGHTS RESERVED

本书仅限中国大陆地区发行销售

单身快乐吗——亲密关系焦虑者自救手册

著　者：[英]凯瑟琳·格雷
译　者：薛一一
出版发行：中信出版集团股份有限公司
　　　　　（北京市朝阳区惠新东街甲4号富盛大厦2座　邮编　100029）
承　印　者：嘉业印刷（天津）有限公司

开　本：787mm×1092mm　1/32　印　张：11.25　字　数：200千字
版　次：2022年4月第1版　　　　　印　次：2022年4月第1次印刷
京权图字：01-2020-2615
书　号：ISBN 978-7-5217-3893-3
定　价：56.00元

版权所有·侵权必究
如有印刷、装订问题，本公司负责调换。
服务热线：400-600-8099
投稿邮箱：author@citicpub.com

致我的单身友人

你们没有任何问题,一切都好

CONTENTS
目录

序言 /v

爱之迷醉 /ix

写在开头 /xii

Part 1 **爱瘾的形成** /001

定义爱瘾 / 长大了，我就想结婚 /
童话书与影视剧塑造了我们对爱情的迷醉 /
身体和大脑都告诉我们，要有伴侣 /
为什么我们会迷恋上更冷漠的人

Part 2 **打败爱瘾** /039

可怕的双胞胎

Part 3 确定单身的理性 /055

我一年没有约会 / 单身是一种全球性的现象 /
为什么我们之中有这么多人单身 / 为什么父母不喜欢我们单身 /
"你让我完整"背后的资本主义 / 应对生育恐慌 /
我空窗的那一年过得如何 / 献给我灵魂伴侣的赞美诗

Part 4 培养单身的快乐 /091

单身之乐的 26 个源泉 / 单身快乐的灵感 / 单身歌单 / 单身书单

Part 5 摧毁被社会建构的单身恐惧 /121

单身的稀缺性 / 可怜的詹妮弗和花花公子莱奥纳多 /
单身男人的现实 / "你为什么单身?"

Part 6 被我忘掉然后重新学到的教训 /145

进步的多莉 / "等候之地"的人 / 男友和人上床了,对象不是我 /
这让我意识到,不存在什么失败的关系 / 我和一个"狗哨政客"的约会 /
那个我一心想要"赢得"的人 / 和一个我并不想与之结婚的人结婚 /
我觉得自己是这个世界上最孤单的人 / 我恨情人节 /13 件我终于不再做的事

Part 7 心理治疗打开了我头脑中的大门 /197

探索新空间 / 心理治疗要点总结 / 与内心的爱尔兰佬对战 /
依恋类型,以及它们为何会决定我们的生活 / 为什么演戏无意义

Part 8 单身的人究竟什么样 /229

用现实破除常见迷思 / 单身代言人

Part 9 "永远幸福快乐"的婚姻迷思 /241

结婚会让生活变轻松吗 / 从此他们过上了"幸福那么一点点"的生活 /
著名的晚婚女性 / 我很可能不会结婚的原因

Part 10 为自己完整上色 /263

一幅未完成的画

Part 11 如何适度约会 /273

适度约会 / 将我们不认识的人理想化 /
心碎折磨?这儿有为它而生的应用程序! / 玩失踪

Part 12 "永远幸福快乐"的单身生活 /303

你好,亲爱的"高级成年人" / "这是我该死的餐厅" /
承认你的单身 / 给你爱的孩子写信 / 我的"单身快乐"成果汇报 /
巴塞罗那的振奋时光

致谢 /331

译后记:认识你自己 /333

序言

社会通常会以一种皱起眉头、投以遗憾眼光的方式看待单身人士，再加上一句"好啦好啦，你早晚会遇到那个人的"（还会安慰性地拍拍他）。关于单身人士的文章也常常会搭配一些插图，比如一位看上去不怎么高兴的女士将一杯马天尼一饮而尽，或者是一位头戴亮闪闪帽子的男子孤零零地对着一块生日蛋糕。

我们身处的这种文化，会为"成双成对"欢呼鼓掌，却把单身人士归为无法找到爱自己之人的异类，为其打上"格格不入""怪胎"的标签。哦，可怜的单身狗。

嗯，不过，如果单身真有这么可怕，为什么我们之中仍有超过一半的人选择单身而不是进入一段亲密关系呢？答案很简单，单身并不可怕。在一段时间内保持单身，甚至终身单身，都是完全可以，且富有乐趣及解放性的。单身实在要比被逼着找个对象好太多太多了。这是一定的。

我二十来岁的时候，并不知道这一点：单身不是一种失败，即使没有男朋友，我也不是"破碎""不完整"的。那时的我完全被"人必须要找另一半"的观念洗脑，而且在单身的时候，我会感到一种非常可怕的不完整。我绝望且发疯般地寻找我缺失的那一半，犹如舞台童话剧里失去了另一半身体的小马*。

结果就是，我成了一个彻头彻尾的爱瘾者（现在某些时刻我仍然如此）。爱情不是像紫藤那样在我身上绽放，而是像毒藤一样扼住了我的脖子，威胁着我的幸福。这表现为一些"可爱"的行为，例如"网络视奸"、鬼迷心窍地想和我几乎不了解的人结婚、黏人、愤怒地争吵、出轨……

为什么我要跟你说这些呢？我后来发现，当分享一生中最黑暗的时刻，然后发现有成千上万的人说"我也是"时，那些黑暗的记忆就会立刻变成金子。分享就是一种炼金术。

这本书不是为了拆散那些快乐的伴侣——我喜欢他们，也不是要指出结婚是一种哗众取宠的行为，或者大肆宣扬单身"更好"。单身并不会更好，但是它显然也不会更差。单身或者不单身，在滋养人以及令人快乐方面，是完全等同的。

许多书名里有"单身"的书，大概讲的都是"如何赶快找个伴侣，来治愈你的单身病"。本书不属此类。这是一本讲述如何掌控单身、找到单身的乐趣，并把自己从面对情侣的社交压力中解救出来的书。

单身的人经常被当作彼得·潘一样的存在，是长不大的青少年、不成熟的成年人，但实际上，他们才应当被颁发"优秀成人奖"，因为单身生活并不是什么易如反掌的事情。

为单身人群争取与有伴侣人群平等的地位，对我们大家都

---

* 这种小马一般需要两个人穿上服装合力扮演，分别扮演马的前半身和后半身。——译者注

有好处。对单身状态的抗拒是那么普遍，单身往往被视为令人悲哀的标志，这意味着人们在无奈地接受并进入自己并不真正想发展的关系。正如著名哲学家阿兰·德波顿所说："只有单身和非单身状态获得了同等的尊重时，我们才能确保人们拥有了自由选择的权利。"

换言之，为单身的权利而奔走，其实对有伴侣的人也同样重要。这意味着他们也会因此获得新的自由：选择回归单身时，不用有什么负罪心理了。

也许这就是你的状态。也许你正想要逃离那种被社会认可的情侣关系——它看起来更像是一个牢笼。也许你正在扪心自问、深入思考：我是否有单身的勇气？

继续读下去，你会发现没什么好怕的。我们之后就会聊到，"他们从此幸福地生活在一起"，真正的意思应该是"他们从此幸福地生活了一小段时间"，因为许多研究表明，结婚带给人的满足只有那么一下子而已。我们会谈到，与他人产生连接只会让你的快乐增加1%。我们假设关系会给人以愉悦，但是，现实的铁证表明，它负担不起这种狂热、浪漫化的期待。

单身是一种选择。人们不是因为没人想要才单身，而是因为碰巧不想和想要他们的人在一起。或者他们根本没想和谁在一起。

"你为什么单身？"这个问题是荒谬的。我只是单身而已。你有时候处在一段关系中，有时候没有，这都是没有什么原因的。单身是巧合、选择以及机遇纠缠在一起的结果。有时候一段关系会以进入婚姻作为结束，有时则不，却也并不代表这段关系就此破碎成灰了。

同样,离婚也不是任何形式的"失败"。它只意味着有勇气走出一段已经不行的婚姻,勇敢如战士,毕竟在我们的社会中婚姻被定义为基石。离婚者是有理有据的反叛者。

单身人士应当被社会赋予与有伴侣的人同样的法律地位及尊重。现在我们是大多数,不是少数,也许"可怜的单身狗"和"令人羡慕的情侣"等刻板印象可以被永远抛弃了。我们可以看到,这两种生活方式选哪一种都各有利弊。

单身的人不是缺了一半的人,我们是完整的人,我们本身的样子就非常完整。

凯瑟琳

爱之迷醉

2002年2月

我已经和一个富有魅力、周到体贴又英俊的男人约会三次了,他比我大一些,名叫丹尼尔。我已经决定了,丹尼尔就是我要找的那个人。每天工作的时候,我都会分一只眼睛盯着诺基亚手机,看它的屏幕会不会亮起来,然后出现那个美妙的小信封图标。

每天晚上,我下班回家就拨号上网。一系列电脑程序提示音叮咚作响。

几分钟后,我就上线啦。我点进我的邮箱首页,然后点击收件箱。我简直是在寻找一种兴奋剂,能让我从这种持续的渴望中解脱。我在等的是丹尼尔发来的邮件,理想中那应该是关于我们下一次约会安排的邮件,但它没有出现。该死。

我坐在那儿,又等了两个小时,一直在不停地点击刷新键。刷新,刷新,刷新。我真的是这么做的。

当我对这不停的点击终于感到厌倦的时候,我开始在一些空洞无物的网站上浏览文章,标题大概是《如何让他为你着迷》或者《他迷恋上你的21个标志》,还有《男人无法忍受约会对象的19件事》。

为了俘获丹尼尔,我研究这些鬼话是有必要的,就像是在复习、准备考试一样。好吧,所以我需要拨弄我的头发,不要马上回应,郑重对待他提出的前两次约会,露出双腿或乳沟——但不要同时露出。检查,检查,检查。刷新,刷新,刷新。

我完全没有意识到不停刷新收件箱时的自己,就像是一只实验室笼子里的小白鼠,疯狂地按着"派药按钮"。我以为我的行为是正常的。

我的行为其实是不正常的。我已经染上了严重的"爱瘾"。

你看过《头脑特工队》吗?它是过去 10 年来最令人费解的电影之一。(我知道它是拍给孩子看的,不好意思!)

不管怎样,这部影片有这样一个设定:我们每个人的大脑里都有许多岛屿,是岛屿塑造了我们的性格。电影里,小女孩莱丽的大脑中就有曲棍球岛、傻瓜岛、友谊岛、家庭岛……你已经可以想象出来那是什么景象了。这些岛屿都是她生命中最重要的存在。

当莱丽长到十来岁的时候,悲情吸血鬼浪漫岛、时尚岛以及男孩乐队岛从水中冒了出来。

看《头脑特工队》的时候,我顿悟了。如果在我 20 多岁的时候,有人绘制了我大脑中的那些性格岛屿,那么应该会有酒鬼岛。那是一个魔多*风格的岛屿,到处都是遗失的手包、疯狂的夜店、流口水的恶魔以及无底深渊。那个岛会和男人岛一样

---

* 魔多:《魔戒》中的虚构国度,归属黑暗魔君索伦管辖。——编者注

大、一样邪恶。它会不停地发光、摇晃,被暴风雨包围着,就像是一座着了魔的游乐园。

33岁时,我戒酒了。我决定,是时候处理一下男人岛了。我需要把这座岛缩小一点,让它小如英国的怀特岛,而不是辽阔如爱尔兰。我需要把它变得没那么戏剧化,没那么令人害怕,不再"事事重要",而更像一座附属岛屿;一个令人愉快的目的地,而不是一整个国家。

所以,这就是我准备做的事情,而当我真的这样做时,我发现了一座新的岛屿,一座我完全没想到我会爱上的岛屿——单身之岛。

写在开头

偏执狂：对于某一事物抱有过分的热情或者过分投入。

——《牛津词典》

命中注定偏执狂：对于"寻找命中注定的那个人"抱有过分的热情或者过分投入。

——我的大脑

我要对你说实话。我现在还是一个爱瘾者，我没办法说我已经痊愈了。不，对不起，那只会是一句不要脸的谎话。

另外，我还是一个会直勾勾盯着短信、看手机就像看电视、屏住呼吸等待手机撩人的提示音响起的女人。我依然得轻拍自己的脸，提醒自己从优胜美地的婚礼幻想中醒来。（如果你想知道的话，我幻想中的婚礼是森林主题的，带有《纳尼亚传奇》的风格，还有竖琴手和笛手的演奏，而我要穿……啊，泄密了！不好意思，我溜了。）

我依然会对一个只见过两次面，共度过 7 小时的男性动心。可怕的我。我依然是那样的人。我也不打算把自己假扮成别的样子。

然而，我已经把我"命中注定偏执狂"的强度调低了。以前的我是歇斯底里的，常常"夺命连环call"，连发三遍信息（"你还好吗？你是出事了吗?!"）。调低强度帮助了我很多。我整整一年没有约会，在此期间我甚至没有握过一个男人的手。

我阅读了尽可能多的资料，了解迷恋成瘾为什么会发生，这些都对我有所帮助，我也会将之传授给你。我可以不再赋予他人让我忽喜忽悲的权力。当我习惯性地对爱成瘾时，我就像是一个充气人，需要表扬和肯定为我充气，而感到被人拒绝时，我就会迅速瘪下来，缩成一团。

33岁的老姑娘

我的第一次"恋爱沉沦期"出现在我最后一次"酒精沉沦期"的几个月前。我的父亲（现在已经遗憾地与我天人永隔）开始称我为"33岁的老姑娘"。他不是在逗我玩，这并不只是一个要激怒我的玩笑。他是绝对真心实意、严肃地觉得，我是一个老姑娘，并将会因此做出很可怕的事情。

我们那时刚刚拜访过叔叔和婶婶，他们问我："所以，你有结婚的打算吗，凯瑟琳？"我解释道，我刚刚跟一个对我不是很好的人分手了，而我其实已经与他一起生活了一年，我对于分手的决定感觉很好。叔叔皱起眉头说："嗯，可你已经不再年轻了。"而我的父亲大笑起来。

当我们离开后，我转向父亲，紧张地笑了笑："他们开始把我当成老姑娘了。"我父亲以他一贯的方式，毫不畏缩、实事求是地说："嗯，你就是一个老姑娘。"然后，我们在车里爆发了一场激烈的争吵，我哭了，说我不是一个老姑娘，而他则对着我大喊，说我就是一个老姑娘。这简直太古怪了。

我心里烦极了。那天晚些时候，我沿着拉干河跑了好长一段路，然后坐在落叶堆积的河边，哭得全身抽搐。哭出来后，我努力分析这件事为什么会对我造成如此大的伤害。我其实非常清楚，理性地说，这就是一种《广告狂人》式的、属于20世纪50年代的可笑厌女症，但它还是深深地刺痛了我。我仔细检查伤口，发现里面深埋着一根刺，失败之刺。嗯，这就是为什么我看上去输得那么惨。

我感觉自己作为一个女人、作为一个人很失败，因为我还没有找到人生伴侣。我觉得自己没有被选中，没有人要，被"剩"在了那里。但同时我也知道，在理智层面，这其实是无稽之谈。我知道，我刚刚结束了一段有毒的关系，从整个人生来看，33岁的我还是个年轻人。

一位朋友曾告诉我，我的相册就像一间充斥着虚荣心的奖品陈列室。是那种讨厌的人藏身的房间，到处都是鹿角、犀牛角和猎豹标本。

最近，我用挑剔的眼光回顾了这本相册。她是对的。它基本上是我前任们的花名册，是一个展示柜，里面都是认为我值得交往的男人。现在看着这本相册，我毛骨悚然。这是我的"猎物名单"。我真的是在通过和我睡过觉的男人来定义我自己。

但是你知道吗？我完全理解自己当时为什么会变成这样。我不会批评20多岁时的自己。无论是被暗示，还是赤裸裸地提醒，我都在一次又一次地被这个社会告知，恋爱是最重要的事情。就和你一样。

安定下来吧，快！

这就是了。我们都默认，"从此幸福地生活下去"，其中必然包括找到一个伴侣。那个人，就是我们的龙虾*、我们的另一半。怎么还是这样？都已经21世纪了，结婚依然被视为一个女性所能获得的最大成就。这只是我的想象，还是说这种潜在的观念真的存在？（我认为它确实存在。）感受到这种巨大压力的不仅是女性，男人同样如此。

不过，尽管存在结婚的压力，依然有越来越多的人选择保持单身。单身人口的增长速度是整体人口增长速度的10倍。英国典型的千禧一代生活方式就是一个人过，没有伴侣，平均时长是15年。

英敏特公司《2017年单身生活方式报告》的数据显示，在25至44岁的英国人中，51%的人是单身（包括离婚）。而在2016年，英国国家统计局报告，英国单身及离婚人口占总人口的35%。在短短一年时间里，英国单身及离婚人口就增加了16%，这真的有可能吗？

我们越来越晚进入婚姻。英国国家统计局2018年发布的一份报告称："2015年男性平均的结婚年龄为37.5岁，女性为35.1岁。"

换句话说，新娘平均35岁，新郎平均38岁。这一发现创造

---

* 这里用了美剧《老友记》的典故，龙虾老了会相互钳着钳子共度余生。——编者注

了一系列新闻头条，比如《大龄新娘的崛起：女性步入婚姻殿堂的平均年龄已超过35岁》。在2015年报告统计的婚姻中，75%的男性和76%的女性是首次结婚，60%的新娘超过30岁。

1970年，男性平均结婚年龄为27岁，女性为25岁*。所以，与那时相比，男性结婚推后了11年，女性推后了10年。这绝对令人震惊，对吧？

此外，42%的婚姻以离婚告终。这意味着，那些满怀希望、喜气洋洋地走上红毯的新人，有近一半在后来的人生中突然变回了单身。

单身正在成为潮流

在我挖掘出这些数据，以证明单身人士现已成为大多数之前，我写了很多颠覆传统的"酷文"，当我发现单身已成为新的"传统"后，我不得不把它们删掉。

然而，即使单身已成为主流，感觉上却并非如此。成年后单身仍会被视为一种叛逆，就像在逆潮而动。为什么？因为我们仍然生活在核心家庭**的阴影下，在望子成龙的重压下呻吟。

我们稍后会展开讨论这个问题，但是在婴儿潮一代的成长和成年过程中，出现了一个巨大的结婚高峰，因此父母可能困惑于我们为什么没有像他们那么年轻就结婚。

父母和媒体教我们害怕单身。我深知这种恐惧。这就是为

---

* 此处数据取整数计。
** 核心家庭：指由一对夫妇及未婚子女组成的家庭，通常称为"小家庭"。——编者注

什么我在 20 多岁时从没单身过，换了一个又一个男朋友。我认为任何关系，无论多么糟糕，有总比没有好。

身边无人陪伴时，我会感到空虚和黑暗，就像一个等待着什么人到来的漆黑房间，等待来人轻轻按下电灯开关，带来生机和活力。讽刺的是，由于我赋予了"维系关系"一种至高无上的重要性，我反而成了关系的破坏者。我窥探、欺骗、引发争吵，做所有这些"有趣"的事情。我会只为了获得更多的关注而闹分手。

最近几年，我成功地不再让自己做这些事。我不再维持不健康的关系，我不再害怕单身，我可以约会而不失理智。现在，我学会了享受单身生活，而不是羡慕地看着情侣们，心想："我也想要男朋友，为什么我没有？"

正如我所说，我的爱瘾无法治愈。它还在我体内蹿来蹿去，叫嚣着寻找解药，但我已经学会了如何与它共存——如何驯服它、拴住它、训练它，甚至抚摸它。我现在真的很高兴我是单身。

研究爱瘾让我能更从容地面对需要伴侣的感觉。从 20 岁到 30 岁，我单身的时间加起来也只有 6 个月——基本上都被用来评估潜在的男友人选；而在过去 5 年里，我单身的时间是 3 年半。也就是说，20 多岁时，我单身的时间占 5%，而在过去 5 年里，它增长到了 70%。

让我们开始反向洗脑吧

所以，在这本书里我们要做什么呢？该如何推进呢？

我们将与心理学家和神经科学家们聊一聊那些从社会中习得的恋爱成瘾信息，聊一聊我们为爱疯狂的大脑里都有些什么，然后消除这些教条对我们的影响。

我们要深挖从文学作品、电影和电视剧中获得的信息，那些令我们痴迷的罗曼蒂克之爱（比如《BJ单身日记》以一场婚礼收尾）。这些信息已经深埋进了我们的皮肤里，植入了我们的潜意识，让我们认为"从此幸福地生活下去"必须包括一对情侣在夕阳下的剪影。你猜怎么着？其实并不是这样的。

如果你想约会，我将告诉你该如何适度约会，而不是把自己变成社交应用上的跟踪狂，或想都不想就与一个只认识了两周的人坠入爱河。

更重要的是，我们要发现并释放单身的乐趣，并保证它永远不会消失。

爱瘾的

— Part 1 —

形成

定义爱瘾

普里,英国最负盛名的成瘾治疗中心之一,将爱瘾定义为"患者对强迫性行为感觉强烈,会不计后果地重复这些行为"。

而我的解释是这样的:任何成瘾的人都会不停地做着同一件事,做了又做,尽管结局总是很糟,但仍期待这一次会出现不同的结果。

普里成瘾研究团队的维克·瓦茨和梅尔·戴维斯博士,梳理了爱情成瘾的典型特征,具体如下:

> 执着于一种理想化的关系,尽管现实与之不同;
> 一次次地回到一段虐待和伤害自己的关系中;
> 将营造情绪幸福感的责任推给他人;
> 渴望从许多不同的关系中得到关注,并不断寻找新的关注来源。

我可以肯定地说,这四条我全都具备。是的,每一条我都符合。我在恋爱成瘾这件事上完全是个赢家。

让我们把它们逐一过一遍,然后我会告诉你我的症状是什么样的。

1. 执着于一种理想化的关系,尽管现实与之不同

我总幻想着电影般浪漫的恋爱关系,努力把自己的每次恋

情都提升到那种高度，在达不到的时候便会十分失望。我既是一个理想主义者，也是一个挑剔的人。

为了避免单身，我会接受一切，包括忍受恶劣的对待，或者与我其实没那么喜欢的人约会。我把有伴侣这件事看得比我的快乐还重要。

2. 一次次地回到一段虐待和伤害自己的关系中

正如你接下来会读到的，我所容忍，同时自己也会展现出来的某些行为是非常糟糕的，因为我不肯接受现实的模样。

当我觉察到一段关系开始走下坡路时，我会窥探并制造一些戏剧性冲突。信不信由你，这其实是一种试图挽救关系的策略。"如果我发现哪里出了问题，也许我就可以修复它。""如果我以离开作为要挟，也许他就会苦苦哀求我留下，并意识到他离开了我就没办法活下去。"

但是这些侵略性的、反复无常的策略实际上只会彻底破坏这段关系，而不是"挽救它"。

3. 将营造情绪幸福感的责任推给他人

我完全不觉得我的幸福是我自己的责任。这意味着什么呢？如果我难过了，那肯定是我男朋友的错。他应该让我快乐。他没做好他的工作，差劲的男友。

4. 渴望从许多不同的关系中得到关注，并不断寻找新的关注来源

没有对象的时候，寻觅下一个交往对象对我而言，紧急程

度堪比亟待找房子入住。朋友们都喊我"爱情猴子":从一个人跳到另一个人那里,就像猴子在树林里敏捷地跳跃。就算有伴侣的时候,我也渴求其他人的关注。我会把"性"与"亲密"混淆在一起,当我渴求亲密的时候,我就会跟人做爱。在我看来,性更像是一件装置艺术作品,意在博取赞许与喝彩,而不是获得爱。

我很高兴地向各位报告,我现在已经能够停止以上行为了!但是我依然对它们的卷土重来保持警惕,永远警惕。

如果你觉得自己可能也有爱瘾,请不要因为被打上这个标签而灰心丧气。"我不喜欢'爱瘾'这个词,因为它看起来像是一个会伴随我们一生的问题。"詹妮弗·L.泰茨博士(心理学家,同时也是《如何单身且快乐》一书的作者)说,"任何时候,我们都可以选择去做自己从未做过的事,去培养与我们的愿望相连的、新的行为习惯。我们的过去并不能支配我们的未来。"

我同意。我认为上瘾更多是一种体验,而不是对我的定义。如果我想卖弄一下学问的话,我会说:"我确实有过爱情成瘾的经历,而且现在依然还会流露出一些它留下的痕迹。"但是,这话实在是太拗口了,我也不想把它再写一次,所以就用"爱瘾"来概括吧。我会戴上这个标签,当然,你不必一定要这么做。

最重要的是,如果你觉得自己可能已经上了爱情的钩,那就还有希望。改变是完全可能的。在每一个瞬间,人都会变化。

长大了，我就想结婚

我4岁的时候，就能爬上家门口路尽头的那棵橡树了，一直爬到最顶端。身边的小男孩没有一个能做到这件事，我是唯一的一个。我是城堡里的国王，而他们是肮脏的无赖。然而在5岁的时候，我意识到自己是个女孩，而在理想观念里，女孩是不爬树的。人们期许女孩成为王后，而不是国王。

于是，我开始将揉碎的玫瑰花瓣和一些溺水的小昆虫混合在一起炮制"香水"。我小心翼翼地把自己的作品放进热压机里"蒸馏"，努力不洒出一滴。然后，我把它涂在自己身上，以及对此皱眉的妈妈身上。我已经非常明确地知道，女孩的目标是吸引别人，而我最终的归宿是婚姻。

7岁的时候，我和朋友们坐在路边，计算我们和自己喜欢的男孩名字的匹配度。而这些男孩正在踢足球，一点也不在乎我们。在我真正想做的事情（骑着我哥哥的越野自行车到处乱窜）和别人告诉我应该做的事情（玩那个我一给它喂水就会尿尿的娃娃）之间，我像一根困惑的指南针一样摇摆不定。完全就是这样。（我忍不住翻了个白眼。）

如果我的目标是获得某个男性的认可，那我早就做好了失败的准备。在我的一生中，两个父亲都拒绝了我：当我长成一个懵懂的少女时，父亲似乎始终对我没什么兴趣；10岁那年，父母离婚了，母亲再婚后我有了一位继父，而他对我的态度是一种公开的厌恶。

继父为哥哥和我立了规矩，我们进客厅时必须敲门（晚上7点后不允许进客厅）。他会在我们做错事（比如将沾有太多黄油的餐刀放进了洗碗机）时一一列举我们的错误，还管我们叫"房客"，无比明确地向我们传达着这样的信息：无论发生怎样的情况，我们一过完18岁生日就得赶紧从这个家里滚蛋。

如果我的朋友下意识地按响了门铃，他就会怒吼着把他们赶走，仅仅是因为他们到访前没有事先打招呼。我不知道他想要的是什么，难道要让一个送信的男孩骑着马给他送来一卷羊皮纸吗？我对于这种家庭生活的逃脱方式是阅读。12岁时，我就已经读了7遍朱迪·布卢姆的《永远》了，读的还是私下传播的那种盗版书。我被书中描绘的浪漫爱情深深吸引，为之迷醉。有一天，我会深爱上一个男人，让他把他的"拉尔夫"放进我体内。

继父读了我的日记。第二天晚上，我最好的朋友山姆和我一起偷偷溜出了家，我们一边哭得死去活来，一边把我余下那些未被发现的日记本扔进了公园的池塘，悲伤得如同在埋葬一只我们深爱的宠物。回家的路上，我们疯狂地谋划着逃离。我们想去伯明翰生活，在那儿我们可以在二手市场开店，给身体的某些部位穿孔，与吉他手约会，每个周五还可以去美妆店。

极度的不开心之下，我跑去问我的父亲，我是否可以去爱尔兰和他一起生活。我最快乐的时光就是夏天去那里度假了，可以在马蹄形的海滩上打水漂，嚼肉桂糖，玩摇摆球，在MTV

电视台反复看非金发美女乐队的视频，和父亲的三条狗玩耍。但他说，不。我绝望了。

在这场混乱中，自始至终，我和母亲以及继母（我父亲的新伴侣露丝）的关系都难以置信地亲密。这是巧合也好，既成事实也罢，长大成人后，我发现与女性建立长期关系是一件易如反掌的事情，但和男性相处时，我从来没能处理好任何事，即使是柏拉图式的友谊。

寻求认同

14岁时，我的爱好从骑马变成了泡夜店。我在学校最亲密的朋友抛弃了我，给我写了一封信，说我"迷上了男孩"，而以前我喜欢的是乐队、书和开怀大笑。我非常受伤，认为是她搞错了，我没错。我转而投向了其他朋友。

某天，在一节法语课上，老师让我们在听到符合自己的法语单词时站起来。于是，随着老师念出"长发""金发""高挑"等词，整个班级此起彼伏。然后是"漂亮"，当然，只有非常受欢迎、趾高气扬的女孩才会站起来。

接着，他念了一个词："丑"。我必须站起来，难道不是吗？人人都看得出来，我是个丑姑娘。我站了起来，而其他人没有一个站起来。老师让我坐下，然后说，这只是一个玩笑。他笨拙地打圆场，说他觉得其实我……在意识到无论怎么说都无济于事后，他的声音渐渐弱了下去，几不可闻。

魔法般的事情发生了。我十几岁时的矮胖身材随着长高而拉长了，颧骨也在肥嘟嘟的脸颊下日益显现出来。博姿公司推出了一款直发器,约翰·弗里达[*]这个好人还给我们带来了洗发精华液,让我抚平自己浓密的头发。

我去看父亲时,他的一位朋友刚好来访,后者对我上下打量,好像我是一匹马似的,然后郑重其事地宣告我"是纯种马"。父亲转头看我,十分惊讶,好像有什么东西在他眼底快速闪过,然后他说:"我心里像是被什么搅了一下,我之前完全没有过这种感受。接着我意识到了那是什么,是骄傲。"

母亲最终还是把继父逐出家门了,在我15岁的时候。起因是他在屋里追着打我,因为我吃了一些他不允许我吃的东西。他给我写了一封信,说希望我们可以一起好好地解决问题。在那封信的开头,令人难以理解的是,他说我正在长成一位"迷人的年轻女性"。这是他破天荒地用一个美好的词来形容我,我坚信这一点。

在那之后不久,母亲遇见了我现在的继父,斯图尔特,他是男人中的国王。他在自己的房子里亲手建起了一面墙,只为了给我建一间专属于我的房间。从我见到他的那一天起,我一直感到被接纳、被珍惜和被爱。

斯图尔特从来不赞美或嘲笑我的外表,一些玩笑话除外,比如"你看上去像一位理疗师"——在我问他是否喜欢我的新上衣时。对他来说,我是一个人,这才是最重要的。他重视和认可的是正直、善良及幽默,一点儿也不在意我身上的名牌连衣裙看上去到底怎么样。

---

[*] 约翰·弗里达:英国同名美发品牌创始人。——编者注

但是到了那个时候,我寻求男性认同的渴望,以及我对于被人拒绝的预设已经深入骨髓。鉴于我刚刚被发现的美貌展现出了"将厌恶转化为接受"的力量,我那颗属于青春期的大脑认为,我的外表是至高无上的。

我是一个娃娃屋

从此以后,我的自尊完全取决于外表。我在化妆品柜台购买、偷取自尊心。17岁时,高三的我需要做一个半小时的准备才能出门。如果没有整张脸都化妆,简直等同于全裸出门。

如果某天我的头发乱糟糟的,我就干脆不去上学。外表第一,学习第二。如果有人不喜欢我,我会视之为最深切的伤口。我需要每个人都喜爱我,因为我心里认为,如果他们喜欢我,就意味着我是有价值的。

我不断地换男朋友,周旋于一个又一个男人之间。对我来说,当时的男朋友是否认为我是世界上最迷人的女孩,是极其重要的。"你是我约会过的最漂亮的女孩。"我的男朋友托尼给予了我这个荣誉。"但是,我是不是你见过的最迷人的女孩呢?我是说,电视上看见的那些不算。"他并没有回答,而是尽力转移话题。

我像是一个仅供展示的娃娃屋,外观粉刷得很精致,但内部用的是粗糙的硬纸板,能看到订书钉和不规整的缝线。我希望男友们认为我比其他任何人都更具吸引力,于我而言,这是一种无法遏制和消除的妄想,但是,如果得不到这种保证,如果他们不在这场幻想中成为我的共谋,我就会感到挫败、迷茫、毫无方向。

我没有意识到,人们不仅靠外表来选择自己的约会对象,而是会基于整体印象。我并不会把我的性格展现出来,因为据我所知,我唯一的价值,就是我的外壳。

我开始被男人们接受的那一年,是我开始做发型、化妆以及穿紧身衣服的一年,所以对我来说,我必须要让这些扭转局面的元素延续下去。

在刚开始交往的几个月里,我会在男友醒来的半个小时前起床,打粉底、涂睫毛膏、做发型,因为我发自内心地认为,如果他醒来后看到的是一个真实的我,一定会被吓到。我需要他信任的是一个用美宝莲全副武装的我,因为我不可能生来就是如此。

为男友们画像

如果我不够惹眼,晚上出去就是"没有意义的"。值得庆幸的是,20世纪90年代的伯明翰充斥着"性别歧视",而这维持了我的自尊。比如"如果我说你身材很棒,你会靠在我身上吗",或者"真喜欢这条裙子!它散落在我家地板上的样子会更好看",抑或"美腿啊,它们什么时候会打开",这些都是可以接受的。我不能走进一个没有男人对着我和我的臀部吹口哨的世界。

男朋友们就是我人生素描本上的空白页。我在这些空白页上填满了英雄主义和豪言壮语,最终的成果却只有粗糙的线条。

但他们也不可能画出真实的我。他们可能会画出兔子杰西卡[*]，因为我也只是一张有关"男人觉得什么最性感"的拼贴画而已。

我在大学里读过田纳西·威廉斯的《欲望号街车》，读到女主角白兰芝·杜波依斯的故事时，脑海里"砰"的一声，我有了强烈的认同感。我把自己打造成一个会玩牌、爱说俏皮话、嗜酒如命的女性。我会挑选出那些难搞定的男人。我喜欢遇见对我漠不关心的男人，我会在泳池里打败他，在他身边闪耀登场，直到在他冰冷而漆黑的眼睛里点燃火焰，直到电光石火般的眼神在我们之间划过。

我是一个对于裸睡自吹自擂、会嘲笑最好朋友的柔软睡衣和可爱玩具的性爱义警。床是舞台，不是茧，天哪。我更像是一种弹出式的表演装置，而不是人。我怂恿大学里的朋友晚上出去玩脱衣扑克，这样人的腔调就可以从规矩转为放荡。

我就像一个在社交媒体上噘着嘴、近乎全裸地到处炫耀的人，只不过那时没有社交媒体可以炫耀，所以我用伯明翰的街道作为替代舞台。我像个张着嘴的吃豆人一样趾高气扬地走来走去，一边走，一边享受别人对我的赞美。喝酒时，我觉得自己简直有三米高，而清醒使我感到害怕。

如果是初次见面，你望向我，会感到一种超级强大的自信，会注意到我摆动的臀部、夸张的笑声，以及一张逢场作戏的脸。但是，如果你善于观察，你会看到一个在与它们做斗争的人，

---

[*] 杰西卡：动画片《谁陷害了兔子罗杰》中罗杰的妻子，是个典型的性感尤物。——译者注

愤怒地扯着叛逆的头发,脚被硬塞在过小的鞋子里,指尖被咬出血,却还贴着假指甲。在这个爱炫耀的人神气十足的外表背后,是一场内乱。

我读了埃丽卡·容的《怕飞》,这本书构建了一个情色仙境,并教会了我一个词,"无约束性交"——无约束、无承诺、无秘密动机的性爱。这正是我告诉自己要追求的,但事实是,我并不是什么都不想要。我想要亲密、爱和认可,却一直在错误的地方寻找它们,让自己的衣服凌乱地散落在地板上。

我通过喝酒与人拉近距离,最后却与对方走得太近。我给自己倒酒,以感受自己的性感,最后却又变得太过性感。我不知道怎样才能抑制亲密程度的突然加速。

第二天早上醒来,会有那么无忧无虑的一秒钟,我不知道我在哪里,也不知道我和谁在一起。随即,羞愧感便淹没了我。我不想这样,那我为什么还在一直这么做呢?

因为我对"他们想要我"的感觉上瘾,这是征服者的感觉,是颠覆性的力量。那股突然爆发的相互吸引力,让欲望从我的肚脐涌向了髋骨,转而一个侧翻,汹涌而下,直到我的大腿根部。

一夜放纵与贪求带来的一系列后果,都会在第二天早晨带着恨意向我袭来。日出打破了咒语,留下彻夜狂欢后一片狼藉的早晨。昨晚,热望把我拉坐到它的腿上,破晓时分便一脚把我踢回现实。

正如卡尔·荣格所说,"羞愧是一种啃噬灵魂的情绪",这正是我的感受。像是有小小的蛾子在啃噬我的精神,它们藏身于那些早晨令人悲伤的羽绒被里。我努力驱散它们，通过睡觉，通过喝酒，通过大笑着把我的约会讲成一个个笑话，但是羞愧的蛾子始终没有散去。它们在我的皮肤下挖了洞穴，住了下来，开始啃噬我的灵魂。

爱瘾摇篮曲

为了入睡，也为了擦除我脑海中这些沮丧的片段，我谱写了关于爱瘾的摇篮曲，融入那些我在电影里看过的桥段，比如本月遇到的最好的男人追逐汽车，求我不要离开，或者他潜入漂着白色泡沫的湍流中，只为了拾回我最爱的项链。我躺在那里，带着一种期待的快乐，想象着我未来的婚礼，就像一名有抱负的宇航员勾画自己作为人类踏上火星的第一步，或者一名马术障碍赛选手设想自己清除一个棘手的障碍物。

我听各种甜蜜的情歌，幻想着让男人爱上我。他们也确实如此，我是"大热款"。但是，我无法把控真正的亲密关系，一旦他们靠得太近、打量得太仔细，我就会立刻脱身，转向下一个要征服的对象。

我第一个真正上瘾的对象，是前面提到的丹尼尔，那个让我一直不停刷新邮箱的人。我和他约会时22岁，会把我们约会的每一个细节都写下来。

我一遍又一遍地阅读那些约会记录，孜孜不倦地记下他对我说过的每一句赞美，兢兢业业，犹如拿着利润表对账的会计。然而，当他告诉我他爱我的时候——在做爱时，而且是非常突然地来了这么一句，我凝神看着他，感到了害怕。真相是，我并不太爱他，我只是爱"他"这个概念。

24岁的时候，父亲告诉我，我正在长出蝴蝶臂，这让我很恐慌，开始去健身房。（接下来的5年里我都一直在想，啊，我的手臂变粗了，但实际上根本没有。）如果我脸上有一个痘印，他就会说："那是什么?!"充满怒气地指着那个冒犯到他的小东西，犹如我在脸上文了一只蜘蛛。他只是为我好，我想。我让他失望了，因为我的魅力正在消退。

我相信，女人的魅力如同花朵，只会短暂地绽放，随即就会衰败凋零、失去颜色。我对于这种枯萎感到无比恐惧，尽管我那时只有25岁左右。如果任何人批评我的外表，我都会将之视为"开始枯萎"的恐怖信号。我将会变成什么样子呢？

我的酒精依赖与爱情成瘾依存共生，就像是派对结束后两个喝得站不稳、彼此搀扶着努力走回家的醉鬼。喝酒确保了我能找到男友，而当关系结束时，酒精则可以抚慰我，或者帮助我寻找下一个猎物。

当男友们甩掉我的时候，我的反应就是大哭痛饮，直到精神崩溃，不断循环播放着喷火战机的《最好的你》或者电台司令的《献媚者》。而如果是我主动提出分手，我会干净利落地退场，喝个烂醉，然后寻找下一个小伙子。

呼喊着"那个人"的女孩

有很多男人都充当了我自我价值的能量来源。我成了《大都会》杂志的撰稿人后，每周出去约会四五次，喝到摇头晃脑，然后用力调情。

我的工作给了我许多任务，比如"找到35个男人，然后说服他们为慈善捐款摆一些裸体造型"。这基本上可以作为和街上随便哪个男人搭讪的借口，而且在工作时间，我还有薪水可领。我在一周内就完成了指标，同事们为我送上了如雷的掌声，而我其实只是在约会，然后按要求为其中一些人拍了照片。

我带一个又一个男朋友回家，就像一只骄傲的猫叼着老鼠。我带回家的男友实在是太多了，以至于家人们不会再去记他们的名字，而是称他们为"那个谁"、"你那位"或者"凯茜的新男友"。当有人喊我"食男族"时，我会大笑，而当他们说"又换了一个?!"时，我会耸耸肩。每当我向他们发誓这一位与以前的那些都不一样时，他们就会充满怀疑地摇摇头。我已经变成了大喊着"那个人"的女孩。

如此，一次又一次之后，朋友们评价我的关系太快就能发展到"热烈"的程度。这是真的。我和恋人大概会在交往几个月——甚至几周之后就开始取以后孩子的名字。我想，这仅仅是因为我们处在浪漫的漩涡之中，但实际上，这样的关系无异于"多加个好友而已"，是可以快速打发的。

男人首先是潜在的追求者，其次才是人。如果他们已婚，我会干脆停止与他们交谈。"呸，不相干的人。"生日派对并不是什么为朋友庆祝的场合，而是遇见又一群潜在追求者的机会。在火车上，我会仔细观察谁正在偷偷打量我，而不会欣赏窗外飞驰而过的金色麦田。

我是一个炉火纯青的"小题大做者"，总是把一点小问题当大灾难，以至于一个男友开始喊我"灾难琳"*。如果男朋友某个晚上没有接到我的电话，他一定是跟人乱搞去了；如果他说想要和我"谈谈"，那一定是准备跟我分手。从最轻薄微小的雪花上，我能够看到冰雪宫殿的幻景，我实在拥有这种天分。

我确信，男友生活中的任何其他女人，都会对我构成威胁。我会盘问他们前任的信息，确信如果我能收集到足够多的证据证明"我们没事"或"我们有事"，我就能永远立于不败之地。在爱情的竞争中，我的警惕性非常高，进入任何一个新环境，我都要扫视一番，看看有没有比我更有魅力的女性存在。无论什么时候，只要我捉住男友在偷瞄别的女孩儿，就会感到妒火中烧。

一个爱情破坏球

27岁的时候，我遇见了赛伯，并与他坠入爱河。我十分迷恋他，让人高兴的是，他对我也是如此。终于，我找到了一段势均力敌的关系。

维护这段关系成了我至高无上的目标。然而，我像一个神风特攻队**的飞行员一样，一头撞上了坚硬的墙面。如同一个十几岁的男孩会仅仅因为一个飞机模型"不完美"而摔毁它，我会定期炸毁一切。

我把我们之间的纽带烧成灰烬，复原它，再次破坏它，又小心翼翼地重建，接着把它劈成碎片，再一片一片粘起来。然

---

* 原文为Cathastrophizing，是将"凯瑟琳"和"大惊小怪的人"放在一起创造的新词。——译者注
** 神风特攻队："二战"中日本的自杀式袭击队。——编者注

后，我开始琢磨它为什么会歪七扭八、脆弱不堪、丑陋碍眼。

我会做出这种事情：一怒之下与他断绝关系，然后，在他要求我给他一点儿时间，适应这快速的分分合合时拒绝他。他做正念冥想时屏蔽了我的电话，我就会去街道尽头打公用电话，用一个陌生的电话号码引他上钩，反复打给他。我无法忍受不能随时接近他，因为他是我的一切。这是理所应当的，对吧？

我们的关系按照我基于浪漫电影的期待而发展。我会精心安排可爱的约会，比如在周末去森林探访野生的小马，或者在可以俯瞰圣托里尼火山的观景处喝一杯鸡尾酒。当事情满足不了我的期待时，我就会感到失望。

我的需求、脾气和酒后糟糕的举止让他感到恐惧。最后，我从一点小问题中臆想出的大灾难终于成为现实，他在三年后甩掉我，在我30岁生日之后没多久。他做到了。

我的心脏不只是被劈成了两半，而是死去了一大半，但我的第一反应是要马上找一个新男友，就好像是失去了一份工作，就需要立刻再找一个收入来源一样。

我在一个月内就开始上网约会。如果我找不到约会对象，就坐在家里喝一杯，给"花名册"上的男人打电话。就像那种在午夜给人发短信的男人："你还没睡吗？要不要过来？"我就是女版。

我不在乎来的是谁，只要有人来就行。什么都比我一个人待着要好。我在半夜一点寻找一个可以提供给我"男友体验"的男人，但这些接电话的男人通常都在寻找完全不同的东西。

童话书与影视剧塑造了我们对爱情的迷醉

让我们先从我的故事中稍稍休息，转而以更完整的文化视角来思考吧。看看我曾经接收过怎样的信息——你应该也收到过。孩子就像橡皮泥一样，是非常容易被影响和塑造的。下面是我最近和一个 5 岁小朋友的"友好谈话"。

5 岁小孩： 你的房子在哪儿？

我： 嗯……我没有房子。我租房住。

5 岁小孩： 你没有房子?! 妈！她没有房子！（片刻后，消化完这个令人震惊的消息）你结婚了吗？

我： 没。

5 岁小孩： （双手叉腰）为什么不结婚啊？

我： 因为我没有遇到一个我想要与之结婚的人。

5 岁小孩： 好吧。那你有小孩吗？（同时盯着我的腹部）

我： 呃……好吧。我们可以上楼去玩儿了吗？

一个 5 岁的小孩居然已经对财产、婚姻和孩子这三样东西有了一定的认识，并将其当作一个成年人是否"成功"的衡量标准，我觉得这实在是非常有趣、值得研究的。他们是怎么知道这些的？年青一代的头脑已经被编码写入这些信息了吗？

在很小的时候，我们认知自身的方式之一，就是通过童话的潜移默化。让我们想一想，对一个 5 岁的小孩来说，他可以从最广为流传的童话中获取怎样的信息？

继母对白雪公主超凡脱俗的美貌如此嫉妒，以至于想要杀死她——甚至接连谋杀了她三次。而白雪公主（在她那群森林小伙伴的帮助下）成了服侍七个男人的优秀厨娘和清洁工。

灰姑娘生活中的唯一指望是逃离她丑陋的姊妹（在童话故事中，"丑陋"一般可以粗暴地与"蠢货"画上等号），而她梦想成真的途径，就是参加那场至关重要的舞会并俘获王子的爱。

睡美人因为被施了咒语而沉睡不醒，直到一个王子亲吻了她。即使是小美人鱼爱丽儿，这个胆识过人，敢于挑战父权，还救了王子性命的女英雄，她的故事也不可避免地陷入了某种套路。她用自己美妙的嗓音交换了人类的双腿（这让她每一步都如同踩在刀尖上），只是为了与王子相处。她为他翩翩起舞，哪怕忍受着难以想象的剧痛。

在这些故事中，美丽的女性永远都会令王子着迷。很多王子甚至都没有跟女孩讲过几句话，就在心动之后立刻求婚了。而《公主新娘》和《星尘》这样的"现代童话"也同样不能免俗，讲述着陷入困境的美丽女子被勇敢男子拯救的故事。

惠特尼·沃尔夫创办 Bumble 的原因之一，就是希望颠覆这种男性追求女性的传统机制。Bumble 是一款约会软件，它规定必须由女性用户先给男性发消息。沃尔夫鼓励女性不妨变得更有脾气一些，主动寻找美好。

"我们受到的教育和引导，会让我们被一些行为恶劣的人吸引，对他们产生好感。"她意指迪士尼动画片中的常见套路，"小男生对小女生很粗鲁，就是因为他对她产生了疯狂的迷恋，晚上他回到家，就会开始给她写情书。"

对不对？这就是为什么有人告诉我们，在操场上拽着我们马尾辫的小男生其实是喜欢我们的。"而且我们全都听过这样的话，'啊，他就是太好了'，好像这是个缺点似的。为什么这会成为我们文化的一部分？"沃尔夫说。

莫阿娜*是迪士尼世界中最具进步意义的女主角，一个16岁的太平洋岛民，为了打破施加在同胞身上的古老魔咒，她开始了一场胆量非凡的海洋冒险。"她对爱情没有兴趣！"电影宣传方如此强调。（拜托，她才16岁好吗，这没什么可大惊小怪的。）《勇敢传说》的主人公梅丽达也做出了打破以往公主形象的尝试。而在真人版电影《美女与野兽》中，天才发明家变成了女主角贝儿，而不再是她的父亲。这全都是艾玛·沃森的功劳，全凭她的坚持，才提升了电影的女性高度。但是，我们依然有很长一段路要走。

对于莫阿娜和梅丽达这样的女性来说，尽管她们在海上漂流或不断冒险，但仍然会有上千个冒着粉红泡泡的故事被灌输进她们的脑海中，宣扬"披上一件婚纱，嫁给一个王子"的论调。这些话术再三强调，找到一个男人是女孩的终极目标。《冰雪奇缘》中的艾尔莎会被视为女权偶像，就是因为她对爱情没有兴趣，并忠告妹妹安娜"你不能嫁给一个你刚见过一次的男

---

* 莫阿娜：迪士尼动画电影《海洋奇缘》的女主角。——编者注

人"。(早该如此了,迪士尼!)但是,正如某个聪明人向我指出的那样,她依然穿着开衩到大腿的长裙,把腰勒得好像根本不存在五脏六腑一样。

当然,对于小男生来说,童话也不是什么有益情绪健康的睡前读物。男生被教育的是,他应该抑制自己的情绪(感性=不好),应该绝对地勇敢(不给恐惧留一丝空间),成为一个擅长运动、勇于行动的男人(而不是宅在家里的书呆子)。他需要营救一个女孩(而不是被女孩营救)。最重要的是,他必须拯救一件"艺术品"——一个美女,以展现他的英勇(这比找到一个平凡但善良友好的伴侣更重要)。

几年前,我在给三岁的侄女读《公主手册》时,意识到这本书正在向她传递"找一个好男人至关重要"的信息。于是我开始加入一些新台词,例如"但是她渴望拥有美丽长裙的同时,也希望获得一个学位",或者"女人结婚很快乐,但单身也一样开心"。

佩内洛普·克鲁兹就是这么做的。"童话当然非常重要,因为它是孩子从父母口中最初听到的故事。"她说,"所以,当我为孩子们读睡前童话时,我总是会篡改故事的结局,每次都是。去他的灰姑娘、睡美人和这一切吧,这些故事里有太多的大男子主义了,而这可能会对孩子看待世界的方式产生影响。如果你不加小心,他们就会想:'哦,所以是由男人来决定一切的。'"克鲁兹做到了极致,她会彻底修改故事的结局。"在我的版本中,当王子说'你愿意嫁给我吗'的时候,灰姑娘的回答是:'不,谢谢,因为我不想当公主,我想成为一名宇航员,或者做个厨师也不错。'"

而在将孩子塑造成"爱情至上者"这件事上,我曾经也是个帮凶。侄女受洗时,我从自己最爱的书中挑了四本带过去作为礼物。我还做了标记,标出她应该在几岁时读哪本。这四本书分别是:《好饿的毛毛虫》——我力荐这本书,爱吃挺好的;《拇指姑娘》——回想起来,这不过是"一个纤弱的女孩找丈夫"的故事而已;《蝴蝶梦》——"一个生活在丈夫前妻阴影下的年轻女性";以及《我的生存之道》——写得很美,但还是一个"男孩遇见女孩"的爱情故事,尽管这个女孩有发脾气的机会。

后面这三本书的故事都围绕着爱情展开,唉。从那以后,我开始试着送给她《给叛逆女孩的睡前故事集》,希望以此改变我在她脑海中留下的"下意识灌输隐喻的帮凶"的形象。

我最爱的杂志之一《造型》于2016年12月对这些童话进行了颠覆。封面上是一位"睡美人"的特写,旁边写着"……然后她醒来了,去做TED演讲"。翻开杂志,我们可以看到一位光脚的灰姑娘,搭配的标题是"然后她穿上鞋,回到楼上,受领大英帝国勋章"。它巧妙地告诉我们,应该给小女孩讲哪些不一样的故事。正如丽兹·普克在杂志文章中简洁有力的论述,我们的关注点应该是如何打破玻璃天花板(无形屏障),而不是什么水晶鞋。

银幕造就的美梦

我认为,大多数女性,包括我在内,在一生中的大多数时间里都在与一股失望的浪潮作战,没有人能够获胜。

① 他在一家意大利餐厅里为了和别人争我打架，参考《BJ单身日记》中的休·格兰特和科林·费尔斯。

② 他站在窗外，拿着手提音响，和《情到深处》中的约翰·库萨克一样。

③ 他走向我的父亲，毕恭毕敬，如同《辣身舞》里的帕特里克·斯威兹。向未来岳父保证，自己一定会好好对他的女儿。

④ 他忽然出现在门外，举着一叠巨大的纸板，上面写着"对我来说，你是完美的"。（出自《真爱至上》。）

⑤ 他为我俩建了一座房子，有环绕式门廊和一个专门留给我们自己粉刷的房间，就像瑞恩·高斯林在《恋恋笔记本》里所做的那样。

⑥ 虽然受到同伴们的嘲笑，他还是对外形进行了改造，从油头粉面变成端庄稳重，为了让我们看起来"更般配"，就像电影《油脂》里那样。

⑦ 他躲在一棵圣诞树后面，在门外站了好几个小时，等我下班出门。（出自《单身指南》。）

⑧ 他在遇见我后改头换面，从一个追求女人的酒保变成了准备好做出承诺的男人。（出自《他其实没那么喜欢你》。）

以上这些事情通通不会发生，就是不会而已。这些事情从来没有在我身上发生过，也没有发生在任何我认识的人身上，以及任何她们认识的人身上，完全没有。一见钟情这件事就像《我的青春期》里的乔丹·卡塔拉诺一样不真实。我们不知道他们是否喜欢我们，他们有时候看上去喜欢，有时则不，令人迷惑。

（我们从不会喜欢布莱恩·克拉科夫*，尽管他对我们很关心，也很喜欢我们。）

即使是我最爱的两部小妞电影，号称要在浪漫爱情的基础上揭示女性友谊的片子，也包含了"爱瘾情节"。例如《伴娘》（飞机上那句"救救我，我很可怜"让我大声笑了出来），为什么安妮最后不得不跟一个人在一起啊？为什么？

《单身指南》中有那么多让人拍手称赞的场景，比如梅格因为小妹爱丽丝在伤心的时候看《BJ单身日记》而责备了她（"它挺治愈的。"爱丽丝悲叹道），但是电影最后的结局（剧透预警）犯了个大错。爱丽丝把目光停留在40多岁的梅格身上，说："单身让你感觉这么好吗？你不觉得这样很危险吗？固守自己的生活方式，从而错过某些很棒的人。"哎呀，他们差一点就说对了。

我的想法是："男人绝不用面对这种垃圾！"但当我回顾"男性电影"时，发现事实并非如此。《宿醉》的结局是大家都穿上正装跳舞，《壮志凌云》的核心是一个爱情故事，《虎胆龙威》同样如此。我可以一直列举下去：《碟中谍》系列、《007》系列、《谍影重重》系列。诚然，浪漫关系从来不是这些电影表达的重点，爱情的部分往往是"一个性感女郎穿着皮质连衣裤从屋顶跳伞"，但它仍然存在。永远存在。

当然，还是存在打破了"情侣大团圆"结局的另类电影，比如《再次回家》《爱乐之城》《往日情怀》《暖暖内含光》，但它们都属于极少数，不是常规。

---

* 布莱恩·克拉科夫：《我的青春期》中的人物，书呆子。——译者注

贝克戴尔测试

谢天谢地，我们现在有了贝克戴尔测试，可以用来搜索查找那些更具革命性的电影。

贝克戴尔测试可以追溯到埃里森·贝克戴尔1985年发表的一幅漫画《规则》。在漫画中，一个女人对另一个女人说，她只看满足三个条件的电影。第一是电影里必须有两个以上的女人，其次是她们必须有对话，第三是她们除了讨论男人之外，必须还有一些其他的讨论话题。"我最近看的一部电影是《E. T. 外星人》。"漫画里的女人大笑道。

听到贝克戴尔测试的"规则"，你也许会下意识地认为绝大多数电影都一定符合这三个条件。然而，一个收录了7 721部电影的数据库（bechdeltest.com）显示，只有58%的电影能通过这三条规则的检验。

另一项研究来自宾夕法尼亚大学的安纳伯格公共政策中心，该研究表明，电影中男性角色与女性角色的比例，在过去60年中，一直保持为二比一。这项研究调查了1950年至2006年间855部高票房影片，结果表明，女性角色在露骨性爱场景中的出现比例是男性角色的两倍，而在暴力相关场景中，男性角色则更容易出现。

如今，颇具前瞻思维的瑞典人开始把贝克戴尔测试纳入电影评级标准中。事情正向着正确的方向发展。

单身情景喜剧

在更小的屏幕上，我们看了很多情景喜剧，其中大多数角色都是单身,比如《甜心俏佳人》和《老友记》,但是故事都围绕着他们寻找自己的"龙虾"展开。而《老爸老妈的浪漫史》更是抛弃了一切伪装,直接把主题摆在了片名上。

全世界的单身女性都眼巴巴地期待着《欲望都市》的大结局,希望创作者不要避重就轻。"结尾不会是中央公园里四对新人的婚礼。"剧集制作人米歇尔·帕克·金保证道,"那样的话我会一枪崩了自己的。全世界的单身女性也都会跑来杀了我们。"但是,在截至目前的故事线中,四位女主角中的三位都已经结了婚。而在《老友记》里,六位主角中的五位要么结了婚,要么正在走向婚姻的路上。

今天,我们痴迷于《爱之岛》,这档真人秀基本上是把一群晒成古铜色的爱情瘾君子送去一个岛屿上做爱,就像把动物园里的熊猫锁在一个房间里,直到它们交配。与此同时,真人秀《美国白马王子》和《钻石单身汉》把"找到伴侣"当作一项角斗竞技般的运动,只不过选手们的武器是细高跟鞋和须后水,而不是盾牌和剑。

对于"单身怪胎",这些作品往往把他们的年龄写得远比现实生活中小,而这只会令我们更加绝望。《BJ单身日记》系列的女主角在第一部电影中仅有32岁,是一个傲慢的年轻人。

"2011年,我给《大西洋月刊》写了一篇封面报道,题为《所有的单身女性》。它出人意料地如病毒般疯狂传播。"记者凯特·博立克说,"那篇文章,以及我后来据此写成的一本书《老姑娘》,都被制作公司考虑过改编成影视剧。在这两个案例中,他们都希望把'我'设定为30岁,尽管在写《大西洋月刊》的文章时我是 39 岁。这真是令人恼火。"他们好像完全没有抓住重点。

谢天谢地，情况正在改善。"有一部喜剧叫《老姑娘》（和我的书没有关系），正在制作阶段，选角团队决定让切尔西·帕瑞蒂担任主演。在现实中，切尔西 40 岁，她要扮演的那个角色 39 岁，即将年满 40 岁。"放在几年之前，这类"结婚狂"的角色只会是 30 岁出头。没错。也许大小银幕都会开始向我们反映真实情况，最终一定会是这样。

尽管如此，在好莱坞的大制作中，99.9% 的情况下，"大团圆结局"仍然意味着"成双成对"。所以，我们把爱情看得如此重要也就不足为奇了吧？如果说真有什么奇怪的，那就是我们竟然没有对爱情更加着迷。

> 哦，这个梦想，"找男人生孩子"的该死梦想，它由异性恋爱情和性繁殖高级委员会撰写，世界各地的夫妻都在实践。如果你是一个可以生育的异性恋女性，37 岁之前没有过上这种生活，就简直糟透了。
>
> ——谢丽尔·斯特雷德，《一些小而美的事物》

身体和大脑都告诉我们，要有伴侣

找一个伴，然后来一场不错的性爱，这种观念已在我们脑中根深蒂固，自然得好像口渴了就要找水喝，饿的时候就要找吃的一样。这是一种生物本能，去制造一个"小小的我"，成为一个人亲密无间的"另一半"。这是一种我们无法熄灭的渴望。

"从进化的角度看，这是写在我们基因里的，我们就是更倾向于有伴侣而非独身。"心理治疗师希尔达·伯克说，"那些在洞穴独居、周围环绕着狼群的女人或男人不会过得很好。如果你饿了，你就得出去捕猎，剥下猎物的皮，生火，然后把食物弄熟。对于一个人来说要做的太多了，难以承受。生育非常重要，因为当你老了，你的孩子就可以出去捕猎，为你找到食物。"

希尔达说，这就是写在我们的本能里的，我们要生活在群体之中，要成双成对地生活，要繁衍后代。"工业化和城镇生活大约在200年前才出现。"她指出，而这对于漫长的社会演变过程来说，简直是一眨眼的工夫，"当代生活中的'应对措施'，比如方便食品和养老院之类的护理中心在此之前并不存在。如今，我们没必要非得与什么人结成伴侣才能生存繁衍，但是，不这样做就是在与延续了成千上万年、深深刻在我们基因里的倾向作对——婚姻优先。"

所以，显而易见，我们的身体渴望有个伴儿，渴望生孩子。但是，你也许不知道的是，大脑会成为身体的共谋。而且，在驱使你追求伴侣这件事上，大脑是非常狡猾的。

爱情即毒品

浪漫爱情的早期阶段和吸食毒品后的兴奋阶段非常相似。一篇题为《强烈爱情初期的奖赏、动机及情绪系统》的论文列举了这一阶段爱情的特征，如"狂喜，高度关注一个人，难以自制地想起对方，情感上依赖对方，渴望与对方情感联结，精力提升"。

"迷恋就像上瘾。"亚历克斯·科布博士说，他是一位已经从事大脑研究15年之久的神经科学家，"在一段关系的早期阶段，你的大脑会释放大量的多巴胺，而这会驱使你持续追求这种状态，不惜为之付出生命中的一切。你的注意力和行为都被一种目的指引着——通过爱情获得更多的多巴胺。如果你得不到，就会产生一种戒断反应，感觉不舒服、烦躁不安，这和戒毒是非常相似的。"

因此，洛克西乐团的那首《爱是毒品》才会如此脍炙人口。确实，罗格斯大学的专家表示，分手引起的症状与戒毒反应极为相似。研究报告称，根据脑成像扫描结果，求爱被拒和毒瘾发作时大脑的状态有相似之处，而后者会导致"强迫性行为"。"这表明，热烈浪漫的爱情很像上瘾。"

另一篇论文《亲密、激情、浪漫之爱：一种自然上瘾？"爱情"和"药物滥用"这两个研究领域是如何相互影响的》（这个论文的标题可真有趣,朋友们)则指出:"对浪漫爱情的渴求是一种自然的(通常是积极的)瘾,从我们 400 万年前的哺乳动物祖先身上进化而来,是一种鼓励古人类配对和繁殖的生存机制,在今天的智人身上则表现为一种文化现象。"用外行的话来说,这是一种瘾,是为了保证人们能做爱、生孩子,并一起抚养他们而进化出来的,但它也可能演变成负面的东西。

"想要"与"喜爱"

无论对什么上瘾,"想要"和"喜爱"都是不一样的。你可以"想要"一些东西,就算不喜欢也可以。"以物质成瘾为例,'想要'浪漫的伴侣与'喜爱'一张漂亮的面孔,或'喜爱'在美丽的景色中寻找乐趣,是不同的。"上面的那篇论文写道。

当喜欢某个人或某件事变为一种瘾的时候,不管对象是人还是毒品,大脑内的活动都会发生有趣的变化,尤其是在纹状体区域。

"我们从磁共振成像的结果了解到,无论何时,只要向那些偶尔在社交场合喝酒的人展示酒的图片,他们的伏隔核区域——也就是愉悦区域,就会被激活。"科布博士说,"然而,当你将一张酒精制品的照片拿给一个无法站立的醉鬼时,被点亮的不是负责愉悦情绪的区域,而是习惯中心,位于纹状体的上半部分。于是我们就知道了,一种瘾可以从令人愉快的存在,变成令人不得不做的强制性存在。它原本是带给人们愉悦感的,但是现在,那种快乐消失了。"

这种说法对于爱情成瘾的人,也是成立的。"它可能不再会是令人愉快的一种选择，从而转变成一种成瘾的渴望。这种变化往往会在一个人体会到某种情感缺失的情况下出现，比如感觉孤独，或是出于对被抛弃的恐惧。这时他会更容易对一个人着迷，就像对毒品着迷一样，用成瘾填满内心的空虚。"

心碎真的会造成身体伤害

神经科学家表示，心碎真的会造成物理意义上的伤害，就像肩胛骨碎裂会使人感到疼痛一样。至于理由，我们的大脑进化出了一种"依恋体系"，当我们与喜爱的对象分离时，大脑的某一部分就会变得痛苦。

回到人类诞生之初，我们的大脑中进化出了一套生物机制，被神经科学家称为"依恋体系"。我们可以尽可能地与"依恋人物"（父母、伴侣和小孩）保持亲密。尽管如今已经是现代社会，我们的大脑却始终会被一些来自石器时代的"多愁善感"所主宰。

"构成我们依恋体系的情感回路之所以会在进化中被创造出来，是为了阻止我们独处。"神经科学家、《读懂恋人心》一书的作者阿米尔·莱文说道，"为了轻轻将我们推回到爱人安全的怀抱，它会在我们独处时制造一种明显的痛苦感觉。研究发现，我们摔断腿时大脑中被激活的区域，在我们与伴侣分手时同样会被激活。"

史前时代，有一个伴侣并与之保持亲密关系是一件生死攸关的事情。好比纽约警察的"搭档"，如果出了什么事，你得依靠他来救你。他是你可以放心交付和倚靠的人，他会保护你，会注意到有只科莫多巨蜥正垂涎三尺地盯着你（没错，人类曾是蜥蜴的猎物，史密森尼学会是这么说的），保证火不会熄灭，这样你就不会被冻死，或者确保你的孩子能活着（当你年纪大了，不能再举着长矛在丛林中跑来跑去时，孩子就可以杀死狼群，让你有一口吃的）。伴侣，至关重要。

由于这种基因中的依恋体系，每当我们联系不到伴侣，或者看着孩子一头扎进巨大的海洋球池，再也不见踪影时，我们的大脑仍然会崩溃。这会导致"抗议行为"。我们会大喊大叫，会恐慌，会不停地呼喊。我们会跳进球池，尽管已经上了年纪。我们的大脑被植入了这种本能：要不惜一切代价与他们保持联系。

我们在浪漫的场景中表现得像个疯子，都是因为依恋体系已经被"激活"。这也导致了巨大的痛苦，或者说是"抗议行为"。我们的大脑希望与爱人保持心理和身体上的亲密。

更重要的是：就算"依恋"的那个人不再想和我们约会了，我们的大脑也会渴求与他保持亲密。

智商下降

"我会永远孤单下去"，这种想法会削弱你的认知能力，导致你的智商下降。

三项关于"孤独预期"的独立研究有了一些引人注目的发现。研究人员让样本群体做了一次基础智商测试，然后告诉这群人，他们会"孤独终老"，接着迅速进行了更多认知测试。

研究发现，在样本群体听到"孤独终老"的悲观预言后，他们的"智力思维水平出现了大幅下降"。所以，这个故事的意思是：当你处于"孤独终老"的认知黑洞时，就不要尝试去解什么数学方程了。

大脑中的薄纱舞

男性和女性的性高潮存在一个关键区别，这正解释了为什么女性在高潮后会比男性更加依恋对方。

性高潮时，女性会比平时释放出更多的荷尔蒙，将她们和性伴侣联系在一起。这种荷尔蒙就是催产素，它会让我们认为，刚刚和我们发生性关系的人值得信任、迷人、完美。在性交后的余光中，催产素仿佛给我们的大脑蒙上了一层薄纱，跳起了诱人的肚皮舞，让我们心生爱慕、欲罢不能，哪怕刚刚与我们上过床的人是一个彻彻底底的傻瓜。

"这是真的，而且这对女性来说很可能是一种不幸。"科布博士说，"她们在性行为后释放的催产素越多、对此越敏感，与性伴侣的情感连接就越紧密，令她们更快地与男人绑定。现实不一定总是如此，但总体趋势是这样的。"

训练你的大脑

我们倾向于把大脑视为，呃，一种聪明的东西。我们会不自觉地信任它。它告诉我们应该做些什么，我们就会听从。因为它是我们的大脑，对吧？它可是藏在我们头部的超级计算机啊。然而，尽管大脑是一个超级复杂的系统，它依然需要被控制，如同美国航空航天局的火箭需要人工干预才能抵达火星一样。当它想要脱离自动驾驶轨道，做一些不同的事情时，它需要你的帮助。

"我会说，你的大脑知道什么是最好的，"科布博士说，"但是，大脑中有许多不同的部分，而你正在听取哪一部分的意见至关重要。纹状体就像是大脑中的'狗'，因为它以快乐为导向，而且会习惯性地去做它被训练过的事情。边缘系统则像是一个蹒跚学步的小孩或者青少年，当事情不按照自己的意愿发展时，就会变得特别不安。而前额叶则是房间里的成年人。有时候让孩童或者青少年发号施令是件很棒的事情，但你只能偶尔为之，这样才能有比较平衡而幸福的生活。总体而言，明智的做法是听成年人的，也就是前额叶。不管什么时候，如果你想喝酒、想封闭自我，或者一时兴起想与某人分手，它都会高声说：'也许这不是正确的决定。'"他补充道，"我们做某件事的次数越多，大脑习惯中心对它的编码水平就越高，也就是说，它就会变得越容易。"

"做一些前所未有的事情，对于大脑来说，会是可怕和不舒服的体验，还会制造出更多的情绪。"科布博士说，无论那事是"不再联系前任"，还是"不要追求不关心你的对象"，"但是你可以利用前额叶来训练纹状体，从而做出更好的决策。"

你的大脑会试图尽快恢复，以之前的模式处理事情。根深蒂固的神经通路就是阻力最小的路径。这正解释了为什么我们会一次又一次地在自我提升之旅中犯下同样的错误。（之后我们会再聊到这个话题，聊我重犯的错误。哎哟。）

训练你的大脑养成更健康的新习惯，和训练一条狗是完全一样的。过程很烦人，而且需要不断地重复。你可能需要把"球"或者"厕所"一词说上三千遍，习惯才会养成。你甚至会忍不住想在花园里撒尿，就是为了让狗明白"厕所"是什么、在哪里（真羞耻，我差点就这么做了）。

不过总有一天，那条狗，也就是你的大脑，会跟上指令的，我保证。但愿这发生在你真的跑去花园撒尿之前。

为什么我们会迷恋上更冷漠的人

你和我一样吗？也会喜欢更冷漠的人？这很棒，是不是？不。

这涉及一种非常可怕的心理学现象，名叫"奖赏不确定性"。大量研究表明，当动物知道每拉动一次杠杆就会获得食物奖赏的时候，它们拉动杠杆的频率最终就会降低。反之，当动物无法预测奖赏的确定性时，它们会更积极地想要得到奖励。

这就是为什么那些不可捉摸、不可靠的人会吸引我们，令我们变成扑火的飞蛾。"如此迷人，哎哟……如此迷人，哎哟……"永远重蹈覆辙。

奖赏不确定性简直是一个混账东西。我们不确定自己能否获得奖赏，就更想要它们。当我们确信自己能够获得奖赏，比如收到一条短信时，就是我们开始躺在笼子里，把双手枕在头下，气定神闲的时候，就像一只小白鼠，戴着太阳镜，漫不经心地用小小的四肢拖动杠杆。

除此之外，在一项可怕的社会学研究中，心理学家发现，女性更容易被那些对她们"不置可否"的男性吸引，而不是那些明确喜欢她们的男性。

"我们知道，不确定的未来以及失控，都会增强边缘系统的活跃程度。"科布博士说，"如果有人摆出欲擒故纵的姿态，那么'不确定他会回我短信'就意味着，当他回复你的时候，你会释放出更多的多巴胺，远比一个可靠的男人回复你时释放得多。"

基本上，我们大脑中的奖赏系统会在接触一些不可靠的人时亮起来，就像一棵挂了灯饰的圣诞树被点亮。而当一些踏实、值得信赖的人接触我们时，大脑会感到无聊。

大脑啊！请停止这种恶作剧吧！你正在让我们迷恋上错误的人。

打败

―――― *Part 2* ――――

爱瘾

可怕的双胞胎

说完了以上种种,让我们再来聊一聊我。我现在要领你回到 2010 年,快上车!

那一年,我刚满 30 岁,对酒精的依赖和爱瘾像是一对可怕的双胞胎,它们彼此支撑、互相强化。一旦其中一个开始肆意妄为,另一个就会立即跟上,叫嚣着让对方加码。

喝酒的时候,我就像赌场里的人对待扔到轮盘上的小球一样对待自己的身体。我爬上苏豪区夜生活的轮盘,把自己献祭给它,疯狂地旋转,看我最终会停在哪里。我冲进城市,那里的摩天大楼像大白鲨一样闪闪发光,我将自己交给它,全凭它来将我放逐。

我越来越不满,因为属于我的"大团圆结局"还没有出现,于是我要求得越来越多。理智的男人会迅速与我分开,给我发分手短信,比如:"不可否认你很可爱,但有点儿疯狂,再见。另外,请别再给我打电话了。"(这是一条真实存在的短信。)

我会装一阵子理性,以说服别人跟我约会,但每一次他们都会很快发现,我简直是最疯狂的戏剧女王。我发过很多短信:"就这样!我们结束了!"而男友们却会表现得好像根本没收到,因为他们知道我在 5 分钟内,最多 5 小时内就会改变主意。我把分手的威胁悬在他们头上,像断头台上的斧子,而实际上,我想要的是安慰。也许，再加一个拥抱。

我几乎对每个人都不忠，但这从来都不是有意的，通常是在我醉酒昏厥的时候。随之而来的是强烈的负罪感，在我脑中挥之不去，长达几周、几个月，甚至几年。然而，当我再次外出饮酒的时候，爱瘾就会在我的体内咆哮，叫嚣着让人关注，撕掉自己的外衣。如果此时我的男朋友不在身边，我就会在附近寻找能满足我的人，目光通常会落在离我最近的迷人男性身上。

然后，因为出轨者总是疑心最重，我开始怀疑男朋友也出轨了。我认为，窥探他的信息、侵犯他的隐私都是合理的，我只是为了确认他没有出轨。我虚伪得令人难以置信。

我的生活被恐惧主宰着，我害怕男朋友终有一天会发现我的背叛。忧虑渗入每时每刻，就像坐在我肩头的小妖精，不管我喝多少酒，用多少甜言蜜语悄悄补偿男友，用多少谎言来掩饰我的行踪，或者多么频繁地跟自己说"每个人都出轨，他们只是不谈论出轨而已"，它始终都在。

与此同时，嫉妒心又驱动了一套自我伤害体系。我浏览男友脸书上的照片，搜寻第三者存在的证据。佩妮评论说"昨晚很有趣"，他们鬼混了吗？一定是的。还能有什么别的含义？真不敢相信，他竟然和佩妮睡了！

我会查看他身边任何一个可疑新欢的主页动态，检视对我有"威胁"的状态，将它们放在内心的安全指数仪表盘上。我坐在那里，给自己施加虚拟水刑。滴答，滴答。点击，点击。社交媒体信息过多的本质几乎让我抓狂。切腹自尽吧，无线网络。

男友们是否真的爱我？为什么爱我？他们确定自己真的爱

我吗？更爱我还是前任……我会拿这些问题来测试男友。我确信，这一点儿也不会让他们紧张。

由于我疯狂的行为赶走了有教养的男人，我最终只留下了那些有毒的关系以及……不怎么好的男人。在这些关系中，我会在应该离开的时候继续停留（在某段关系里，停留时间是整整一年），因为酒精就像电池酸液一样侵蚀着自尊，我觉得我不值得拥有更好的东西。

一直以来，我都用酒精消除矜持，用酒精接近男人，然后用酒精缓解压力。酒，男人，酒，男人，这是如地狱一般的循环。

我找男人是为了获得自尊

2011年8月

我醒来时，嘴里又是熟悉的干干的感觉。真该死，又犯了。一开始是浪漫的"夕阳西下，在花园里喝一杯红酒"，最后却喝了一整瓶，然后又喝了不少。一地凌乱的花园在嘲笑我，就像一个犯罪现场，证明着我的罪行。

我小心翼翼地查看手机，好像它是一枚定时炸弹，检查昨晚发了哪些不合适的信息。有一条是发给前男友丹尼尔的。"我一直在想你，也一直在想我们以前错过了什么。"我对着手机哀号了一声，把它扔到房间的另一头。谢天谢地，它没有和地面亲密接触，屏幕没碎。

我站在淋浴间里，相当沮丧。我洗了半个小时，希望水的冲击能治好我的头痛。我为什么会发那样的信息？我甚至不确定这是真的。"酒后吐真言"就是胡扯,"酒后乱发疯"才是更准确的说法。除了喝酒的时候,我很少想起他。

我取回我的手机。他回复了:"嘿,很高兴收到你的消息,期待能和你以朋友的身份见面,你对我一直都很重要,不过我刚订婚了。"

虽然我并不是真的想和他复合,但这就像是又一记重击。我的订婚戒指去哪儿了?为什么我没有订婚?!我才该订婚的!

我为此生了一小时闷气,然后转向了唯一知道的解决办法:去找另一个人。我给一个和我约会过两次的人发了短信。我对再和他见面没什么兴趣,但我知道他很有兴趣。

我们喝得很醉。我并没有特别喜欢这个人。他一直在讨论我们长期交往的可能性,比如让我搬进他的公寓,教我开车,保证我在车上安全无虞。我甚至觉得,我可能都不愿和他第四次约会。

但我还是和他上床了,好让自己摆脱寂寞。我是想重拾自尊。我不太喜欢和他上床,我只是机械地做爱,就像一个暴饮暴食的人机械地吃下第五个奶油松饼,所有的快乐都被遗忘了。

这会让我感觉好点儿吗?不。但这让我有一种被需要的感觉。我觉得自己备受瞩目,仿佛西部片里被重金悬赏捉拿的英雄人物。

希德和南茜

2012年3月

我和男友的关系仿佛希德和南茜,艾米和布莱克,邦妮和克莱德*。我们是共犯,帮助彼此把最坏的一面暴露出来。

开始与拉尔夫交往。我喜欢他的裤子,觉得他很酷,我们都对彼此着迷。

最初的几个月是放纵的幸福。我们纵容彼此的鲁莽,通宵喝酒、抽烟、乱搞,然后去公园喂鸭子,还摆出搞怪的姿势。当跑步者带着古怪的眼神从我们身边经过时,我们疯狂地大笑。

我们和对方说:"你怎么直到现在才出现?""你是我的灵魂伴侣。""我无法想象没有你的日子。"

我们是如此迷恋对方,如痴如醉,6个月后,我们就同居了。(这是个"超级绝妙"的主意,因为我们几乎不认识对方,而在一起清醒度过的时间总共只有8小时。)

有人和我同睡一张床,我却感到前所未有的孤独

2012年9月

我不知道我们是怎么走到这一步的,从一刻不停地亲吻对方,到每日每夜互相攻击。

我正坐在拉尔夫和我租住阁楼公寓的塔楼房间里,它位于

---

* 以上三对都是颇富争议的著名情侣。希德是性手枪乐队的主唱,与恋人南茜互相伤害又互相依赖,最终在冲动下将其杀死;艾米·怀恩豪斯是英国女歌手,与男友布莱克一起吸毒,遭遇男友家暴,不断自残,处于一段恶劣的关系中;邦妮和克莱德是美国历史上著名的雌雄大盗。——编者注

一个小角楼上，我们租住的房子破败不堪又极具特色。这是我们对着窗户抽烟的地方。

我叼着烟，盯着外面的人，想知道为什么他们如此正常，而我却如此不正常。我觉得我在等待什么人来救我，但以社会大众的眼光看，我已经被拯救了。

"你还想要我干什么？"拉尔夫昨天晚上怒不可遏，气得双臂高举。公平地说，他很有道理。"我跟你说过我愿意。我跟你说过，如果你想，我们甚至可以结婚，尽管结婚对我来说并不重要。可是，你还想要更多。"

他是对的，我想要更多。我不知道"更多"具体是什么，我只知道，即使已经搬到一起，我依然想索取更多，即使拥有了关于未来的承诺，我还是想要更多。我永远不会感到满足。这和我喝酒的状态一模一样：每次喝完手里的这瓶，我就会去拿下一瓶。

那时我还不知道，这就是上瘾的标志，大脑里的霓虹灯忽闪忽闪，要求更多。你越靠近它，它就越远。你总是试图接近它，却从未成功。它是一个不断变化的目的地，那片给人满足的应许之地。

我一直认为，拥有伴侣是治愈孤独的良方，但此时此刻的我比以往任何时候都更加孤独。我疏远了朋友和家人，因为我不能告诉他们我和拉尔夫的真实情况。如果我一不小心告诉了他们，他们就会让我结束这段关系。

我曾经告诉一个朋友，拉尔夫的新口头禅是"凯茜什么都不知道"。每当我们和其他情侣朋友吃晚餐，而我显示了自己在常识方面的明显匮乏时,他就会这么说。

"哦,亲爱的,"她说,"你需要离他越远越好。"

但是我不行。没有他的生活是不可想象的。

煤气灯让我上瘾了

2012年10月

今天是我和拉尔夫的恋爱一周年纪念日,我要参加他前女友的30岁生日派对,那个我知道他还在念念不忘的前女友,因为我们第二次约会时他就告诉我这件事了,那时我们还没在一起。

为什么我会在这里?他跟我说,如果我不来,他就自己去。所以,要么独自一人度过我们的一周年纪念日,要么去参加他前任的生日派对。

我带了两个朋友给我精神上的支持,他们都很震惊。"凯茜,这事太扯了,我们该离开。"另一个插话说:"这就像看着他俩约会一样!"是的,拉尔夫在公开调情。

最终,朋友们离开了,他们被拉尔夫的行为吓到了,劝我也一起走。但是我留下了,等拉尔夫回到我身边,这样我们就可以回家了。

"煤气灯效应"一词的源头,可以追溯至20世纪30年代的一部戏剧作品。它讲述了丈夫把挂在阁楼上的煤气灯调暗,而当妻子注意到灯光变暗时,他坚称那是她的想象。他对她说,是她神经衰弱,而不是他偷偷摸摸。

"煤气灯操纵"是对那些大喊着"不是我的错,是你的错"

的人的心理学描述。错绝对是他们的。

我向拉尔夫抗议,去前任的生日派对上庆祝周年纪念日绝对是不合适的。拉尔夫说我太不讲理了,和前任保持朋友关系是有教养的——是正常的!他说我是一个"神经病",因为我不想参加派对,也不希望他去。鉴于我现在这副模样,他对她念念不忘简直一点儿也不奇怪。

一开始,我的朋友和家人都很喜欢拉尔夫,说他聪明、机智、风趣。他当然依旧符合这些描述,但偶尔也会表露出一种残忍的、令人难以置信的自私。我温和的继父从不恨任何人,但几个月后他就确定,他受不了拉尔夫了。

为什么?开场是这样的:我在医院等着做手术,当医护人员突然决定把我推去手术室时,拉尔夫也在场。我害怕得哭了,因为我马上要接受两场重大手术中的第二场(这事说来话长),但拉尔夫不愿意等我出来。"最多只需要一个小时。"医生对拉尔夫扬眉道。"我和我哥哥有约。"他说,然后就离开了。

他后来向我道歉,我也没把这件事放在心上,但继父一直记着,再也没有原谅过他。

而他的家人都是令人难以忍受的势利小人,他们公然拒绝我。听到他们管没上过私立学校的人叫"麻瓜",我也跟着笑,多好玩呀,直到我意识到他们是认真的。他们真真切切地认为,私立学校的学生比接受公费教育的学生更优秀。我一看就不适合他,他们确定我知道这一点。

然而,我也远非无辜。和我约会,毫无疑问是场噩梦。我极度缺乏安全感,感情浮躁,喝醉后说出的话会像匕首一样伤害拉尔夫。

拉尔夫是灯，我们的关系是煤气，两者合在一起点燃了我的酒瘾。我开始一周喝五六晚，甚至不再尝试节制饮酒。

我每天早上都会发抖，然后通过喝酒压下不适感。一天晚上，拉尔夫发现我在家门口像一袋土豆一样瘫倒在地，不省人事，因为我的钥匙丢了。

当时的我还不知道，在接下来的6个月里，我们同居的公寓会变得更加灰暗。

三个前任

2013年2月

我独自一人坐在公寓里，而男友和他的家人正在离这里不远的一家餐厅里，惬意地享用晚餐，和他的前女友一起。

不是前任一号（我们跑去参加她生日派对的那位，他经常去见她），是前任二号，即"私立学校的那个前女友"，他的家人特别希望他俩复合。

他的家人总会邀请这位前任来参加周日的晚餐，参加一个又一个家庭成员的生日派对，这简直是一记重锤，暗示着他们希望我离开，希望这位前女友回归。起初，拉尔夫非常抵制家人与他前任的会面，但是现在，他已经习惯了。他告诉我，我不应当期待他的家人一见面就喜欢我，我应当"赢得"他们的认可。

但是，在场的可不仅仅是那个女人。几周前，他开始和前任三号见面。他甚至都懒得问我对这件事态度如何、是否接受，不过，我也根本没有力气去指出他的漠不关心。

我开始痴迷于搜索这三个竞争对手的一切资料，我观察这三位前女友，就像通过观看拳击手出上勾拳和左勾拳的视频来估量对方的水平。我在社交媒体上跟踪她们，想知道自己如何才能变得更好，如何留住他，如何拯救我们的关系，如何躲过致命一击。

那种感觉就像是，拉尔夫正处于一场《失恋排行榜》*风格的公路旅行中，一一回顾那些"离他而去的人"。不过，和电影中的约翰·库萨克不同，拉尔夫并不是单身。我和他一起坐在车里，每看到一次他的前任，我就变得更多疑一点。

每当他入睡后，羽绒被下传来呼噜声时，我便蹑手蹑脚地爬到床边，捏着他的手机，查看他的信息。

几乎每一晚，我都会发现一些我不想知道的事。而当我发现没有什么令我受伤的东西时，甚至会感到失望。这种感情上的伤害几乎等同于用剃刀从我的大腿上切下一片，是一场凌迟。我死于无数条短信。

我离开了那个黑暗的公寓

2013年5月

我开始清醒，清醒了几天，终于看清了拉尔夫和我们疯狂的关系。我意识到我必须尽快离开这里，在煤气灯变得更暗、

---

* 《失恋排行榜》：英国电影，讲述了一个狂热的音乐爱好者经营着一家唱片店，他盘点自己失败的恋爱，做了一份"失恋排行榜"，然后一一联系自己的前任，询问她们当初与自己分手的原因。——译者注

同居的公寓变得更黑之前。

最后的那根稻草很轻,只有两个字。

事情发生在我们为公寓季度检查做准备的那天晚上,我打扫了整个公寓,因为正在做饭,我让拉尔夫把垃圾倒了。

"滚开。"他若无其事地回答道。

"再说一遍?"

"滚开,你自己做。我工作了一整天了。"

我也是,不过这好像也无关紧要了。

讽刺的是,尽管戒酒给了我结束这一切的勇气,但我还是要靠喝酒获得戒酒的勇气。那个周末,他出去放松了一下,所以我给他发了条短信,结束了这段关系。(是的,一条短信,我做事就是这么成熟。)

我还给我们共同的朋友发短信,告诉他们我们分手了,并在脸书上删除了他的家人。这是一种疯狂的小心眼的报复,但不可否认的是,这也是一种斩断"回头路"的有效方式。我知道,我不会反悔。

我也没有反悔。我搬了出去,和父母住在一起,彻底地戒了酒。我想弄清楚我是从什么时候开始,又是为什么,成了能忍受这种狗屁事情的人。

分手的余波

2013 年 8 月

关于分手带来的影响,最令人惊讶的一点是,它根本没带来任何影响。没有后果,一点儿也没有。我以为没有了拉尔夫我会活不下去，然而，从分道扬镳的那一刻起，我一秒钟都没有怀念过他。我与他（以及他家人）的纠缠结束了，我只感到如释重负。

分手几个月后，我接受了戒酒治疗。咨询师问了我很多关于拉尔夫的问题，我觉得很奇怪，但既然有很多故事可说，我还是告诉了他。

我跟他说拉尔夫有次在离开公寓时大喊："希望你别找到那瓶威士忌！"他知道我已经对酒精上了瘾，正在努力戒掉。我花了两个小时翻遍了公寓，甚至检查了那双惠灵顿长靴内部，在干旱如沙漠的公寓里寻找着神秘的威士忌。"它在哪里？"我给他发短信。"哦，我只是在开玩笑！"他回复道。很幽默。

然后是那次……还有那一次……我全都说出来了。感觉还不错，因为我从来没跟别人说过这些扯淡的事。

咨询师的脸色变得越来越严肃。在诊疗最后，他说："好的，我要在这张表格上的'家庭暴力'一栏打钩。"他给我看了那张表，然后在上面打了个钩。我目瞪口呆。

"可是，他从来没有打过我呀！"

他告诉我，家庭暴力经常是纯心理层面的，而我肯定遭遇了这种暴力。嗯，我完全没概念。

选择自我而不是恋爱

2014年4月

和拉尔夫分手几个月后，我又开始了一段认真的感情，对象是雅各布。为什么会这样？因为我是一个爱瘾者。

这是一种"火药桶"般的关系，因为爱火点燃的速度快得令人难以置信。两周之中，我大部分夜晚都和他在一起，一个月不到，我就和他的家人一起去度假了。这是段非常可爱的关系。

但现在我们已经在一起6个月了，过去几周他表现得很奇怪，连续几天失踪、发脾气、羞辱我。我告诉他，我们应该暂停一下，先分开两周，让他厘清思绪，然而说完分开后我们又在电话上聊天了。

我坐在那里，听他说感觉不确定，他说不知道自己的感受，想度过这个周末后再看看情况。听着听着，我内心有一些东西升腾起来。我再也不是那种能忍受胡闹的人了。

"算了，随便吧，我受够了。"我说。

就这样，我们结束了这段关系，我知道这是正确的选择。这辈子头一次，我选择了自我，而不是维持一段感情，但我还是崩溃了。

我的崩溃不是因为雅各布，不是因为想念他，而是因为我自己。因为我仍然认为单身意味着残缺不全、一文不值、没有人要。我仍然觉得，结束一段关系是我作为一个人的失败，作为一个女人的失败。我没有达成我人生的首要目标——找个男人。

在接下来的几天里，我对家人挑剔又暴躁，直到母亲终于让我卸下了戒备，在沙发上给了我一个久久的拥抱。拥抱让我放松，我颤抖着哭泣，说着"我有毛病""不会再有人爱我了""我会永远孤独一人"之类的话。

我被击倒了，那种感觉只能用"心碎加心碎"来形容。我的心就像一棵被刻上了许多名字的树，树皮被剥下，痛得很。已经没有空间了，我不能再接受任何新的签名了。

那个周末，我取消了生日派对，没有和我最好的八个朋友去那家有乒乓球桌的餐馆，原因就是我分手了。母亲和继父坚持要带我出去吃晚饭，当餐厅送来一个插着蜡烛的纸杯蛋糕时，我差点哭了出来。

我知道这样不对，有些事情需要改变。我怀疑应该改变的就是我自己。我不能继续把我的幸福抛向空中，希望有人能接住它。我不能继续让分手破坏我的心理健康。我不能再依赖男人，把他们作为我自尊的来源了。

我感到内心世界正在崩溃，我像是被扔进了宇宙的混沌深渊，但事实上，一颗恒星正在我体内诞生。我在原子层面上被重新排列了。

我的决定不只是和雅各布分手，而是和所有男人分手、和所有关系分手，并且决定单身，无限期单身。

> 如果你被困在噩梦中，你可能会比那些仅仅被困在普通梦境中的人更有动力醒来。
>
> ——埃克哈特·托利，《当下的力量》

确定

—— *Part 3* ——

单身的理性

我一年没有约会

事情是这样的，戒酒后，我在性爱方面的态度和行为模式都发生了转变，变成了一个在做性病检查后才会进行第六次约会的女孩。我从快到慢，从追逐男人到纯洁朴素，转变过程中没有付出一点点力气。鉴于我所有偷看手机和背叛的行为都是在醉酒鬼混时发生的，所以停止窥探和出轨也轻而易举。

这真是太棒了。我发现自己并不是一个爱窥探、不忠实的"男人吞噬机"。然而，我实际的爱瘾，根源仍然在蔓延。许久不再习惯性地伸手拿酒来安慰自己后，我仍然习惯伸手去找一个男人以让自己感觉完整。

我开始意识到，倒一杯酒和打开约会软件完全相同，都是一种不安、一种情感空虚。我试图通过抓住外在的人或物来填补这份空虚。

更重要的是，我发现这类行为非常普遍，这就是为什么在播客节目《家庭》中，霍莉和劳拉把从爱瘾中复原称为"第二次清醒"；这就是为什么人们经常把上瘾形容为打地鼠游戏——你把一种打趴下，另一种就会跳出来嘲笑你；这就是为什么人们经常在戒掉可卡因后，发现接下来等着自己的是糖瘾，或者戒掉了网上购物的恶习后，发现自己在赌博软件上输了数百美元。

整理装备

所以,我是一个爱瘾者。嗯,这很有趣,但在某种程度上,这也是个好消息,因为这意味着我的装备箱里已经有打败它的武器了。

我已经知道了该如何压制喝酒的冲动,所以我也知道,当我的手指蠢蠢欲动、想给过去的某个坏男人发短信时,我该如何让自己停下来。我不止一次使用过"放下手机滚出去"的策略。我知道,想法并不一定会导致行动,所以"在网上追踪前任"的想法,不一定会导致我真的去做这件事。

我知道,感觉并非事实,所以我可以让单身带来的"破碎""失败""没人想要"的感觉从身边掠过,不会去真的相信它们。我知道该如何消解那些我讲给自己听的话("我需要通过喝酒寻找乐趣""没人想娶我")。我可以问:"这是真的吗?"然后构建一个更接近现实的版本。我可以做到的。

这篇文章开启了我单身的一年

我告诉朋友凯特我决心禁绝与男人的关系,她给我发了一篇伊丽莎白·吉尔伯特的文章《学会孤独》。在这篇文章中,一位理发师告诉伊丽莎白,她刚刚把一个没用的浑蛋踢出了门,打算马上再去街上"给自己找个更好的"。伊丽莎白握着她的手,让她发誓,在她亲吻下一个男人之前,先暂停6个月。

"朋友们,"伊丽莎白写道,"在某种程度上,我们都必须学会如何独自一人进入派对现场或餐厅,否则,我们将会愿意和随便哪个人一起进入(或者更糟,和随便哪个人一起离开)。我们必须学会忍受独自一人的状态，昂首挺胸。有时，在经历了足够久的独处后，我们甚至可能学会享受孤独。"

我觉得自己难以置信地受到了启发。我太激动了，脑子里开始酝酿一个计划。老天啊！我应该停止约会一年！整整一年，不牵任何男人的手。

我把这个念头告诉了母亲。"可你为什么要这么做呢？为什么会有人这么做?!"她说，一副痛苦忧虑的表情。我逐一回答了她的问题，每得到一个答案，她都会像赶黄蜂一样对它们避之唯恐不及，然后转过头问我："为什么?!"她不同意。

事实上，我意识到妈妈也是一个爱瘾者。在我 38 年的人生中，她几乎从来没有单身超过一年。这就解释了为什么我曾一度禁止她问我"和某某还有联系吗"，因为她每天都这么问，从未间断过。有一次，我和一个叫"莱特"的人约会，她不顾我的抗议，开始叫他"对的人"[*]。

这也解释了为什么在讨论我的另一位前男友时，我们会有以下这番对话：

妈妈： 你现在可以更加努力地工作了，因为你遇到乔尔后更开心了。

我： 乔尔和我的工作能力有什么关系？

妈妈： 嗯，越快乐的人越有动力。

我： 遇见乔尔之后我并没有更快乐，在遇见他之前我就这么

---

[*] "莱特"（Right）一名有"正确"的意思。——编者注

快乐。

妈妈：你就是更快乐了！你是这样的。我是你妈，听我说，你更有活力了。

我放弃了。

哥哥以前和我开玩笑，说如果我找了一个以大众眼光看最"不靠谱"的人，比如只穿了一条皮革丁字裤的撒旦崇拜者，带他回家，把他作为男朋友介绍给妈妈，她都可以找到方法来证明自己喜欢他。"他只是……另类！在造型风格方面做出了大胆的选择。"她会想办法说服自己的。

但正如艾米·舒默在《后背下方有文身的女孩》一书中所写的那样，"母亲是人，不是天堂里的天使，也不是系统精确无误的服务型机器人"，上帝知道，"反向洗脑"是我自己的责任。

不过，所有的朋友都很支持我的空窗期，没有人认为这是一个坏主意，很多人甚至高举双手表示赞同，说道："你也该单身一次了！"

于是我开始了一年的"约会休假"。我带着一种强烈的欲望，想要了解关于爱瘾的一切：为什么我们会在恋爱中发疯、自我伤害，又该如何学会爱上单身。

这是我的经验：如果你在为一件事挣扎，无论这件事是单身、饮食失调、财务超支、酗酒或抑郁，你都要尽你所能去了解它。知识就是力量。

我仔细审视清醒时的自己，也审视快乐单身时的自己。当你了解一些东西，学习以新的方式思考它们时，你实际上是在变革大脑，铺设新的神经通路，就像学习一门新语言时那样。

在接下来的几章里，我将分享我在一年的空窗期里学到的，所有有用的东西。

单身是一种全球性的现象

单身革命不仅仅在英国如火如荼,就全球范围而言,如今单身人士的数量之多在历史上前所未有。在我们这颗美丽的星球上,自 20 世纪 90 年代以来,独居人口的比例迅猛增长了 80%。

在美国,有 45% 的成年人此时此刻正处于单身状态。美国珠宝公司开始向享受独立、想要保持单身的女性推销右手钻戒*。我发现,单身女性选民对于奥巴马入主白宫起到了巨大的推动作用,她们甚至被戏称为"碧昂斯选民"**。用这个词来指代单身选民,我想你会同意的。

在曼哈顿,几乎一半的房产拥有者是单身人士,而这种转变甚至也出现在了一些意料之外的城市,比如克利夫兰、西雅图和丹佛。"这是一个重大的变化。"社会学家艾里克·克里南伯格。作为《单身社会》一书的作者,他在 TED 演讲《单身生活》中分享了这个观察,而这种趋势在发达社会中更为显著。"为什么地球上最受眷顾的那群人,会利用自己的财力物力与他人分离,从而独自一人生活?"克里南伯格说,"如果你生活

---

* 婚戒一般戴在左手上。——编者注
** 美国女歌手碧昂斯热衷为女性群体发声,曾在美国大选中公开支持奥巴马,为其拉票。因为她对妇女意识觉醒的推动作用,美国大选中的独立女性选民被称为"碧昂斯选民"。——编者注

在一个贫穷的国家，或者一个贫穷的社区，你几乎不可能独自生活。"

美国的一场草根运动已然生根发芽：单身人士自称"乐单族"，"乐单"即"宁愿选择单身，而非结婚过日子"。运动发起人萨莎·卡根在乐单族的官网上写道："如果你是我这样的乐单族，你就会知道，单身并不是一种疾病，也不意味着你是残缺不全的。"

但事实是，在美国，伴侣们仍然占据优势。曾任心理学教授的贝拉·德保罗经常指出美国"已婚人士的特殊地位"，讨论这个国家怎么会有1 000多条法律只对合法结婚的人有利，只给予他们保护。早在2006年，她就把这种偏见称为"单身歧视"。

在瑞典，斯德哥尔摩的房产所有者中有60%是单身。在一个小镇上，40岁以上的单身人士组成了一个公社，住在一栋蜂巢状的单身公寓里，共享400平方米的空间。他们一起吃饭，在屋顶上一起玩乐，听上去简直如梦境一般。

我了解到，中国的结婚率也正在下降，这使得上海的相亲市场兴起。这是一个每周举办一次的集会，父母们会将成年子女的关键信息（身高、收入、生肖）列出来，展示给其他父母。这通常是在子女不知情甚至不允许的情况下进行的。如果你有兴趣的话，可以搜索一下相关的图片。

还有中国的光棍节，11月11日，因为数字"1"代表着独自一人的形象。在这一天，单身人士会去购物，挥霍金钱为自己购买礼物。哈哈，这真不错。（如果我被叫作"光棍"，我可能也会疯狂购物。）

在中国,超过30岁的未婚女性被称为"剩女",即"剩下的女人"。公平起见,单身男性有时也会被称为"剩男",但更普遍的说法是"光棍"。这意味着在家谱里,他的旁边没有另一个成员。

英国也有"光棍节"吗?当然了,3月11日,但那天什么事也不会发生。半件事都没有。从前每年8月好像有一个"全国单身周",然而它似乎没说再见就消失不见了,像个聚会上不受欢迎的人。在英国,我们在庆祝单身这方面惨败。

不过,与德国的情况相比,被称为"剩女"或"光棍"根本算不了什么。在德国,25岁的单身女性被称为"旧盒子",生日那天,朋友们会用一堆空盒子把她们的门堵上,当然,只是为了开玩笑。根据习俗,如果一个男人到了30岁还没结婚,他就得去打扫市政厅的台阶——通常是在午夜钟声敲响的时候,还会被迫穿上一条带褶边的裙子。当然了,同时存在的还有旁观者的嘲笑。单身女人们则被要求用抹布擦拭市政厅的门把手。

在丹麦,单身人士在25岁生日时会被绑起来,身上被撒满肉桂;到了30岁,肉桂就升级成了胡椒。这简直是最奇怪的单身羞辱。

日本的情况也类似。日本的新生人口在2016年降至100万以下,人口增长率降至19世纪以来的最低值。尽管日本首相已经在2014年投入大量金钱解决这一问题,资助那些帮人们坠入情网的相亲类服务——尽管已经尽了最大的努力,但在二三十岁的日本男性中,仍有60%的人认为自己是"食草族":对性或性关系毫无兴趣。

在韩国，类似的"危机"也正在酝酿之中。据粗略统计，平均每1 000个韩国人中，结婚的人数已经从1970年的295人，跌落到了2016年的5.5人。拒绝约会的年轻人被称为"Sampo一代"。"Sampo"是一个韩语合成词，意为"放弃三件事"：放弃求爱、婚姻和生育——它们被视为顺利成人的三个要素。韩国的大学现在开设了"婚姻与家庭"课，学生必须和三位同班同学约会，每位约会一个月（尚不清楚他们是否可以自行选择约会对象）。

为什么单身会被描述成一场全球性的"危机"呢？据我所知，这个世界上的人已经够多了，不是吗？所以少生孩子肯定是件好事吧？实际上，房价也可能会因此下跌，购买一所房子不会再像购买一间金屋那样艰难。

你的"另一半"

我了解到，"另一半"这个概念的源头可以追溯到希腊神话。柏拉图说："我们每个人都在寻找与自己相配的那一半。"根据他的说法，很久以前，世界上不仅有男人和女人，还有球形的双面人，他们有两张脸和轮子辐条一样的四条腿。

这种生命形式拥有可怕的能量、力量和野心，以至于试图攻击众神。宙斯为了报复，把他们切开，以削弱他们的力量。就这样，他们在余生里不停寻找着"另一半"。

"所以，当一个人遇到属于他自己的那一半时，"柏拉图说，"奇妙的事情就发生了——两个人都会深陷于一种被爱、归属感及欲望震撼的感觉里，再也不想与对方分开了，哪怕只是片刻。"

于是就有了"另一半"的说法，但是，我必须要说，我不确信这些可怕的球形生物真的存在过，就像我不确定人头马、半人妖或独眼巨人真的存在过一样。我非常确信，动物不是用黏土做成的，潘多拉没有一个装满了人类罪恶的盒子，雅典人也不会每年都把14个年轻人献祭给迷宫里的人身牛头怪。

我想，我们可以把"另一半"的故事归结为一种生动的想象，可能柏拉图是在一些古老致幻药的效用下迷失了自我。

为什么我们之中有这么多人单身

我偶然发现了一些解释"为什么我们之中有这么多人单身"的有趣理论,来自阿齐兹·安萨里和埃里克·克里南伯格合著的《现代浪漫》一书,这本书对现代约会图景进行了一番精彩的调查。

首先,我们想要的是"灵魂伴侣",而前辈们则容易满足于"人人都要有的婚姻"。在20世纪60年代,有76%的美国女性(以及35%的美国男性)愿意与自己不爱的人结婚。颠覆认知,对吧?但到了20世纪80年代,只有9%的美国女性和14%的美国男性愿意与不爱的人结婚。这是令人难以置信的转变。

然而,这最终会让我们更难找到想要与之结婚的人。2013年,在TED演讲《渴望长期关系的秘密》中,心理治疗师埃丝特·佩瑞尔分析了我们的期望值是如何上升到一种前所未有的高度的。

"我们不仅想要一个能和我们生儿育女,给我们社会地位和陪伴的伴侣,还希望对方是我们最好的朋友、可信赖的知己、充满激情的爱人,这样我们的人生就不会虚度。"佩瑞尔说,"所以找到一个人后,我们要求他为我们提供的东西,曾经是一整个村落才能够提供给我们的——安慰、优势、新鲜感、熟悉度、稳妥、惊喜。"

这可是个艰巨到离谱的任务，不是吗？然而我们却还是想要。他能在我们年龄适当的时候光顾我们的生活吗？在我们既不太小，又不太老的时候？拜托了，许愿精灵。

选择太多反而无法选择

我还发现，相当矛盾的是，当我们被给予太多选项时，就会变得麻木、不满，不太可能做出选择。

所以超市会尽量不在货架上给我们太多选项。事实证明，选择太多会让我们感到迷惑、不知所措，无法完成购买行为。我们更有可能两手空空地从商店匆忙离开。

大量的研究都支持这一点，但《现代浪漫》引用的可能是其中最引人注目的一项。研究者向顾客提供6种或24种不同的果酱。面对24种果酱时，顾客更有可能停下来品尝，但购买的可能性却仅仅是另一种情况的十分之一。提供6种果酱的摊位，销量是提供24种果酱摊位的10倍。真的是这样。

这个结论同样适用于今天的约会世界。在伦敦或其他大城市，我认为，要看完社交应用上所有相亲者的资料是不可能的。这就像闯进了蒂姆·伯顿式的仙境里，只能从300万份礼物中选择一份。

这看起来像一场美梦，实际上却是一个反乌托邦式地狱。我们最终会到处闲逛，把礼物翻来翻去，分析每一份礼物的形状、分量和潜在价值，却永远不会真的做出选择。

单身是一项非常现代化的特权

更重要的是，我们之所以单身是因为我们可以单身。这条"可选择的路"直到最近才被彻底打开，尤其是对于女性而言。

100年前，单身女性面对的是迫害、侮辱、无性生活，以及极有可能被饿死的命运。而男人，不管婚姻状况如何，总是能够赚钱、购买房产或旅游。尽管很多男性是迫于同龄人的压力或者大众的眼光才结婚的，但他们仍然拥有选择的权利。女性的情况并非如此。

只有有钱的女人才拥有"不结婚"的奢侈选择。女性被视为生孩子的机器，被期待着生出8个孩子。如果你到了23岁还没结婚，就会被称为"老处女"。

与此同时，在大洋彼岸的美国，如果你战战兢兢地活到了26岁，还没有订婚，就会被称为"刺鱼"（一种带刺的黄貂鱼，这可不是恭维话）。在塞勒姆女巫审判期间受到迫害的女性，大多是单身或寡妇。20世纪60年代，毕业派对上，已婚女性会得到胸花，而单身女性——人们给她们的是柠檬。

回到19世纪，情况甚至更糟。1817年，简·奥斯汀给朋友写了一封信，说婚姻对于很多女性来说只是一种生存策略。"单身女人的命运有一种可怕的倾向，那就是变得贫穷……这是支持结婚的有力理由之一。"

许多人猜测，简·奥斯汀之所以不结婚，正是因为她有赚钱的门路，以及由此产生的巨大的个人财富（她从不把书的版权卖给出版商，而是自己出版）。她有选择的权利，就像今天的我们一样。她选择了不结婚。其他从未结过婚的著名女性包括艾米莉·狄金森、弗洛伦斯·南丁格尔和艾米莉·勃朗特。

再往前追溯，我在《牛津生活词典》中发现，"spinster"在过去是一个完全中性的形容词。它最初就只有字面上的意思（以纺纱为生的女人）。后来，考虑到纺纱女工通常是单身女性，它就成了"老姑娘"的同义词。如果现在是 17 世纪，我会在官方文件中把自己描述为"伦敦的凯瑟琳·格雷，老姑娘"。直到很久以后，它才成为一种污蔑性的词语。

不过"spinster"并不是唯一一个被用来打压单身女性的词。"二战"令许多男性丧命，于是有 200 万女性被称为"剩女"。再想想"凯瑟琳女郎"吧，这是一个法语词，指 25 岁以上的女性，在 25 岁生日那年的圣凯瑟琳节*到来之时还没有结婚。人们会为这些"凯瑟琳女郎"举办专门的仪式，祈祷她们尽快结束单身生活。你还能想象比这更糟的事吗？（这种仪式如今仍然存在，但似乎变成了单身女郎给彼此做滑稽的帽子。）

单身革命是一种进步的标志

在 20 世纪 50 年代之前，如果你不想身无分文，就要尽快给自己找一个丈夫。妇女的工作机会很少，报酬也很低。一些针对单身女性的改革来得太迟了。

例如，直到 1976 年，爱尔兰女性都不能在没有男性作为共同签署人的情况下买房。在英国，直到 1975 年，女性才可以用

---

* 圣凯瑟琳节是一个有着悠久历史的法国节日，相传单身女性在 25 岁生日时要为自己制作一顶帽子，并在圣凯瑟琳节当天戴着它走上街头，期待与有缘人相遇。——编者注

自己的名字开设银行账户。20世纪70年代中期以前，单身女性在没有父亲签字允许的情况下，是不能申请贷款或信用卡的（哪怕她们的收入比父亲多）。

单身人士（尤其是女性）数量激增并不是一种危机，而是女性主义（也就是所谓的平权主义）正在发挥它的魔力。单身革命包括了一大群欢欣鼓舞的人，队伍庞大得从外太空都能看到，共同组出了"进步"二字。

然而，作为一个27岁的单身傻瓜，我曾经夸张地叹着气，对一个朋友说："我希望我们能回到50年代，那时所有的男人都想在20多岁时结婚，而且所有人都结婚了。我们在这个年龄早就怀孕，或者当上妈妈了。那时候事情简单得多。"

我真想回到过去，让当时的自己清醒一点儿。哀叹我们不必在20多岁时结婚，就等同于诅咒女性现在可以投票。这就像拿着选票抱怨："哦，这太无聊了，这是何等的无聊啊。"（上千名妇女参政论者的棺材板都压不住了。）

我们真想回到过去吗？在自己几乎还是个孩子时（我们大脑中负责决策的部分直到25岁时才完全发育成熟，这是事实）就进入婚姻？我们真的想嫁给父母选定的人吗？

女性现在可以发生婚外性行为而不遭到社区的驱逐；可以在没有丈夫的情况下生育被社会接受的孩子；可以在没有其他人签字的情况下拥有自己的栖身之所；可以拥有一流的事业，赚的几乎和男人一样多。我们可以选择不结婚，同时不会因此成为被排斥的人。

总的来说，单身是女性可以享受的一项非常现代化的特权。

想要享受这项权利，我们不必被迫进入修道院。我们已经把这块巨石推上山了，让我们坐下来欣赏一下吧。我们可以单身，不会因此穷得买不起食物，不用深居简出，不会被当成女巫淹死在河里。

祖先们通常没的可选，但我们不是。那时候，观望太久是不被允许的，但现在可以了；完全退出婚恋市场那时被视为一种精神错乱的行为，但现在我们可以说"事实上……不行"。对此，我们应该抱有十二万分的感激。

为什么父母不喜欢我们单身

媒体把结婚率的下降描述为一条持续下行的直线,但事实上,它更像是一段起起落落的过山车轨道。的确,现在的结婚率正处于历史最低水平,但更确切的说法是,我们的结婚率已经回落到了20世纪60年代高峰之前的水平,然后进一步下跌。

大家总说20世纪50年代人人都结了婚,仿佛一个都市神话,但事实上,当时英国的结婚率很低。到了20世纪60年代,这一数字开始激增。当时我们许多人的父母都已经成年,或者结婚了。(这一点相当重要,我们稍后再讲。)

"二战"开始前和结束后,都迎来了结婚高峰期,有些人在被派往战场之前结婚,有些人则在回家的那一刻结婚。1959年,结婚率下降到了非常低的水平,而20世纪60年代后,结婚率稳步上升,1972年英国的新婚夫妻多达42.6万对。

"美国的情况也差不多。"作家、记者凯特·博立克说,"1890年,美国的结婚率只有54%,20世纪60年代,结婚率飙升到了80%。所以,对结婚率变化趋势的准确描述应该是先上升后下降。由于婴儿潮一代的结婚率达到了顶峰,再加上我们儿时所看电视节目中对核心家庭的描述,'小家庭'的概念在我们这一时代已经深入人心。"

英国国家统计局的最新数据显示,2015年,英国仅举行了

239 020场婚礼,比前一年减少了8 300场。这意味着英国平均每1 000个男人中仅有22个结了婚,每1 000个女人中仅有20个结了婚。这的确是国家统计局从1862年开始收集并统计结婚数据以来的最低数值。

基本上,20世纪60年代是一场"祭坛冲刺",人们争先恐后地奔向婚姻殿堂。考虑到我们的父母是在这场混乱的婚姻竞赛中长大的,可以理解他们现在有一种根深蒂固的观念,认为婚姻真的非常重要。

也许这就是为什么他们现在会感到困惑——我们,他们的孩子,并没有效仿他们。我们生活在一个婚姻越来越不受欢迎、越来越不被期待的时代,却被在结婚热潮中长大的父母抚养成人。我们生活在婴儿潮一代期望的阴影下,却并没有体会过他们所经历的那种压力。

结婚热潮背后的心理学

我的朋友中有一半还是单身,另一半却在33岁左右着急忙慌地赶去教堂了。很多人都想要孩子,于是35岁就成了他们最后的生育期限。这就解释了结婚热潮,同时我们还需要了解一种心理现象:羊群效应。

这听起来像放牧,一个领头人后面跟着一群人。从数百项心理学研究中,我们得知,如果别人(实验中的付费演员)做了某件事,我们往往就会跟着做,比如待在充满烟雾的房间里,或者在并不安全的时候过马路。

在心理学上,我们就是羊群。这是一股几乎无法抗拒的隐形潮流。无法成为人群中的一员是很痛苦的，但是，当你因为不结婚而脱离这个群体时，我好奇不重新加入是否会变得更容易？

因为你看到了现实的模样：抚养孩子、七年之痒、背叛、离婚的痛苦，开始怀疑自己是否真的想进入这样一种生活。这感觉有点像……自由。脱离群体固然令人不安，但也是一种解放。

"你让我完整"背后的资本主义

西方资本主义信仰体系认为，如果我们更努力，多多工作，下载 A 款付费应用，喷 B 款香水，买 C 牌子的衣服，就会得到我们想要的。"那个人"就像一款我们可以买到的项链一样，挂在我们面前。

我们总能看到这样的场景：约会软件广告中，幸福的模特妻子坐在跑车的副驾驶位上，那对"形影不离"的小两口，犹如被强力胶粘在了一起。而东方哲学则认为，我们关系的好坏状态更像是运气之骰的转动，像风水轮流转。

在单身的一年中，我读了很多佛教关于人际关系的理念，这对我帮助很大。我学到，这世上的一切终将如我们所愿，所以相信宇宙充满善意而非敌对是如此重要。我学到了注重过程而不是结果，没有人比自己更值得去爱，平静来自内心，而不是某款应用程序——所有这些可以改变人生的真理。

资本主义兜售的理念是，我们可以从生活的悲伤和冲突中跳脱出来，某种香气或一件毛衣就可以"治愈"你的孤单。对单身的恐惧、对伴侣的渴望，都可以变成被广告利用的强大工具。

然而，你会爱上谁、什么时候爱，是宇宙中最神秘的问题之一。一个无法解决的谜题，一个宇宙难题。答案肯定不会在应用商店或货架上销售。你不可能在社会认可的年龄，从亚马逊网站上订购一个完美的人。

灵魂伴侣背后的理想主义

让我们回到对"灵魂伴侣"的期待上来，其他文化在这方面要开明得多、宽容得多。在伊丽莎白·吉尔伯特的《承诺：一个爱情故事》中，有一个场景完美地总结了这一切。

伊丽莎白和一屋子越南赫蒙族村庄的已婚妇女交谈，一开始，她问她们诸如"你第一眼就知道他很特别吗"之类的问题，得到的回答是迷惑不解和一阵窃笑。她问："你是什么时候爱上他的？"女人们哈哈大笑起来。"你认为婚姻幸福的秘诀是什么？"女人们几乎要笑到尿失禁了。"她们完全难以自持，"伊丽莎白写道，"就连老奶奶也大笑起来。"

这就是个笑话——我们是独一无二的，西方人追求的那套"你让我完整"的价值观就是个笑话。在其他文化中，更多的是"他能行"而不是"他就是那个人"。

就我个人而言，我宁愿生活在西方崇高的"灵魂伴侣"文化中，最终可能根本不结婚，也不愿被送去和一个住在街那头、稍微有点好感的人结合，但这种心理很值得思考，不是吗？

电影剧本式的生活

在西方，我们不断地编织和美化，把相遇的故事织成华丽的挂毯。我们创造的故事堪比杰出的剧本，有决定命运的邂逅、戏剧性的场面、悬念、救赎或教训。伊丽莎白写道："这么多年来，这些故事要么被锻造成金色的史诗，要么成为痛苦但不朽的警世寓言。"

对不对？我就是这样做的，难道你不是吗？把尴尬的初次约会变成一场可爱的邂逅，把一场偶遇重塑为颇具宿命感的相逢。

我有一位婚姻幸福的朋友，在读到这几段话后告诉我："我认为，如果改变处境已为时太晚，我们就会用这些故事来证实自己的选择无误。我们之所以创造这些童话，是因为婚姻至少有50%是繁重劳动和毫无魔力的琐事，有30%是冲突摩擦，还有10%是琢磨'如果……会如何'。让最后剩下的10%属于童话，是非常有必要的。"

所以，我们编造了自己的故事，甚至直到现在都没有完全意识到自己在做什么，就为了晚宴上的一声喝彩。我们听不到真实的故事，它被埋在了地下，但经常会在凌晨两点左右和红酒一起冒出来："我想要前任回到身边，但他不想要我，所以我和X结婚了。"或者是："我想要个孩子，Y是最佳人选。"有些人受到了命运垂青，非常幸运，而有些人只是安顿了下来，你往往分不清他们属于哪类。

回收利用苦乐参半的分手

"旧情人市集"是河内每月举办一次的活动。新近分手的情侣会在这里出售令他们无法忍受的、前任留下的纪念物，比如香水、图书、衣服，甚至还有镶框照片及情书。活动的发起人丁唐称，这种活动可以节约思绪，有助于打破越南的分手禁忌。

在越南，分手仍是令人不悦、不受欢迎的行为。

克罗地亚和洛杉矶也有失恋博物馆，是爱情信物的永久陈列馆，每周接待约1 000名游客。克罗地亚的馆长表示，英国是向他们馆藏捐赠最多的国家。博物馆里的展品包括"一位陌生人在火车上为我画的像"、"一包治胃炎的药"、"一个愚蠢的飞盘"、一顶水手帽以及剪掉的脏辫，所有这些，都附有一段捐赠者讲述的精彩故事。

把脆弱之物变成美的行为，真的很打动我。它给予我们已经结束的恋情以荣光，而不是将之塞进床底下的鞋盒里。它不仅表明了放手的力量，也向我们展示了要如何将曾经一度丢弃的东西变成珍宝。

失恋博物馆的网站上有一个分享分手故事的版块，提醒我们，尽管分手会带来看似"绝无仅有"的痛苦，但实际上每个人都经历过这些，包括那些我们认为不会心碎的人。"分享一段分手的故事。如果你需要慢慢来，就把它锁起来藏好，或者干脆在'全球心碎地图'上标出你的分手，"网站写道，"你并不是孤独一人。"

应对生育恐慌

时间的暴政,是对自由的严重攻击。

——让·端木松

如果一位年过三十的单身人士尚有为人父母的打算,那么他大概会紧绷得如同《拆弹部队》里的拆弹员。"嘀嗒,我该剪哪根线,红的还是蓝的?"这确实像被时间独裁者统治着一样,你被它紧紧追逐。

如果你胆敢忘记时间有多么紧迫,倒也无须担心,因为周围无数人都会提醒你,"最好别分手""还在等什么"。

人们为什么要这样做?好吧,提醒你别忘了自己机能渐衰的子宫,简直是他们应尽的公民义务,否则你可能会成为利希滕斯坦的波普漫画中的女人,哭着说:"哦,我的上帝!我忘了生孩子了!"他们需要提醒你,游弋的精子会随着年龄的增长而衰老,而你可能会意外失去继承遗产的人选。你应该感谢他们。

先不讽刺了,我在单身的这段时间意识到,对生育能力的恐惧肯定是导致我单身恐慌的因素之一,尽管我其实根本不确定自己是否想要孩子。33岁的时候,爸爸告诉我,他将把为我准备的"婚礼基金"变为"冻卵基金"。是的,他说得非常严肃。

所以,为了缓解生育恐慌,我开始四处调查,并有了令我非常惊讶的发现。

为什么我们认为生育能力会在35岁之后急剧下降？一个令人不寒而栗且常被引用的数据是：35～39岁的女性中，有三分之一的人哪怕备孕一年，也不会怀孕。

然而，这一数据的来源是什么呢？是1670年到1870年的法国生育统计数据。那时候，抗生素、电力和辅助生育的医学手段都还没有诞生。这些数据在150年前就该被放到"过时信息"的条目下，而不是现在还被到处援引。

"他们为什么要夸大其词呢？"我听见你的呐喊了。好吧，耸人听闻的头条能让报纸大卖，辅助生育的治疗是赚钱利器，有太多公司从生育恐慌中谋取着巨额利润。但事实是，生育并没有真正的规律可循。一个40多岁的女人可能会在几个月内怀孕，而一个20多岁的女人则可能好几年都怀不上。除非亲自尝试过，否则你根本不知道怀孕的情况会是怎样。

波士顿大学的一项研究跟踪调查了2 820名女性，发现在35～40岁的受访女性中，有78%在一年内怀孕，而在20～34岁的女性中，这一比例为84%。也就是说，年龄大的女性比起年轻群体，怀孕概率只下降了6%。这和我们之前所想的不太一样。

不可否认的是，生育确实是一种最终会消失的能力，但在英国，每年有超过2 000个婴儿由45岁以上的母亲生下。

我知道很多人担心自己日后会后悔没有生育，但就我个人而言，我担心的是有了孩子后会感到后悔。我不确定以我的性格能否和孩子好好相处，不确定我能否做个好母亲。大家都说，我的五大爱好（睡觉、锻炼、旅行、阅读和独处）会被核弹似的孩子摧毁殆尽。

这种"担心自己会后悔"的情绪从何而来？父母各自告诉过我，如果他们能重新选择，他们不确定是否还会要孩子。"但那时候，这是社会期许的事"，他们都这么说，就像在念台词。

如果我遇到一个想和我生孩子的人，也许我会投降，但现在，我只知道我不会像某位朋友那样，她花了几千英镑冷冻卵子，以确保未来的生育能力。

最近我对她说："如果我有 4 000 英镑的闲钱，我不会把它花在冷冻卵子上，我会把它花在……哦，去看北极光……和哈士奇、驯鹿一起在拉普兰旅行……可能还会和白鲸一起潜水！这是不是意味着我还没太为此事烦恼？"也许吧。（天啊，我真的很想去度假。）

小时候，我几乎不理会洋娃娃，只玩动物玩具：小马宝莉、森贝儿家族。不像照顾活生生的婴儿，你可以把这些玩具丢在一边半天不理。

奥普拉·温弗瑞曾说："如果我有孩子，他会讨厌我的。最后，他会在类似奥普拉脱口秀的节目上控诉我。"她显然是一个非常有母性的人，简直就是美国之母，所以，具有母性的人也并不一定适合真的生下孩子。

值得庆幸的是，我们所处的社会并不是一切按照传统来，我觉得自己有选择。看起来，如果我选择不生，也会有很多没孩子的人陪我。我发现，英国有五分之一的人在 45 岁时仍然没有孩子，这个比例还在迅速增长。

我空窗的那一年过得如何

两个字——太爽。

其中最让人享受的事情是，我的手机变得"无害"了。在约会的早期阶段，我的手机就像是托尔金笔下的魔戒，拥有毁灭一切的力量，能令我的情绪掀起海啸，或是仅凭"叮"的一声就能令我神魂颠倒。

大家都知道，吃饭的时候我会去洗手间，其实只是为了看手机。（我不会在桌上看手机，我是一个有家教的人。）

现在我确定，惊喜和厄运都不在我的手机里了，所以它也不能再主宰我的喜怒哀乐了。它像个被废黜的国王、前任雇主、失去魔杖的巫师、被推翻的王后、被弹劾下台的总统。我不再看它了，就像我不再看电视一样。

我偶然读到过作家马克·辛普森的一句话，他把每天花几个小时刷约会软件的人称为"没有得到报酬的秘书"。我对此十分赞同，这次空窗期让我觉得自己像是辞掉了一份糟糕的秘书工作。

了解我是谁

在没有另一个人的情况下，我开始学着了解，我到底喜欢做什么，以及我到底是谁。

有伴侣时的我，有一张毕加索名画中的脸：多个男朋友面孔的拼贴。或者，用一个更不优雅的比喻吧，我就是蛋头太太*（很可悲，并不存在"蛋头小姐"这种玩具），任何特征都是可以互换或替代的。我开始意识到，我从来没有单身过足够久的时间来发现我是谁、我想要什么。

因为不会倒立练不好瑜伽，我开发了新的爱好，我爱上了在美术馆闲逛几小时，爱上了摄影，观看那些完全是为美国青少年量身打造的电视剧（比如《逍遥法外》《河谷镇》），以及做日光浴和阅读。我有大把的时间，我想干什么就干什么。这是一种解放。

我没有男朋友，没有像自动提款机一样能随时提取赞美的机器，我学着为"自我认可"充值。我读了埃克哈特·托利的书，他说："别再为了获得满足、认可、安全感或者爱而从外界寻求快乐的碎片了，你内心深处就已经拥有了胜过世上任何东西的珍宝。"这句话给了我力量。

重新书写我的故事

一旦和爱情生活有了一定距离，我就把它看得更清楚了。我开始发现，我一直讲给自己听的那种"受害者故事"，比如"没有人想要跟我结婚"，完全不是真的。

埃克哈特·托利认为，我们是被对自己讲的故事支撑起来的。没有了这些"脚手架"，我们会感到不安全，摇摇欲坠，好

---

* 蛋头太太：儿童玩具，它的手脚、五官等零件可以被拆下，重新拼装组合。——编者注

像自己是一栋即将轰然倒塌的建筑。这里有一个奇怪之处：这些"脚手架"可以是消极的，比如"我的恋爱运一直不好"或"异性从不喜欢我"。我们甚至会紧紧抓住消极的"脚手架"，拼尽全力不撒手。

基本上，这些故事塑造了我们的生活方式。就像把果冻倒进模具，或者用饼干刀刃将面团压成星星的形状，它们可以使我们的生活井然有序。我们会紧抓这些故事，这些预设好的叙事，哪怕它们已不再适用。

我们把自己的生活强行捏成根本不适合的样子，因为如果它变成一团软软的果冻或没有形状的面团，会带给人不安。没有这些形状，就会有潜在的存在焦虑等着你——"我为什么在这儿？我在做什么？这一切究竟有什么意义?!"诸如此类的有趣问题。

当我们被拒绝、被伤害、被欺骗，这些时刻往往会留在我们的脑海里，而相反的事情则常常会被我们遗忘。心理学家里克·汉森博士有句名言："大脑如同粘住消极经验的强力胶，但面对积极经验时，就成了不粘锅。"

那个我一直讲给自己听的故事，其实并不是我单身的真实原因。我之所以单身，是因为一场名为"偶然"的霹雳舞，一次关于"选择"的跳房子。我约会过的很多男人都和我谈到了婚姻，如果我留下来，他们会给我戴上戒指的，但是我没有。我本可以在20岁、26岁、30岁、36岁时结婚，他们曾在这些时刻向我提出过终生承诺。只要我想，他们就会履行诺言，但是，我不想。

我选择跳开，因为内心燃烧着更大的承诺，对写作、旅行和自由的承诺。我为此后悔吗？没有，一秒钟也没有。

如果你一直告诉自己"没人想要我"，不妨试着深入挖掘内心，看看这是不是真的。你从没主动提过分手？如果你给前任们打电话说，"我犯了一个可怕的错误"，没有人会在第二天与你奔赴婚姻殿堂？嗯。我不相信。

如果你一直告诉自己，你的单身是别人强加给你的，现在就开始质疑这个故事吧。要敢于移开那些"脚手架"。事实上，你可能已经被甩过很多次了，和我一样，但我打赌你也会因为一些不太对劲的事情而主动放弃。如果你一直告诉自己"时间不多了"或者"在这段关系中，我更快乐了"，请解构这些故事，仔细审视自己。

我曾经告诉自己，每一次分手都把我变得更脆弱了，然而现在，我知道，这些小冲突给了我勇气和胆识。打击让我变得更强大了，就像小小的撕拉能帮助肌肉做好准备一样。我打赌它们一定也让你变得更强大了。

献给我灵魂伴侣的赞美诗

我终于找到了那个我想要和她结婚的女人。

——艾米·波勒在见到蒂娜·菲[*]时说

我空窗的这一年很有趣,我并没有感觉得到的爱变少了、不被珍视,或者不被需要。为什么?因为我的生活已经非常丰沛了,我有灵魂伴侣,也有能力保持这种状态。你不用非得跟什么人上床才能把他变成灵魂伴侣。

"我们不是仅仅需要一个人,"心理学家詹妮弗·L.泰茨说,"事实上,我们需要一个核心群组,而不是一个单独的人。"牛津大学的人类学家罗宾·邓巴有一句名言:"想要快乐,人们需要与大概五个人深度联结,而不是一个人。"

五个人,我打赌你已经拥有他们了,对不对?

在空窗期,我不会再像地球绕着太阳一样绕着约会对象转,于是,我开始绕着那些我已经拥有的灵魂伴侣转。他们出现在我生命中的时间,远远多于所有前任的总和。请允许我介绍他们。

---

[*] 艾米·波勒和蒂娜·菲都是美国喜剧演员,曾多次搭档主持,并合作过多部影视作品。——编者注

我的初恋毫无疑问是顽皮风趣又永远忠诚的山姆，11岁时我在中学认识了他。我们的联结是瞬间建立起来的，而且十分紧密。因为不是好得蜜里调油，就是在激烈争吵，同学们给我们起了个绰号——"已婚夫妇"。"又开始了。"每次我们赌气冷战，或是互相递纸条笑弯了腰时，他们就会翻着白眼这么说。

从许多方面来看，那都是一段浪漫的关系。我们躺在一张床上，在对方背上写字母，让对方猜写的是什么。我们会用午餐费买一整块冷冻蛋糕，躺在床上吃，就像预算有限的玛丽·安托瓦内特夫妇。山姆把我从内向的舒适区拉了出来，鼓励我做一些事情，比如在拥挤的公交车上站起来唱手镯乐队的《永恒的火焰》。我也这么做了。

这首歌至今仍然是我们的"专属歌"。我们最近还在巴塞罗那的兰布拉大街上漫步，手拉手唱起了它。我们常常和山姆的丈夫开玩笑说我俩要私奔。我们会用非常滑稽可笑的外号来称呼对方，比如"甜奶""屁屁""娃娃脸"。

我还深爱着另一个朋友，爱丽丝。我们在大学里相识。刚认识时，我们互相憎恨，是相反的两极：爱丽丝穿熨烫过的牛仔裤，是光彩夺目的闪耀之星，我则穿乐队T恤，是宿醉的酒鬼，但我们后来因为一个学位项目被拴在了一起，不得不跟对方讲话。

我曾和爱丽丝同住过，时间长过和任何一位前任（一共三年）。我们互相喊对方"老婆"，喊别的朋友"情人"。爱丽丝看似一位公主，实际上却是个风风火火的士兵。她非常喜欢引用金句，所以最近我为她做了一本"名言集"当生日礼物，里面都是"你们俩会相处得很好的,因为她也喜欢狗、吸血鬼和幻想小说,以及所有胡言乱语"这样可笑的话。

接下来,再给大家介绍一位神奇女侠般的女性,凯特一号,她的造型风格与我完全一致,是我的共鸣板、帮我了结烂事的"义务教练",以及做瑜伽和散步的最佳伙伴。还有另一个可爱的凯特,凯特二号,她几乎和《老友记》里的菲比一模一样,感染力十足,具有孩子般的好奇心和热情。"扁人天使"海伦,一个聪明的甜心,绰号来自阿什乐队的歌词以及她的跆拳道黑带水平。11岁的时候我就爱上她了,她是我在半夜两点遇到危急之事时可以打电话的人。

还有爱吃零食、健谈的劳拉,我和她一起生活了两年,她像姐姐一样爱我。吉玛,她的诙谐机智和慷慨精神总令我吃惊,我的薄荷茶喝完了,她就会拿着两盒茶若无其事地出现在我的门口,好像这件事没什么大不了的。可爱的劳里,她比任何人都更了解我每天在想些什么奇奇怪怪的东西。传奇的珍,她经常会给我发这样的短信:"简单说一句,你真神奇。你棒呆了。我们都是那么爱你。不管你正在做什么,别费劲折腾自己了,好吗?"珍绝对是我最浪漫的朋友。

在友情方面,我是一只幸运的獾。我的生活中每天都有不会以失败告终的浪漫——只不过不来自跟我上床的人。这很好。为什么非要发生性行为,才能变成灵魂伴侣?我才不信。

如果我们都活得足够久,这些人会在我80多岁的时候和我一起咯咯笑。我不可能孤独终老。我会在一群朋友的陪伴下死去,最好是刚刚给他们表演了什么拯救世界的绝技。

家人

那么家人呢？我温暖、聪明、有趣的妈妈，她刚刚打电话告诉我，她相信那只姜黄色的大猫（它一直在努力住到我们家里来）已经找到了通过我家大门投递口进屋的方法，因为它总是出现在客厅里。"厚脸皮的家伙，安妮塔说这是她见过的最自命不凡的猫。"更不用说我那些了不起的叔叔阿姨，嫂子，侄女和侄子，继父那边的家人，亲姐妹一般的表亲，以及血缘稍远的兄弟姐妹了。说到家庭，我简直是中了头彩。

过去我常常会下意识地把男朋友放到"最爱男性排行榜"的顶端，但现在，排行榜上的前三名是我的继父、哥哥和祖父。要想把他们挤下去，得是一个非常厉害的人。

继父是第一个对我毫无保留的男性长辈，他让我舒适自在，给予我支持和鼓励。他把魔豆一样闪闪发光的玛氏花生巧克力豆放在我的床边，因为他知道我爱吃这个。我们还会争相为遥控器取最荒谬的绰号。

因为五音不全，我们自行想象出了一支"音痴乐队"。我们傻乎乎地在厨房里跳舞，唱着刺耳的和声，安排着不存在的即兴演奏会，假装是竞争激烈的对手，不知道该让谁当主唱。

还有我的哥哥。父亲去世后，他是最支持我的人，一直是我的安全网，尽管他自己也在与悲伤斗争。他是我见过的最好的"父亲"。玩大富翁游戏时，我们可以一起变回孩子，而我们的相处模式从小时候的互相厮打、拉扯头发，逐渐演变成了温柔相待和互相尊重。

排名第三的是我92岁的祖父，他现在有时会忘记我们的名字("我的记忆力不如以前好了,安妮……是安妮,不是吗?"),但他还是会用毒舌评论将我们打败。"这部电影是讲什么的,爷爷?"我最近问他。"嗯,这个留着长发的家伙,毫无疑问,他会遇到一个女人,然后和她上床。"几秒钟后,他叫道:"天哪,该死的家伙,他们已经开始了!"

如果定义灵魂伴侣的标准是,感到被对方完全接受、知道对方永远都会在你身边,对方带给你的快乐远远超过焦虑,那么,这些亲朋好友已经打败了我所有的男朋友。

我一点也不孤单,我敢打赌你也不孤单,如果你能花时间数一数身边的灵魂伴侣。好好找一找,他们就在你身边。

培养

—— *Part 4* ——

单身的快乐

单身之乐的 26 个源泉

'Il vaut miuex être seule que mal accompagné.

——法国人

法语让一切更悦耳，不是吗？把上面这句话粗略地翻译过来，意思是"宁缺毋滥"。对吧？ Mais oui! Certainement.* 还有人把这句话印在冰箱贴上了。

我发现单身的快乐就像一座花园。它需要我种植、培育、灌溉和滋养，还要确保它能得到足够的日照。我需要定期清除单身的悲伤和不满，就像清除可能会令毛地黄窒息的蓟一样，清除那些日益增长的怨言。（这么说显得我像个园艺高手，其实我是个"植物杀手"。）我需要轻声细语，精心照料和哄劝那些快乐破土冒芽，向阳而生。

社会信息往往像酸雨一样侵蚀着单身的快乐，人们的眼光则像无情的烈日一样猛烈摧残和炙烤着它。如何让你的花园郁郁葱葱，那是你自己的事。

发现刚刚建好的单身快乐花园看上去有些荒芜时，我使用了以下这些"园艺工具"：

---

* 法语，意为："是的！当然。"——译者注

1. 记住罗曼蒂克之爱不是唯一的爱

每次听情歌,单身的我总会习惯性地觉得身边缺了一个人,或者当我正在努力忘记某个人的时候,情歌总会打开一个充满痛苦和渴望的房间。但现在,我把那些浪漫情歌对应到了我所拥有的各种类型的爱上。

听到史密斯飞船的《我不想错过一件事》,我会想起侄子和侄女。母亲则是《迷墙》。联合党乐队的《我仍然记得》会让我想起我和好朋友凯特在布利克斯顿的演唱会上随着它的节奏摇摆的画面。威瑟合唱团的《阳光下的岛屿》则会让我想起我和山姆度假时"一路携手狂奔"。

试试看吧。

2. 悲伤的时候禁止自己欣赏浪漫爱情片

每当我们想确定自己能收获一个美满结局时,就会去看这类电影,是不是?我无法告诉你我究竟有多少次在看《恋恋笔记本》《漂亮女人》《辣身舞》《我恨你的10件事》时坐在那里抽泣,想着:"要是我能遇见一个像诺亚、爱德华、强尼或者帕特里克那样的男人就好了。"

但这只是用引发单身痛苦的东西来疗愈单身痛苦——通过过分强调浪漫关系来获得快乐。这简直毫无道理,就像冰敷治疗被冻伤的手指头。

我改看"反浪漫爱情片",这些作品的结尾是出人意料、充满力量的,例如剧集《大小谎言》或者电影《再次出发》《虎父无犬女》《分手男女》。

3. 提醒自己，我有漫长的时光

我曾经认为人生在 40 岁到来时就会陷入静止。我曾经认为，我得完成那三个终极的社会期望（配偶！房子！孩子！），否则还不如爬到一块石头下面死掉。

现在，由于女性的预期寿命是 83 岁，男性是 79 岁，即使我在 50 岁才遇到他，我还是可以和那个人共度 29 年的漫长时光（如果我们相遇时同岁而他不会太早死去的话）。

29 年！我最长的一段关系也不过 3 年，而经营它就已经是那么难的一件事了。这样对比，3 年简直快如闪电。29 年的关系将是一个巨大的挑战，我可以等，没关系。

4. 计划养狗，而不是孩子

不想要孩子（不是没有孩子）的人请注意：除非你想去搞人工授精、代孕那一套，你根本无法决定自己什么时候能遇到那个人，是否会遇到他，以及是否有机会生育。什么都无法掌控。

现在，我的座右铭是："我宁愿和一个 55 岁的对的人在一起养猫养狗，也不愿意和一个错的人在一起养孩子。"我是很认真的。生孩子，但爸爸妈妈不称职，是个糟糕的主意。凯特琳·莫兰言简意赅："如果你有孩子，你只能拥有另一半帮你创造的事业和幸福。"

当你和一个人一起生孩子时，你就把自己和他铐在了一起，无论是情感上、经济上还是在时间管理方面。你要和他住在一起，睡在他旁边，和他一起打理房子。如果他能顾家，能照看孩子的话，这就是一段非常值得你好好经营的合作关系。请确保你做出了好的选择。

但是,我不必非得经历这一切,我可以计划养狗。所以我选好了狗的品种,为它起好了名字,而不是想象未来可能不会出生的某个孩子。狗是一定会出现的,因为它不依赖于肮脏的宇宙,也不依赖于我和他身体的复杂性。

5. 不再依赖赞美

今天有建筑工人说你冷血吗?有哪个女人在公交车上盯着你的胳膊瞧吗?随它去吧。我曾经认为,强化我脆弱自尊心的方法就是写下人们对我的所有赞美。所以我这么做了,写在我少年时的日记里。我觉得这么做有帮助,但和看浪漫爱情片疗伤的原理有点像——这让我更依赖赞美了。

过于依赖赞美时,任何批评都可能让你如坠冰窟、高位截瘫。以前,对于批评我外表的言论,我都能记得一清二楚。我会在脑海中反复回放这些场景,就像在循环播放一首歌。然后我意识到:我需要减掉的不是体重,而是别人意见的重量。

我不再相信那些夸张的话语,无论是"你是我最好的性伴侣"(我打赌他以前肯定说过这话,以后也会对其他人说),还是"你太难伺候了"(我只是有些基本的要求)。

我喜欢艺术家乔治娅·奥·吉弗的话:"我已经为自己定下了坐标,所以奉承和批评都会随水流而逝,我感到十分自由。"让它们像淋浴一样冲洗你的身体,然后顺着下水道呈螺旋状流走,而不是像泡澡一样包围你一个小时。

6. 不再通过观察男人来判断他们的反应

最近，我在帕特尼河畔跑步，突然发现自己在做一件2008年才会做的事情：扫视男人的脸，看他们是否在打量我。寻找那电光石火的一瞬。

刚好，我当时正在听廉价把戏乐队的《我想要你要我》。这几乎是我20多岁时的"约会圣歌"。

现在我已经30多岁了，大多数男人不会再饥渴、贪婪甚至近乎愤怒地看我，而是开始以一种更温柔的目光看我——如果他们还会看我的话。但话说回来，我20多岁的时候，确实会只穿胸罩和紧身裤在肖尔迪奇区跑步。

我还挺喜欢这种变化的，感觉得到了更多的尊重，但最理想的情况其实是：我根本不会注意到这些。早在20世纪初，社会学家查尔斯·霍顿·库利就创造了"镜中之我"一词，来描述这种我们捕捉到别人注视时的感觉。当有一个"镜中之我"时，自我形象是基于别人对我们的看法，或者想象中别人对我们的看法而建立的，并非基于我们真正是谁，或者我们对自己的看法。这是一种极其脆弱的生存环境。当自尊建立在别人的反应上时，它就像是幽灵般的薄纱一样脆弱。它是那么容易被负面评价或糟糕的一天撕碎。

我现在努力把自尊变成由成千上万根纤维织成的绳子，是我亲手缠绕编织而成的。它很坚韧，很难被抓住，即使被十个人拉扯也不可能折断。

为了鼓励自己向外凝视，我有时会想象自己穿着一件隐身衣。这可以阻止我把自我价值建立在他人瞳孔里自己的投影上。

7. 重拾伤痛的音乐

我过去经常听一些会让我发自内心怀念前任的歌曲，它们让我痛苦得心都揪成了一团。赛伯和我曾在一天夜里听着麦康乐队的《开始》在街边跳舞，所以每次听到这首歌，我的心都会被刺痛。

当我和汤姆分手的时候，令我愁肠百结的两首歌是疫苗乐队的《旋律呼唤》（我们曾在他们的演唱会上随着这首歌快乐地蹦跳）和禁毒战争的《压力之下》。我常在音乐播放器上快速跳过这些歌曲，或者切换电台，以避免痛苦。

尽管花了一段时间，但现在，我已经从这些歌曲中康复了。我可以坐下来，微笑着回忆那些美好的时光。通过"暴露疗法"，我把它们从酸楚变成了甜蜜。

8. 记住单身是一种选择

如果你觉得单身是被强加在身上的状态，是源于不忠的行为或者激情退却，抑或是一些类似的打击，单身对你来说就是艰难的。我理解，因为这种情况已经在我身上发生了好几次。然而，保持单身，实际上是你自己的选择。

我打赌你现在就有可以立刻出去约会的对象，但你就是不想去。你可以翻找社交平台，把可以约会的对象组个队。你也可以和前任复合，但你就是不想。

是什么在阻止你，让你保持了单身？各种各样的标准、自由的意愿。真正重要的是，请记住，单身是一种选择；你不是一个没人要、被愚弄的受害者。

9. 发现自我

看看优兔上的变色龙视频来疗愈自己吧。你会看到变色龙变成绿松石色、粉色或黑色,这取决于它身下太阳镜镜片颜色的深浅。也许那就是你,心情色彩取决于你和谁在一起,但现在,你可以变成任何你喜欢的颜色了。

我们看待事物的习惯、生活的环境、饮食和体育活动,往往会随着我们的约会对象变化,与其融合。我认为,只有独处的时候,你才会真正发现自己到底是谁、真正喜欢什么。

单身可以给你一张全身照,就像在暗室里用显影液慢慢冲洗出一张照片,从一片白中逐渐呈现出完整的图像。你单身的时间越长,照片上的细节就会越丰富。

10. 治愈单身痛处,而不是去伤害它

还记得我和5岁孩子的那场"友好谈话"吗?(见第18页。)如果是几年前,那场谈话可能会在我心中引发一场存在危机。我意识到,有人像这样戳我的痛处时,我唯一受伤的时刻,就是连我也在戳自己时。

如果我一直有意识地抚慰和治疗这些脆弱之处,它们就不会令我疼痛,但如果我又戳到了它们呢?中伤我的其实只是一个孩子天真坦率的一问啊——"你为什么不结婚呢,凯瑟琳阿姨?"

11. 治疗"皮肤饥渴症"

我们需要身体接触,心理学家甚至说,缺乏接触的皮肤会

感到"饥渴"。这就是为什么最近"拥抱派对"和"拥抱伙伴"会这么流行，它们其实并不像听上去那么疯狂。

一项研究发现，"皮肤饥渴症"会导致焦虑和抑郁程度加深。

单身时，我的"皮肤接触率"减少了90%。我拥抱朋友，但只是象征性地拥抱一秒。如何治疗"皮肤饥渴"取决于我自己。我有一些朋友，我可以牵着他们的手走在路上，或者和他们一起蜷在沙发上。祖父说"可爱……可爱"的时候，我可以轻轻按摩他的肩膀。

我可以去做面部护理，让别人在我脸上按摩半个小时。我可以让侄女给我梳头。我可以抱起一只狗，让它来拥抱我。

12. 停止嫉妒

如果你在收到同学们的订婚通知时非常嫉妒，这里有一个解决方案。你可以训练自己为别人感到快乐。

有一种古老的技巧叫"共情"，约翰·哈里在《失去连接》一书中提到过它。

先想象一些发生在自己身上的棒极了的事，感受快乐的电流。简单吧？然后，想象一个你不熟但经常看到的人取得了某些人生成就，也许是某个升职的同事。请为他召唤快乐电流。第三，也就是棘手的部分，想象一个你不喜欢的人正在经历成功，比如她努力多年后终于怀孕了。请试图唤起相同的快乐电流。

每天都这样想象15分钟，直到它变成你根深蒂固的习惯，成为第二天性。

"共情快乐"是一块你可以不停锻炼的肌肉。锻炼会带来双赢——哪怕只是在教堂的台阶上看到了一个陌生人,你也会得到免费的快乐。约翰·哈里写道:"'共情快乐'的意义之一,是你不会感到那么嫉妒,但更重要的是,你会开始把别人的快乐视为自己的快乐来源,而非对自己的责难。"

13. 检查睡眠、饮食状况

需要午睡或吃点东西的时候,我的大脑很可能会像一个瞪大眼睛的中世纪农民,摇着铃铛对我反复呼喊"完了、完了"。最近,在巴塞罗那,我爬到蒙锥克山上,戴着墨镜默默哭泣,因为我还没有结婚。我坐下来吃了几块饼干和一个苹果,然后"嗖"的一声,我的未婚焦虑消失了。

饥饿会引发我们的压力反应,仿佛身处天崩地裂的末日。自然疗法专家彼得·邦乔诺博士说:"人类和其他动物的身体机能很相似,而动物在血糖低的时候会非常不开心。这是一种将觅食放在首位的进化机制。"

几天后,我因为自行车这个"世界难题"崩溃了——其他人都有男朋友帮忙修自行车链。随后,我意识到自己已经筋疲力尽了。我擦去手上的油,打了个盹,醒来后感觉好极了。我是说,我当然能修好一条该死的自行车链了。

情绪上的大喜大悲往往拥有简单得令人震惊的解决方法。

14. 允许单身的悲伤侵入

单身的悲伤涌现时,我会允许自己哭泣。试图避开消极情绪是徒劳的,就像你在玩躲避球游戏,无论怎么躲,球都会砸在你身上的。

新南威尔士大学的一项研究要求一部分参与者在睡觉前抑制自己不喜欢的想法,而另一部分参与者则可以随心所欲地想事情。他们发现,抑制者的梦中出现了更多"被推开"的场面。他们将这称为"梦的反弹"。哪怕你能从思维模式中删掉一个想法或情感需求,它仍然会在你的潜意识里扎根。

另一项名为"情绪压抑的社会成本"的研究发现,抑制情绪会导致你与他人的亲密度以及对社会的满意度降低。简言之,如果朋友问你过得怎么样,一定要诚实。

即使消极情绪被抑制了,它也会生长。我的悲伤就像大坝背后的水库,如果我只是把它拦在大坝后不管,它就会逐渐累积,泛起泡沫,从一池无害的水变成能置人于死地的巨浪。

情感是人类体验中不可避免的一部分。如果你像我一样是个敏感的人,你可能会更强烈地感受到悲伤。同时,你也会更强烈地感受到欢欣鼓舞。

我喜欢马特·黑格在《活着的理由》中讲述自己"薄脸皮"的故事。"但我会去神奇思想疗愈中心做脸皮增厚治疗吗?可能不会。"厚脸皮也不总是像人们说的那么好。

15. 安排一场"自怜浴"

让某种情绪从你身边拂过,和陷入一整天的消极沉思是有区别的。有时候，细细体会你所有的感觉是不现实的。我的意思是，如果你在会议上突然大哭，并告诉同事你"害怕孤独"，同事们会十分震惊，被你吓到。最终，你会被叫到人力资源部，和一个名叫玛格丽特的好心肠的女人"谈心"。

如果悲伤占据了你的所有，不妨试着安排一段可以让它自在遨游的时间。有位残奥会运动员告诉我，"安排一段焦虑时间"是运动员常做的事，这是运动心理学家的建议。"我现在不想考虑这个问题，我会下午5点再想。"他们会留出特定的时间释放烦恼，允许它们在大脑里跑来跑去。

我觉得这个想法非常有趣，其实我之前就已经开始一种"自怜浴"了。那时，我因为和汤姆分手悲痛欲绝，需要一个地方安置悲伤。我不能让它从早到晚都主宰着我。

所以，我会等到洗澡的时候，再让悲伤喷涌而出。我会播放能够触动我眼泪闸门的歌曲，比如披头士乐队的《当我的吉他轻声哭泣》、阿拉巴马雪团乐队的《我发现了你》，以及莱昂国王乐队的《爱上某人》。这些歌曲真的可以让悲伤从我的体内倾泻出来，就这么待上半个小时。这是一种超级有效的夸张式情感表达，就像HIIT（高强度间隔训练）版的大哭。

然后我从浴缸里出来，擦干身子，再一次获得积极的精神状态。自怜浴的效果犹如魔法。

16. 写一封"去你妈的"信

让我们面对现实吧，单身快乐的一块绊脚石往往是对前任残存的愤怒。一位非常亲近的人给了我一条很棒的建议，关于如何停止"我不相信他"的恶性循环。

她让我写一封"去你妈的"信,于是我释放了脑海中不断回放的所有怨恨。当然,我永远不会将这封信寄出去,但那不是重点。写信不是为了他们,而是为了我。

重复的思维模式就像一个在弹球机上跳来跳去的球,不断发出嗡嗡、叮叮和乒乒声。把这些都写下来,就相当于扳动杠杆,让球落下并最终静止下来。游戏结束。

17. 写一封感谢信

著名的瑜伽修行者肖恩妮·科恩说:"我们不能跳过'去你妈的'而直接说'我原谅你'。说真的,你不能。只有在你的怒火燃尽后,平静才会出现。"

我发现,一旦写完了那封"去你妈的"信,我就会立刻站出来为前男友辩护。我那炽热的气焰就像一列缓慢进站的火车,"噗"的一声后就颤颤巍巍地停了下来。通过敲下无数句脏话,我已经达到了宽恕的境界。

看到纸上或屏幕上所有明明白白的仇恨,你会从"去你妈的"过渡到"但是,等一下,这并不全是真的"。你开始意识到他们既是好人也是背叛你的浑蛋。

所以在朝任何一个前任"开火"后,我都会给他写一封感谢信。我已经知道,把前任塑造成撒旦恶魔并不是放下他们的办法。

18. 不要再喂"宠物蛋"*

说到这里，放不下前任就有点像在玩宠物蛋，就是那些绑在钥匙扣上的小小的数码宠物。我们还会给这种小东西起一些奇怪的名字，类似"蛋蛋"或者"爱爱"。然后，电子宠物就等着我们喂饭、喂水，饱餐一顿，否则它就会死掉。

如果我们不给"对前任的依恋"喂食喂水，它最终就会死去。真的，它会的。这就是为什么我在社交网站上删掉了我所有的前任，不管我们的分手有多友好。我在社交平台上屏蔽了他们，这样我就再也看不到他们发的动态了。我不喜欢永久删除聊天记录，但是我可以把它们导出来自己留存，不用再为了它们大喜大悲。

有趣的事情发生了。当活生生的聊天记录待在我的手机里时，我确实可能会重新沉浸其中，然而，当我把它存在电脑上的随便什么文件夹里时，我就再也不会去看它一眼。"眼不见"确实能够"心不烦"。

19. 把身体重新交给自然

男读者们，请稍等我们一秒钟的时间。

女士们：我不知道你们的情况，但就我来说，准备约会时要带的睡衣，我需要花的时间，大概和《权力的游戏》里丹妮莉丝·坦格利安准备与她未来的多斯拉克人丈夫见面的时间一样长。它会耗费我足足半天的时间。

---

* 宠物蛋：又称拓麻歌子，是一款主打电子宠物饲养的小型游戏机。——编者注

只不过，在这个过程中，没有半裸的女奴们为我编发，我也不会满怀心事地步入大理石浴池中，有的只是烫焦了头发、拼命地刮毛。

将我们的身体遮遮掩掩，需要漫长的时间。过程是如此令人疲惫。

单身的时候，你就不用再做这些狗屎一样的事情了。你可以让身体重新归属自然，就像一片长满了苔藓和蕨类的空地。你可以在浴室里轻松休息、吃零食、听一场 TED 演讲，让毛发变得茂盛而温暖。你可以把折磨人的脱毛器丢到一边，剥夺热蜡的至尊地位，只在需要穿裙装的时候稍微脱一点儿毛。真爽啊。

我最近读了一篇杂志上的文章，一位知名的女性作者说，单身的时候，她每两周就会去做一次三点蜜蜡脱毛。什么?! 我几乎恶心到想立刻把那本杂志丢到窗外。

男士们，你们显然也有属于自己的"脱毛悲伤"，但现在可以愉快地将这些忧虑放下了——后背蜜蜡脱毛，刮胸毛，等等。既然说到了这里，我要告诉你们，如果你们肚脐和脖子之间的躯干上有一些毛发的话，女人真的不关心（除非你们在参加恋爱真人秀）。

20. 安装一个"意见过滤器"

每个人都会对我们的单身发表意见，唉。

我们该如何对待可以左右我们选择的重要朋友？我非常喜欢布琳·布朗的观点，她把这样的朋友称为"死党"，这些人甚至能为她去犯罪。我像她一样列出了死党名单，大概有十个人，他们的意见是我真的会认真听取的。至于其他人的？没门。

几乎每一次，我告诉别人自己单身，他们都会给出一个观点，要么是我真的"太挑了"，要么是"都是因为你太拼事业"，或者"成功对男人来说太有压迫感了"。我的单身状态似乎是一份邀请函，请人们快来对我评头论足。然而，一旦我只在意那些对我来说真正重要的人，把其余的闲言碎语变成白噪声，我就感觉清醒多了。

拿我的发型师来说吧，他们向我八卦："所以你在见什么人吗？"当我干脆地回答"没有"时，他们看起来会有些恐慌，然后就会立刻安慰我："哦，好吧，好遗憾啊。不过别担心，他迟早会出现的。"

我过去经常会被这种言论搞得有点泄气：好吧，我的人生就是很可耻。但是现在，我已经有了一个崭新的"意见过滤器"。所以，砰！这句话被标记为"无谓的言语"，迅速消失了。我不需要再忍受那些不请自来、如刀剑一般伤人的言论了。

21. 把自己当成贵宾

昨天晚上，我站在厨房里，随便吃了几个寿司当正餐，一边吃一边读书，对了，我还穿着连体居家服。"只有自己"的时候，人很容易陷入一种经常点外卖，用微波炉加热速食快餐，或者只吃点麦片、饼干和奶酪的生活，对吗？

丽贝卡·特雷斯特在《单身女性的时代》一书中披露，导演、编剧诺拉·埃夫隆曾透露，在单身的岁月里，她偶尔会精心准备一场单人宴会。她会准备多道菜肴，布置餐巾和餐盘，就好像在邀请一位贵宾来吃晚餐一样。丽贝卡写道："她就是这样提醒自己，她可以独自一人生活，而生活的体验不会有任何缺失。"

我挖到宝了。今晚我要给自己做千层面。虽然要花四天才能吃完，但是它会让我感觉自己像诺拉·埃夫隆，所以你知道的，仪式感很重要。

22. 把大脑变成赏金猎人

"心怀感激"已经成为一种有关自我提升的陈词滥调，因为它的确有用。关于感激之心，人们写下了海量的文字，罗列它的诸多惊人优点，例如可以帮助你睡得更酣甜，让你的心理更健康，令你的皮质醇（和压力有关的激素）水平下降23%，还有41%减缓抑郁的可能。研究还在持续不断地进行，优点即将喷涌而出，堆成一座高山。

如果你问我，什么对我的精神健康影响最大，我大概会脱口而出：运动和心怀感激。哪怕在糟糕的一天里，我也一定能找出至少十五件美丽的事。刚开始，我搜肠刮肚也只能找出三件，但是，经过反复练习，我把大脑从一台检索不安情绪的仪器，变成了一个赏金猎人。

我的心灵想要寻找潜在的不幸、迫在眉睫的灾难、被抢劫的可能、缩水的银行卡余额……如今，我努力把不安的思维变得积极健康。"心怀感激"是一场寻宝游戏，就像回顾一天，选取可爱或有趣的照片发到社交媒体上。

一个看到我没带够钱，在超市给了我5便士的好心人，一只往我身上跳的小斗牛犬，一群飞过的欧椋鸟，或者那些不经意中发生的、没有被我留意的好事。

23. 别总是独处

你也想像我一样独自生活吗？现在，我并没有跟任何人一起住，而且在居家办公，必须自己做好安排。尽管我需要独处就像需要氧气一样，但我也同样需要他人，所以我给自己的安排是，每周至少有四次社交，尽管我其实并不总是喜欢这么做。不过，一旦融入人群，享受其中，我就不会再跟我的"宠物苍蝇"交谈了。（这是真事，我有一次独自在家待了四天后，就开始跟一只苍蝇对话了。我还给它起了个名字，叫德斯蒙德。）

24. 丢开"悔不当初"

人很容易被"如果……那么……"或者"如果当时……就好了"的思维模式所愚弄，总想着"要是我以前对他好一点儿"或者"我应当继续跟她在一起的"。这是一种精神上的折磨，尤其是当你认为自己能够做出一些和当初不一样的行为（对我来说，就是不要一到天黑就变酒鬼），或者觉得只要没有分手，你们就将迎来一场婚礼时。

然而过去不会因此改变。那些事全都已经过去了，亲爱的，这就是事实。我们已经做出了所能做出的最好决定，在那个时间节点。

只有一个人，我差点就想跟他结婚了，在我们分手的时候，他说："我知道，如果我们继续在一起的话，我们会结婚的，因为我真的爱你，但我认为我们是不会幸福的。"他的话真的一针见血。

这句话揭露了我们未来的模样。如果当时的那个他真的和当时的那个我结婚了，我们是不会幸福的。我们需要分开，然后寻找各自的幸福。

所以，当我又开始坠入"如果……那么……""如果当时……就好了"的深渊时，我会提醒自己，我们的分手是正确的决定。如果不分手，我会在31岁时结婚，32岁时申请抵押贷款，33岁时怀孕，所有的事情都将按照时间表恰当地发生——满足社会期待的时间表。

有了这样的伴侣关系，我可能会一直喝酒喝到40多岁。我会更快地发展出慢性酒瘾，这基本上意味着更缓慢、更痛苦的治疗过程。我们会激烈地争吵，我会成为一个急躁的家长，我们会慢慢走向离婚。

我会讨厌被关在婚姻的笼子里，尽管那是一个漂亮的金笼子，我会像个被赶出派对的孩子一样整天噘着嘴。谢丽尔·斯特雷德说："千万不要一边养孩子、工作，一边不停清点着你深感遗憾、希望自己年轻时做过的事情。"

这段关系的结束对我来说像是一本新书的开始：戒酒，在不同的国家生活，了解我到底是谁，发表文章。如果没有这段分手衍生出来的糟糕、疯狂和悲伤的时光，我不会被摧毁，也不会被重建。我不会发现自己的进取心，塑造自己现在的性格，也不会画出一幅关于亲密关系的自我认知地图。

当我给自己一个《双面情人》*的选择——是否要回到过去、去平行时空生活时，我知道我会选择现在的生活，尽管社会对这种生活略有质疑。问问你自己，你真的会回到过去，跳上另一趟车，错过现在这趟车吗？好好想想，答案可能会让你大吃一惊。

25. 找出真正的单身榜样

我注意到，当我坐在机场或海滩上时，我会不自觉地寻找幸福的情侣。于是，我开始有意寻找单身人士，就像寻找让我"心怀感激"的事。

我看到了一位经理穿着西装滑旱冰，唱着枪炮与玫瑰乐队的歌；一个20多岁的姑娘一边喝着印度奶茶，一边全神贯注地看书；一位老人一边独自吃饭，一边亲切地对着一个正在过40岁生日的人微笑，而过生日的人还在大喊着"我太老了"——老人可能会想："亲爱的，你只是个自以为是的家伙，只有80岁以上的人才会说自己老了，像我这样的人才会。"

当然，我没法真的去查证这些人是单身，我只能估摸个大概，但寻找他们、看到他们，对我是有帮助的。

与此同时，这也会让我思考别人是怎么看我的。从前，独自飞往巴塞罗那时，我猜周围看到我的人肯定会想："哦，可怜的单身狗。"然而，我最近排队上飞机时，站在一位30多岁的

---

* 在电影《双面情人》中，女主角在失业的早晨走进地铁的滑动门，开启了平行时空，赶上地铁的她和错过地铁的她展开了不同的命运。——译者注

单身女士身后，我想的是："我真的很喜欢她的针织上衣、人工做旧的牛仔短裤和罗马鞋。"我压根没想过她为什么是一个人，或者对她产生同情。

26. 相信单身拥有更多的可能性

我们已经讨论了电视、电影和文学作品的叙事是如何以婚礼钟声作为终结的。"各位，到此为止了！"从此幸福快乐，句号。然而，在教堂婚礼的大结局之前，主角们往往都保持着单身状态，或者几乎都是单身——直到电影的最后10分钟、电视剧的最后一季、小说的最后一章。

他们可能有一段分分合合的爱情（例如《老友记》里的罗斯和瑞秋，《欲望都市》里的凯莉和比格先生，《傲骨贤妻》里的艾丽西亚和彼得，《老爸老妈的浪漫史》里的巴尼和罗宾，《一天》里的艾玛和德克斯特），或与搭档有着没有升华为爱情的强烈默契（《超感神探》《记忆神探》《谋杀》《基本演绎法》，实际上几乎包括了所有侦探剧），但他们大部分时间都是单身。

为什么？因为单身给了编剧更多的空间、更多的回旋余地。坦率地说，单身角色的故事线要有趣得多。他们可以离开家乡去任何地方，可以和首相或是神秘连环杀手约会。他们是更有趣的提线木偶。他们的结局尚未写就。

"我总是讨厌看到女主角结婚。"丽贝卡·特雷斯特在《单身女性的时代》中写道。她指出，《草原小屋》里的罗兰，本来总是在山坡上打滚、丢雪球，在骑马时大喊大叫，结婚后却变了一副模样："封面插图上，她静静依偎在丈夫身旁，怀里抱着的婴儿是画面中最有生气的人。罗兰的故事走到结局了。结婚后,她值得讲述的故事就结束了。"这段话给"大团圆结局"带来了一种新鲜的怀疑主义视角,不是吗?

这并不是说已婚夫妇已经写完了自己的故事,他们的结局也还没有被写下,真的;但与叛逆的单身时期相比,婚后所能编织的故事更为确定、稳固,更受限制。单身的你可能真的会前往任何地方,与任何人一起,做任何事。

你可以积极看待这尚未写就的结局,而不把它看成不好的东西。它是一场"跳房子"式的诱人冒险,而不是一页填满恐惧的空白。

别太保守,发挥你的想象力,把你渴望的事物都列在一张单子上——浪漫纠葛之外的事物,然后,带着谨慎和战栗,像一颗彗星般飞向它们。

告诉我,你打算怎样度过这只此一次、疯狂而宝贵的人生?

——玛丽·奥利弗

单身快乐的灵感

播客

《单独一件事》

由娜塔莉·卡尼夫主持,这档播客投下了一个又一个真相炸弹。娜塔莉从 20 岁到 39 岁一直保持着一段稳定的关系,然而随着婚姻的终结,她发现自己根本不知道该如何应付单身生活,更不用说享受单身了。节目的口号是"让我们独处——一起独处"。

节选:如果单身在流行文化中像爱、情侣关系和浪漫一样被推崇和追求,我们还会继续保持现有的关系吗?

TED 演讲

艾里克·克里南伯格的《单身生活》

在这场演讲中,这位风趣、热情、富有洞察力的社会学家透露了他是如何与出版商斗智斗勇的——出版商想让他把《单身社会》的书名改为令人沮丧的《孤身一人在美国》。演讲中,他深刻讨论了人们对单身人士的看法,以及美国单身人口的增长情况。

克里南伯格如此解读爱德华·霍珀的《夜莺》(画中有一个孤独的男人,背对着我们坐在咖啡厅里,对面是一对朝向他的情侣)："我们看着这个背对着我们的男人，把孤独感投射到他身上……有趣的是，我们看不到他的脸，因为事实上他可能在微笑，享受他一生中最美好的时光……我一直觉得后排的那对情侣看起来很孤独很悲伤。他们之间没有爱情的联结。"

凯特·博立克的演讲

包括《点亮》《房子里的想法》《这是一个很长的故事》等节目中的演讲。凯特是一个改变游戏规则的人，经常谈论"为亲密和自主决斗的欲望"。

节选：今天单身女性的数量比历史上任何时候都多。在美国，有53%的女性是未婚的。这是前所未有的人口结构转变。正如婚姻历史学家斯蒂芬妮·孔茨所说："今天我们正在经历一场历史革命，其痛苦、深远和不可逆转的程度不亚于工业革命。"而单身是这个故事的核心，但这个故事很少被讲述，直到最近。

优兔视频

《人生学校》中"保持单身的理由"

哲学家阿兰·德波顿思考了社会对"拥有伴侣"的鼓励和对"单身恐惧"的催生助长。这个简短生动的视频深入研究了支持单身的论调，而且发人深省。

节选：人们认为不可能同时保持单身和正常，但这让我们陷入了一场集体性灾难，因为这意味着，每年都会有大量的人被迫和别人走到一起，他们是因为怕丢脸才这么做的。这些人并不是生来就想和他人生活在一起,他们内心深处的想法其实根本不适合婚姻生活。

贝拉·德保罗的 TEDx 演讲
《没人跟你说过的那些关于单身的事》

贝拉被《大西洋月刊》描述为"美国单身体验方面最重要的思想家和作家"。她是毕业于哈佛大学的心理学家,著有《单身而立:单身人士是如何被刻板化、污名化、忽视,然后依然幸福生活下去的》等书。

我喜欢她的开场白:"我 63 岁了,一生都是单身。"然后微微鞠上一躬。困惑的观众愣了一下,才跟上节奏鼓起掌来。观众意味深长的停顿恰好说明,单身惯常上并不会得到赞扬。

她谈到了我们是如何被洗脑去寻找"那个人"的,即使那不是我们幸福生活所必要和必需的,谈到了我们其实缺乏关于"单身生活很充实"的认知。她通过一系列研究推翻了"单身人士不幸福"的说法。

节选: 在我 20 多岁和 30 多岁的时候,我知道我"应该"结婚,我知道我"应该想要"结婚。即使是现在,我还是不断被提醒着……但一个人生活就是我的幸福结局。

单身歌单

♪

《请收回你的爱》，白色谎言乐队

"你知道我有我的怀疑，想看看没有的话会是什么感受。"

～

《吉卜赛》，佛利伍麦克合唱团

"变回我曾经是的那个吉卜赛人。"

～

《那样的时光》，喷火战机乐队

"我是新降临的一天，我是崭新的天空。"

～

《轻松》，海军准将合唱团

"为什么这个世界会有人将锁链加诸我身？"

♪

《继续吧》,疯狂的 P

"我年纪太大了,没法浪费时间了。"

♪

《她》,绿日乐队

"她终于发现,她所有的疑虑,都来自别人的观点。"

♪

《我没事》,玛黛琳·蓓荷

(深入讨论了如何走出一段虐恋)

"没关系,没事,它反正怎么都是错的。"

♪

《我会幸存》,蛋糕乐队

(对葛罗莉亚·盖罗经典名曲的滑稽翻唱)

♪

《我要出来了》,戴安娜·罗斯

"是时候打破外壳了。"

♪

单身书单

以下是我的"单身而立"书单,排名无先后顺序:

《单身女性的时代》(更适合女性阅读),丽贝卡·特雷斯特著

研究无可挑剔,写作毫无瑕疵,追踪了不同年龄段的单身女性,绝对能让你觉得自己是一位单身超级英雄。

《现代浪漫——一项调查》(适合所有性别的读者),阿齐兹·安萨里、艾里克·克里南伯格著

一本当之无愧的国际畅销书,妙趣横生且富有洞察力,直面21世纪最初10年的约会文化。

《如何单身且快乐》（适合所有性别的读者，但主要的目标读者为女性），詹妮弗·L. 泰茨著

作者是一位心理学家，非常了解自己的单身状况。这本书融合了专家建议、上百项有趣的心理学研究和来自诊疗对象的案例分析。读完这本书后，我对自己的单身状态彻底心满意足。

《单身社会》（适合所有性别的读者），艾里克·克里南伯格著

这是一本引人入胜的书，深入研究了越来越多美国人选择保持单身的现象，包含 300 个案例。当我们能够负担得起独居生活、保持单身状态时，我们就会倾向于这么做——鉴于世界上最富有的国家往往有着最多的单身人口。

《老姑娘——过好自己的人生》（更适合女性阅读），凯特·博立克著

文笔精妙，作者是《大西洋月刊》的知名记者和编辑，讲述了那些启迪她的人以及历史人物，而后者向她展示了她仅凭自己无法看到的东西。"和谁结婚，什么时候结婚——这两个问题定义了每一个女人的存在"是这篇文章精妙的开场白。

摧毁被社会建构的

―――― *Part 5* ――――

单身恐惧

单身的稀缺性

> 很多人会妄下定论,相信有人夺走了他们的东西,但实际上并没有。这种思维源于一种对"稀缺"的深信不疑。这种可怜的信念是,世界是一个资源匮乏的地方,所有东西都不足够大家分享。这类人的座右铭是:我的东西被别人抢走了。
>
> ——伊丽莎白·吉尔伯特,《去当你想当的任何人吧》

最近我听到了一个笑话,一个女人在"丈夫百货商场"购物。商场有6层,她只能向上走,不能下楼,每层只能去一次。她乘电梯上楼,经过各个楼层时,发现丈夫们越来越好。

笑话的包袱是什么呢?她直奔6楼,想知道那里的丈夫会有多好,但迎接她的是一个牌子,上面写着:"这一层没有男人。这层楼的存在只是为了证明,女人是不可能被取悦的。"

哈哈,是这样吧?也可能不是,因为我们一生都在被告知,如果我们等得太久、太挑剔,不赶紧在4层买一个,最终就会抵达没有丈夫或者妻子的楼层。

这完全是扯淡。

伍迪和夹心面包

你看过《丧尸乐园》吗?如果没有,一定要去看看,因为这是一部由伍迪·哈里森、比尔·默里和艾玛·斯通（我最喜欢的三位演员）主演的僵尸喜剧杰作。总之，在《僵尸乐园》中，伍迪扮演的角色疯狂地寻找着夹心面包。

夹心面包之于英国人，就像燕麦曲奇之于美国人，是日常必需品、平平无奇的零食，随处都可以买到。然而，我们现在正处于僵尸横行的境况下，啊！也就是说，所有的夹心面包都卖完了。伍迪满足自己想要吃新鲜面包的欲望的唯一方法是，找到装在冷藏车里的夹心面包。他完全痴迷于此。

当你被告知有些东西即将售罄的时候，想要立刻得到它的执念就会加重。这就是为什么一款彩妆产品停产时，人们会恐慌地购买；这就是为什么人们会在"黑色星期五"蜂拥抢购，乃至人踩人地去抢5折出售的平板电脑；这就是为什么人们常常念叨的那句"好人都被挑走了"总是能击中单身人士的心。

但你不是伍迪，我也不是。配偶不是夹心面包，约会不是一场机不可失的大甩卖。单身男女永远不会售罄，我向你保证。

接下来是一组关于英国单身情况的具体数据。我确实很喜欢散布事实，以驱走那些贩卖焦虑的讨厌鬼。

51%：英国 25~44 岁人群的单身比例。

98%：英国 18~24 岁人群的单身比例。

年龄超过 55 岁、从未有过婚史或同居伴侣的英国人，从 2002 年起，增加了 **92%**。

30 岁以下的英国女性中有**三分之二**是单身。

英国只有**一半**的"千禧一代"打算结婚*。

英国单身的房产拥有者在过去 **40 年**中，数量增加了**一倍以上**。

在英国，有 **770 万**"一人户"，占所有住户的 **28%**（1971 年占 17%）。

所以，你看到了，并没有什么好恐慌的。事实上，单身的人可多了。

---

* 这一数据来自一位智库成员哈利·本森，他是婚姻基金会的研究主管。他说："根据我们现在的估计，60 岁的英国人 90% 有过婚史，但是如今只有 50% 的年轻人会选择婚姻。"

可怜的詹妮弗和花花公子莱奥纳多

如果一个女人没结婚,并不是因为她主动做了哪些决定,而是因为她没有被选中——被看上、被渴望、被足够珍视。

——丽贝卡·特雷斯特,《单身女性的时代》

最近,在一场暖房派对上,我被彻彻底底地当头击中:单身男性和单身女性在人们眼中是那么不同。

我们玩了一个游戏:根据简单的提示猜名人。"恋爱运不佳的女演员。"我的朋友给出形容。"詹妮弗·安妮斯顿。"三个人立刻得意地喊出答案,其中包括我。游戏继续进行,詹妮弗·安妮斯顿的前夫布拉德·皮特也被猜中了,而提示词却是"《搏击俱乐部》"。

过后,这件事久久萦绕在我心头。尽管在那时,布拉德也没有找到伴侣,并结束了第二次婚姻,但对他的描述却从来不是"恋爱运不佳的男演员",从来不是。这是不是很古怪?

这让我开始思考那些我们用来形容单身男性和单身女性的词汇,思考它们带来的巨大影响。单身女性是不幸的,是怜悯的对象,是孤独的形象,无论如何不可能是主动选择了这可憎的单身命运。人们常说"她抓不住男人"(该死,说的就是我),但不会说"他抓不住女人"——至少,我从没这么说过。

"绝望""饥渴""急着要生孩子"基本只会被用来形容恋爱中的女人——男人就不会，或者极少会被这样形容。让我们把"难伺候"和"要求高"也丢给他们好了。

被男人定义的女人

还有一件关于那场派对游戏的事：詹妮弗·安妮斯顿是被她的感情生活定义的，但定义布拉德·皮特的则是他的事业。尽管用"《老友记》里的瑞秋"做提示词也能让人立刻脱口而出正确答案，但我们还是下意识地用感情生活定义了她。

女人是被和她在一起的男人定义的，但男人却并不会被女人定义。我是在看《丑闻》的一幕时总结出这一点的。我知道《丑闻》的编剧不是社会研究专家，而我们也不真的生活在剧中所描述的那种世界里，但请容我把话说完。那一幕中，艾比正在跟男朋友里奥讲话，他们在事业上旗鼓相当、势均力敌。

艾比说："每一篇提到我的文章，都会提到你，因为这很显然就是规则。为了提到我的名字，他们需要告诉这个世界，有个男人想要我。我的工作、我的成就、我的奖项……我站在世界的权力之巅，但如果不提及我是里奥·柏根的女朋友，就不会有谁来报道我，好像这个身份才确认了我的存在，给了我归属，给了我定义。他们无法理解，我的生活并没有绕着你打转……我不是里奥·柏根的所有物。告诉我，当他们写关于你的报道时，里奥，他们提到我的频率高吗？"

对不对？一针见血，她揭露了这一点。

可怜的詹妮弗

好了，让我们回到现实中的人和媒体上。詹妮弗·安妮斯顿和莱奥纳多·迪卡普里奥——在我写作这本书的时候，他们两位都是单身，事业成功，而且都是40多岁。为什么我会特别挑选出他俩呢？因为他们身体力行地证明了，这个社会是如何区别对待单身男性和女性的。

每一次詹妮弗和人分手，她都会被描绘成一个可怜可悲的形象，拖着一颗沉重的心，人生的"定时炸弹"在嘀嘀作响，时间越来越紧迫了。与此同时，莱奥纳多则在无数次分手后毫发无伤，依然不准备安定下来，大声呼喊着"自由"（宛如电影《勇敢的心》的男主角），迅速奔向离自己最近的一场内衣模特秀。

作家多代·斯图亚特写道："在那些关于詹妮弗·安妮斯顿的八卦报道中，她不是一个人，而是一个角色，一个面带微笑、身材完美的女人，虽然开心但显然也为自己未婚无子的状态深深地悲伤。这仿佛是一个提醒，如果你没有做别人期望你做的那些事——配对、交配、繁殖，那你一定是做错了什么。也就是说，你一定有什么问题。"

媒体对詹妮弗·安妮斯顿令人窒息的片面关注影响了世界各地的单身女性。为什么？因为那些报道隐含了一些信息，它们像是用隐形墨水书写的，偷偷地钻入了我们的大脑："她一定不开心，所以，单身的你一定也是不开心的。"

詹妮弗·安妮斯顿自己已经受够了这种审视，她向媒体做出了一系列（表意明确的）反驳。"媒体耗费了大量资源，仅仅为了发掘我有没有怀孕（大概无数次了……但谁又会去数它呢），"詹妮弗写道，"这说明了长久存在的一个观念：如果女性没有结婚生子，就一定在某种程度上是残缺、失败和不幸的。"

花花公子莱奥纳多

不过，社会对男人也有一些刻板印象，如果忽视这一点，就像在参加了一场男女同工同酬的游行后，转头去约会并期待男人买单。

他们是"女性杀手""花花公子""种马""害怕做出承诺的人"，只会"逢场作戏"。他们是熟读《把妹达人》，将全无戒心的猎物骗到自己单身公寓的捕猎者，然后用性爱游戏和绸缎质地的平脚短裤来引诱猎物。我们常说他们"把妹"，却根本不会说女性"把男"。

让我们来看看媒体是怎么描述新近回归单身的莱奥的。有些好笑："芳心纵火犯"莱奥纳多被"一群美女"环绕着，她们"被他玩弄在手掌心中"，他就像舔舐奶油的大型猫科动物。他甚至被取了昵称，被八卦小报称为调情大师"莱奥纵火"。

乔治与艾莫

再来看看媒体是如何看待订婚的，比如它们是如何给詹妮弗·安妮斯顿与（现在是前夫的）贾斯汀·塞洛克斯的订婚定调的。"安妮斯顿发表订婚声明后，随之而来的是带有尘埃落定意味的'终于'，一本杂志称她'终于幸福了'，就好像她之前经历的全是悲剧和绝望一样。"多代·斯图亚特写道。

与此同时,乔治·克鲁尼与艾莫·阿拉慕丁的订婚报道中,却没有任何"终于"或者"终于幸福了"的表述,至少这样的字眼不是用来形容乔治·克鲁尼的。《每日邮报》登了一张艾莫的照片,标题是《"我钓到了那个痛恨承诺的男人":魅力四射的英国律师成了那个最终征服乔治·克鲁尼的女人》。

看到不同了吗?这些文字和图像把一切都表达得再清晰不过,在社会眼中,单身男性的价值是高于单身女性的。艾莫是一个为人权奔走的律师,以"理想伴侣"的标准来衡量,她的价值就算不高于乔治,至少也应该与之平等,但她得到的描述是"钓到""捕获""征服""赢得"了那个男人——媒体是这么说的。

艾莫于是发表了一番演讲,俏皮地表示能够遇到乔治让她满心感激,因为"我已经35岁了,开始自暴自弃地接受别人说我要变成老姑娘了"。

一方面,我非常喜欢她坦承了自己对于成为老姑娘的恐惧,但另一方面,我又为这种双重标准感到困惑。你能想象乔治发表一番演讲,对艾莫把自己从单身汉的生活里拯救出来表示感激吗?不能。

既然我们讨论到了年龄,那就顺带一提吧:他们俩的年龄差是17岁。我从没看到一篇报道因为这一点而说乔治有什么不好,但你还记得媒体对亚伦·泰勒·约翰逊与比他大24岁的萨姆结婚一事的大惊小怪吗?显然,媒体称她"老牛吃嫩草"。谢丽尔·科尔和比她小11岁的利亚姆·佩恩也是如此,他们最终分手时,谢丽尔被描述为"彻底放飞了自我""如狼似虎"。显然，对媒体来说，老男人和年轻女人的配对是没有问题的，但当性别调换时，媒体的态度就会发生180°的大转弯。

还有，当一对情侣分手时，人们惯常会认为是男性提出了分手，这就是为什么名人情侣会在给媒体的分手声明中努力强调，决定是"双方共同做出的，真的是双方一起"——媒体和社会都倾向于认为，男人是主动结束关系的一方。

汽车与房子

所有这一切都让一个荒谬的观念变得更有说服力：女人随着年龄的增长而不断贬值，男人却在不断增值。女人是车，男人是房子。年长的单身男人被描述成雪豹——罕见、高贵且迷人，而年长的单身女性就像孤独的瞪羚——迷茫、脆弱、困惑。这是性别歧视、年龄歧视、过时的蠢话。

想象一下这样的世界：《人物》杂志罗列了一堆男性名人，配上标题《这些男人是"剩男"吗？》。这永远不会发生，对吧？而就在距离现在很近的20世纪80年代，这份杂志的封面上赫然印着一行字："这些女人是老姑娘吗？"

想象一下这样的世界：一群男人在婚礼上为了争抢一块扔过来的手帕而扭打起来，因为接住它意味着会下一个结婚。（参加婚礼时，接捧花总是个让我痛苦不已的环节，我每次都会借口去上厕所。）

职业女性

"单身危机"如今就发生在单身女性的脚下。我们遭到了责难,正如你所知。人们说,我们是那种会把宝宝丢在一边不管的职业女性*。报纸杂志通常还会配上这样的插图:一个女人拎着公文包(说真的,我从没见过任何女人拎公文包),而旁边的一个小婴儿被冻在冰块里**(同上,我从没见过这样的场景,如果见到的话我会立刻报警)。

从没有人在意,男人也会选择单身,男人也有工作,男人也会冷冻精子。这不重要,是吗?看看那些女人吧,那些为了有口饭吃、有片瓦遮头,而自私地选择成为职业女性的人。

我最近还看到了这样的头版标题:《英国正在成为布里吉特·琼斯***的国度》。我简直可以想象出这样的画面:单身女性排着长队,自私地用细高跟鞋踩踏伦敦塔,挥舞着手中巨大的支票,让泰晤士河中巨浪滔天。为什么标题不是《英国正在成为布里吉特·琼斯和丹尼尔·克利弗****的国度》?单身男性的缺席引人注意。

另一个标题是《布里吉特·琼斯们引发了住房危机》。我们引发住房危机了?哎呀!是怎么做到的?细读这篇文章,你会发现这场"危机"原来是由"一人户"引起的。不过,"一人户"中不是还有一半男人吗?看来引发住房危机的不是他们,

---

* 如你所知,"职业男性"这个词并不存在,有工作的男人也只是"男性",很高兴我们说清了这一点。
** 在英文中,"将婴儿丢在一边"(put babies on ice)可直译为"将婴儿放在冰块上"。——编者注
*** 布里吉特·琼斯:《BJ单身日记》的女主人公,"剩女"的代名词。——译者注
**** 丹尼尔·克利弗:《BJ单身日记》中女主人公的风流上司,也是单身。——译者注

而是女人?

总结一下,单身女性因为整天拎着公文包到处走、把婴儿放在大冰块上而精疲力竭,所以干脆不打算结婚了,而这引发了住房危机。是这样吗?

媒体如何看待快乐的单身族

更有甚者,人们在媒体上公然表述单身生活的快乐时,往往会遭到激烈的驳斥。2011年,39岁的单身记者凯特·博立克登上了《大西洋月刊》的封面,配文标题是《什么?我,结婚?》。她精彩的文章迅速走红,被人热议,但凯特本人却被负面言论淹没了。

"那些男人会说:'你以为你是谁?你这个傲慢的婊子,你觉得你太好了,谁都配不上你吗?'"凯特说,"他们摆出了十分敌对的姿态。后来,我跟一个朋友的朋友(男性)共进晚餐时,他向我解释了为什么会这样。他说:'如果女人不再痴迷于结婚,男人该如何确认自己的价值呢?男人从小就被教育,要成为一个可以依靠的人,成为家里的顶梁柱。'这番谈话引起了我的思考。"

没想到的是,凯特同样遭受了来自女性的攻击。"许多女人说了和男人一样的话,'你是觉得自己太好了,婚姻配不上你吗?'然后又加上一句——'你会后悔的,你现在说这些很容易,你才39岁,但等你老了,你会有不同感受的'。也许我会的。"凯特回应道。

而这正是非常重要的一点,不是吗?我们拥有改变主意的权利，而且不需要为之感到抱歉，就像一辆出租车可以随时切换"有客"和"空车"的状态灯。"因为我们从小就被人灌输，婚姻是一辈子的事，所以也会倾向于认为'单身'是永远不能更改的选择。"凯特说，"很多人问我，'所以，你要一辈子单身吗？'我说，问题的关键不在于要让自己永远单身，而是要允许自己去质疑那些既定的假设。现实是，如今已经很少有什么'一辈子的事'了，我们这一代都可能这几年单身，未来几年步入婚姻。关键在于，这两种状态是平等的，我们不应该过分赞扬其中的某一种。"

不要活成刻板印象

所以，媒体对许多单身男女刻板印象的形成负有责任。我想知道这对男人和女人有多大程度的影响。我们总在推测"詹妮弗·安妮斯顿恋爱运不佳"的叙事会对女性造成多大影响，但从来没有停下来思考过"花花公子莱奥纳多"的叙事会对男人造成什么影响。

女人们，先收起你们的怀疑，想象你们被一遍又一遍地告知，如果结婚就会"陷入罗网"，你无法看住裤子里的生殖器，所有人都想把你搞到手，承诺是一种诅咒，那会是一种怎样的情景。

是从哪一刻开始，你不再按照自己的意志穿衣打扮，开始披上那些为你准备的"刻板印象"？是从哪一刻开始，你忘了你是谁、想要什么，而开始按照别人的意旨生活？

我常想，有多少女性渴望结婚生子，或者在单身时感到悲伤，仅仅是因为她们被反复告知要这样做。在这种规训下，我们都朝着婚姻的目标前进，失恋了就吃着垃圾食品哭泣。

同样，我想知道有多少男人害怕承诺，仅仅是因为他们一遍又一遍地被告知男性讨厌承诺。这就像给某人一块蛋糕，然后说："想来点儿蛋糕吗？你不会喜欢的！它会让你'陷入罗网'。什么意思？你不想要这块蛋糕了吗？"

我认为，渴望婚姻的女性和不愿结婚的男性在很大程度上是一种被社会建构出来的形象。就像小女孩应该玩过家家，穿粉红色的衣服，小男孩应该玩小拖拉机，穿蓝色衣服，我们从婴儿时期起就被社会建构，仿佛粉色或蓝色的方块。因此，我们常常活成了真正的刻板印象。

我们需要打破将詹妮弗塑造成不幸女人的叙事，但我们同时也需要抛弃"花花公子莱奥纳多"的叙事。为什么我们不能成为各不相同、性格各异的个体呢？而不是被叫作布里吉特，被塞进兔女郎套装，或是被塞进得体的西装，被叫作丹尼尔·克利弗。

单身男人的现实

令人难以置信的是,所有的单身男性都被视为一丘之貉——"花花公子""妈宝男""穿上裤子就不认人""逃避承诺"。这让我非常恼火。

我和很多傻瓜约会过,但我不认为所有男人都是傻瓜。这就像认定所有 30 岁以上的单身女性都渴望怀孕。我们知道这有多烦人,所以不要把世上一半的人口同质化,好吗?男女都一样。我找了几个真正的单身男人告诉我他们的经历。

伊恩说:约会软件上有一些恐怖分子般的男人四处祸害人、散播性病,但他们远远不是大多数。大多数 30 岁以上的单身男性只是还没有找到合适的人,或是恋爱运不佳,或是认为自己需要一场独行侠式的冒险,或是不再"被催婚"了。

没错,有人会问我:"你为什么单身?"我认为这是个相当隐私的问题,除非我们彼此很了解,否则不要问。话虽如此,我还是会诚实地回答——我在做我自己的事情,过一种蛮不错的生活,希望有一天能和对的人分享它。

我看过梅尔·吉布森的电影《我知女人心》,知道那只是虚构,所以我想说的是:大多数单身男性和单身女性内心想要的东西是一样的[*]。

---

[*] 《我知女人心》的男主人公拥有特异功能,可以透视女人的内心想法。——编者注

欧内斯特说： 我认识的会随意约会的女人和男人一样多。几乎是每时每刻，身边的已婚朋友都会令我产生必须结婚的压力。作为最近一场婚礼上唯一的单身汉，我不断听到各种各样类似"别担心，你最终会找到真命天女"的话。我离过婚，这帮我避开了太多"你为什么单身？"的询问，而被问到这个问题时，我通常会用幽默化解（"我不想再祸害其他女人了"）。而如果我和对方很熟，我就会重申我很快乐，很享受把精力放在事业和孩子身上。

事实是，这世上有快乐的单身男人、寂寞的单身男人、幸福的有伴侣的男人、寂寞的有伴侣的男人。在某种程度上，这四种状态我都经历过。讽刺的是，我现在比以往任何时候都更想投入一段认真的关系，只因为我不再将它当作必需品，而且我真的很快乐。

"你为什么单身?"

这个章节不会很成熟,或者充满禅意和宽宏大量,但是,对于那些认为我应该永远保持成熟理性或者充满禅意的人,我要宽宏大量地表示,你们很无聊。我们需要讨论这个问题,因为它无休无止围绕着单身人士。

当你告诉人们你是单身,尤其当对方是已婚人士时,你就仿佛在告诉他们你有一种神秘的疾病,而他们则是急着诊断("为什么?!")、想要治愈你痼疾("让我们来搞定它!")的医生。

"为什么像你这么棒的女生/男生会是单身?"这背后的潜台词是:"你美丽的裙子/修身的西服之下究竟隐藏着什么问题?到底怎么了,嗯?"布里吉特·琼斯对此面无表情地回应道:"我们浑身都覆盖着鳞片,我想这个事实只会帮倒忙吧。"

我理解她的意思,因为我也对单身的人说过类似的话,那会儿我20多岁,还是一个冥顽不灵的爱瘾者。遇到单身的人时,我积极得可怕,拼命寻找解决方案,想要把他们从可怜恐怖的境况中解救出来。"快!记住这条一文不值的建议!它可能会拯救你!或者也许你会想要跟我脸书上的这个人约会?我反正永远不打算跟他约会,不过你怎么想?"

因为单身而无比挫败的感觉,是被一千句充满同情的"哦,好吧""你会遇到那个人的""你试过了吗"所创造出来的。人们好像就是不能让单身的人安静地自己待着。

单身好像是一种社交怪癖，就像不喝酒一样。当你说自己单身或不喝酒时，人们会觉得你欠他们一个解释。单身的人和不喝酒的人一样，都是被质疑的对象。这很奇怪。

但这不仅限于单身人士，那些同居很长时间但选择不结婚或不生孩子的伴侣，在"社交游戏"中遭受的待遇和单身人士一样，还有那些只生了一个孩子的夫妻。戴着婚戒、育有两子的夫妇可以对以上群体的人生随意点评，并在他们离席后没完没了地八卦。

还有一个对个人隐私侵犯之深不可估量的问题——"你为什么离婚了"。我的一个朋友说，她听后立刻血气上涌，很想说一句"你为什么还没离婚"作为回应。

基本上，如果你没有选择"结婚并生两个孩子"的传统道路，你就需要面向整个社会捍卫你的选择，准备好了吗？

人们最常说的话

他们说："你为什么单身？"

我想说："哦，我不知道。不过既然我们要在这么短的见面时间里讨论如此追根究底的个人问题，那么你们为什么结婚呢？你们准备好了吗？你们认为自己或对方会出轨吗？我听说你们分房间睡，为什么啊？让我们摊开了聊吧，怎么样？"

"我简直不敢相信你是单身"其实蕴含了一个假设——你一定没人要，尤其当你是一位女性时。这也正说明了为什么当你看上去很适婚时，人们的反应会是："这怎么可能！"这其实是一种被古老的社会假设包装起来的恭维。

我真正说出口的是："哦，我在男人方面品位太差了。我总是能在任何一个房间里锁定那个最不关心我的男人。"

（我发现，一旦把错归到自己身上，他们就会笑笑然后去聊别的话题，而不是尝试"诊断"或者"修复"我。）

当我约会的时候

他们说："你不去刻意寻找的时候，就会结婚了。"

我想说："你们说得太对了！我应该停止回头看任何向我投来注视的男人，然后把自己锁在家里绣花。"

我真正说出口的是："所以，我猜你们两个已经不再出去约会了？"

他们说："哦，不是，呃，我们约会的。"

我说："那是怎么回事？你们也还在约会，就像我一样？"

他们说："哦，是的，我想是这样。"

我说："好吧，既然这样，那我就继续约会了，可以吗？"

他们点点头，然后局促地观察周围是不是有别的人可以聊天。

当我没有约会的时候

当我约会的时候，我单身是因为我还在跟人约会；当我没有约会的时候，我单身是因为我没有和人约会。无论是哪一种情况，似乎都是我做错了什么事。有意思。

他们说:"你用过约会软件吗? Bumble 怎么样? 我朋友就在上面认识了一个人,他们刚刚订婚了!"

我想说:"你说什么,约会软件? 这是什么当代巫术吗? 我从没听说过! 请立刻再把你那些新潮、不可思议的想法倾倒给我! 我确信,如果我拥有这个神奇的 Bumble,我就会获得像你们一样美满的结局。"

我真正说出口的是:"是的,我试过 Bumble 了,谢谢! 你的朋友真棒。"

当我刚被甩了的时候

她们说:"哦,小可怜! 你读过《戒律——全球恋爱约会圣经》吗? 它改变了我的人生。我就是这么拿下他的。"(说着向丈夫侧侧头。)

我想说:"你丈夫? 那个直勾勾盯着女服务员胸口看的男人? 那个被自己枕边人无法拥有的曼妙身材深深吸引的男人?"

我真正说出口的是:"我读了! 老实说,我觉得它相当过时,而且有性别歧视色彩,不过,谢了!"

当我甩了别人的时候

他们说:"你知道吗,你就是太挑了。你应该降低标准。"

我想说:"是的,你真是完全正确。下次某个叫汤姆、迪克或者哈里的人在超市摸我屁股的时候,我就应该跟他走,因为他想要我。虽然我不喜欢他,但是不该挑肥拣瘦。"

我真正说出口的是:"说真的,与其降低标准,我宁愿单身。"

事实上，昨天，类似的对话就发生在我身上。我说的是："好吧，我不愿意妥协。我宁愿单身，也不愿意跟一个平庸的人在一起。"然后，那位结了婚的女士说："你这话听起来就像我那个单身10年的朋友，你们俩都不会跟任何人结婚的，任何人！"

这位女士其实是个很可爱的人，但我觉得她就像在用魔杖指着我的头，对我下一道咒语，说我注定会孤独终老，就是因为我胆敢挑挑拣拣，选择与谁同床共枕。这种事情很奇怪，但遗憾的是并不罕见。

记住，他们并没有"知情权"

所以，是的，我知道这有多让人恼火，人们觉得自己拥有"知情权"，而不是仅仅想要知情。但你不必和他们玩这个游戏：你不需要给他们冗长的解释，不需要剖开你的感情生活，让他们指指点点、评头论足，或者为你的单身决定做辩护。

我仍然会不自觉地向别人"解释"我的单身状态，但那一刻我会反应过来，问自己："我为什么要这么做？"一般来说，这是因为我太在意对方的看法了。所以，我让自己不再看重这些。

如今，我通常只会说"我是单身"，用一种毫无歉意、三缄其口的态度，回答他们的八卦提问，保持神秘感。我是无性恋吗？还是一个间谍？他们不会知道。或许我之所以单身，是因为我杀了上一任男友后将他吃掉，因此应该被称为黑寡妇？我喜欢这种神秘感。我喜欢凯特·摩丝那句难以捉摸的经验之谈：

"永不抱怨,永不解释。"这是我的新座右铭。

我很认同布里奥尼·戈登在《穿错内裤》中对这些"酷爱指导之人"的愤怒。"哦,滚蛋,说真的。你以为你是谁?该死的奥普拉·温弗瑞吗?你告诉我,只有在自己快乐的时候才能找到爱,那么我想用5岁男孩的口吻将这句话回敬给你,再做个鬼脸。"

我没有让他们放弃,而是假装自己是块石头。这是我从朋友霍莉那里偷学的招数,她曾经一本正经地说:"我假装自己是块石头,练习如何毫无防备。"逗得我大笑不已。我可以想象她坐在那里,如同一块长着眼睛的漂亮石头,用巫术使周围对准她的弓箭弯折毁坏。

一旦你对自己单身的选择真正感到舒适,任何人就都无法再打扰你了。正如甘地所说:"我不允许,任何人就都不能伤害我。"

我经常对自己说这句话,让它覆盖我敏感、容易受伤的皮肤。我发现,那些会伤到我的事情,我似乎对它们的出现无能为力,但它们能否继续伤害我,的确取决于我的选择。

不过,这些人为什么要这么做呢?总问"你为什么单身"?我想这只是因为我们喜欢看别人做出与自己相同的选择,很难理解与我们不同的人。我发现,我也很难理解那些不喜欢旅行的人,或者不喜欢动物的人,试着说服他们去旅行或爱上动物,但实际上,他们有权保留自己的选择和观点。

心理学家贝拉·德保罗对此做出了很好的总结:"那些喜欢单身的人、选择单身的人,威胁了其他人所持有的世界观。"

"你为什么单身？"很多人这么问并不是出于恶意，也不是想让自己高人一等，而只是想让你和他们一样加入结婚大潮，以证明他们的选择是正确的，减少他们的困惑。

我要把这句充满智慧的金句留给你，它值得被贴在汽车保险杠上、被印在杯垫上、被张贴四处：

如果你不拿出火柴，他们就不会叫你发火。

——我的妈妈

被我忘掉然后

―――― *Part 6* ――――

重新学到的教训

进步的多莉＊

尽管有过那些"顿悟时刻"——仿佛太阳冲破乌云、照亮一切的时刻，我在经历了单身一年的平静之后，又重新投入了约会——此后的那段经历说"坎坷"都算轻的了。

学习过程不是一条直线，它更像是弧形，甚至环形。

我不得不反复学习那些教训，一次，一次，又一次，直到它们根深蒂固。我学到一些，然后忘记，再学一遍，然后意识到："啊，原来我2014年就学过这个啦！"我是不断进步的多莉，真的。

事实证明，理性约会和理性饮酒非常相似，比完全戒除约会或戒酒要容易一点儿。我发现，一旦我跳回自己的疯狂游乐场——去约会，要保持单身就难了。

我在跟传奇播客主持人埃里克·季默通信时提到过这件事，我说："原来心理健康水平不是一条直线，而是一条令人困惑的螺旋曲线！"埃里克以他一贯的智慧回复道："但最好是一条上升的螺旋曲线。我似乎总是会回到原点面对同样的挑战，但是每一次我的水平都略有提升。"是的，他说得太对了。

＊ 多莉：动画片《海底总动员》中的角色，是一条热心、乐观，但患有短期记忆丧失症的鱼。——编者注

为什么学习过程是一条曲线呢？这就是科学，是你的大脑决定要走一条大家都走的、阻力最小的路线。还记得第33页的内容吗？这就是为什么你必须管住自己，"等一下，大脑，我不要再跟漠不关心的人约会了，我喜欢这些真诚的人"，温柔地把它引向正确的方向；或者在它即将坠入习惯的深谷时说："坚持住大脑，我们都知道单身并不是一种残缺。"

而这就是关键所在：朝向目标不断努力，哪怕猛然发现自己正在走下坡路。你会有被单身的哀伤彻底笼罩的时刻（我现在仍然如此，这是一定的），熬过去，你就会觉得自己是非凡公主希瑞或者蜘蛛侠了。

接下来，我会给你看一些日记，它们讲述了我忘记一些已经知道的事情后，重新学习这些事的过程。日记始于我重新开始约会后。

"等候之地"的人

我感觉，我把成年后的绝大部分时间都用在"等待一个我喜欢的人发短信跟我复合"这件事上了。坦白地说，确实是这样。我浑浑噩噩地度日，始终用余光盯着手机。我刷新电子邮箱，近乎无望地、一遍一遍地刷新，希望能跳出一封新邮件。我曾经关闭了约会软件的推送，因为我实在是太忙、太重要了，根本不应该被这个小小的约会软件打扰……然后，我一天打开它 10 次。

我切切实实地在"等候之地"度过了好几年的时间。似乎只要对方发消息跟我复合，我的生命就会开始。好像"幸福"是一件他可以通过对话框投递过来的东西；好像只要推特的提示音响起，蓝鸟扇动它的翅膀，我的整个人生就变得心满意足。

不仅仅是我，我有一个朋友，做着一份十多年前就厌倦的工作。她没有去别的公司找更有意思的事做，仅仅是因为那家公司有"很好的产假福利"。她在那里待得越久，休产假时的薪水就越高，但必须要说的是，我这位朋友现在是单身，目前怀孕的可能性微乎其微。

"等候之地"不宜居住，这里只有浑浑噩噩的人生。

等候之地

苏斯博士

等火车走,

等巴士到,等飞机飞,

等这邮件到,等那雨停,

等这电话响,等那雪纷飞,

等别人置"可""否",

等头发长长,

人人只懂等候。

等鱼儿上钩不折腾,

等风到来放飞风筝,

等周五夜。

我决定从"等候之地"搬到布鲁日

2015年4月

我决定去比利时的布鲁日生活一阵子,尽管我正在跟一个很喜欢的人见面。我很热情,但他有些模棱两可,后来他消失了一阵子。

然后,随着我的手机唱起歌来,他又跳回到了镜头前,忽然间让我心烦意乱。他说很想见我,问我明天做什么。

他令我头疼,所以,我决定把他移出画面,把我的注意力从他身上移开。对我来说,这是一个巨大的进步。两年前,我绝不会这么做。当我告诉他我打算去布鲁日的时候,他听起来并不高兴。"哦,要去多久?"但错不在我。

还记得媒体称凯特·米德尔顿为"等待的凯特"吗?因为在媒体看来,很明显,她就坐在那儿,美丽动人,焦急地抚摸着自己的无名指,上网搜索梦幻的婚纱,急切地等待着威廉王子的求婚。我想说的是,也许她根本不在乎,也许她才是没下决心订婚的那一方。这只是媒体把一对情侣套进刻板印象的又一个例子。

不过,我意识到我真的做够了"等待的凯特"。我意识到我们美好的人生只有一次,而我正在英国荒废人生,我真正想去的是布鲁日,仅仅因为一个性感的男人可能想和我约会就搁置计划,这太疯狂了。

我感觉他像是在面试我,看我是否适合做女朋友。只是面试过程要花上几个月,而我不愿意再待在这儿等答案。拉倒吧。

去布鲁日之前,我们本打算一起过周末。他玩失踪,不回我短信。在我搬到布鲁日后,他又出现了,说着对不起,一共发了六条短信,全是理由和借口。我告诉他,我受够了。向前看吧。

你知道吗,这感觉简直美妙得不可思议。我意识到我再也不需要站在侧台等待,看他是否想让我登上舞台。我意识到,我可以干脆地离开,将整座剧院抛在身后。

我沿着运河骑自行车,感受自由的风拂过头发,像是《再次出发》里的凯拉·奈特莉,只是我和她长得一点儿也不像,扭头去看一只特别美的天鹅时,我差点儿把自己摔到了河里。

令人惊奇的是,在接下来的日子里,我没有一丁点后悔,从未怀疑"我是不是错过了一个靠谱的男人",但在此之前,这几乎是我最大的恐惧。

爱上一座城市安全多了。我突然爱上了布鲁日。和人相似,城市可能会变;但和人不同的是,它永远不会离开或背叛你。我发现琼·狄迪恩对纽约也有同感。"不是那种通俗意义上的'爱'。"她说,"我的意思是,我爱上了这座城市,这和爱上了第一个打动你的人一样,你再也不会以这种方式爱任何人了。"

我的人生计划变得开阔了许多,不再局限于和某一个男人安定下来了。我确定,我现在最大的恐惧不再是"浪费找男人的机会",我最大的恐惧是不能淋漓尽致地生活。

我在布鲁日生活了整整7个月。我是如此喜爱弗拉芒人的生活方式。在这座城市里,去哪儿都不会骑车超过15分钟。自行车可以说是弗拉芒人延伸的双腿。我见过一个女生以每小时三千米的速度骑行,她抽着一根烟,同时还在发消息。骑行者的路怒症在布鲁日根本不存在。

我爱这里朴实不夸张的说话方式。在弗拉芒语中,壶是"煮水的东西",羊角面包是"早晨的饼干",割草机是"草机器",而软管是"水蛇"。我爱他们庆祝万圣节的方式,他们会打扮好自己,走入黑黢黢的森林深处,来一场"女巫徒步",然后,化着恐怖妆的演员就会跳出来,吓得他们魂飞魄散。我喜欢弗拉芒风格的建筑,它们是堆叠在一起的大杂烩,美丽的房屋紧挨着怪异野蛮的建筑。

我爱比利时的整洁。你知道大侦探波洛会随身携带一把小梳子来梳理胡子吧?没错。如果你没见过弗拉芒人的洗衣柜,你就不知道什么叫真正的"叠衣服"。这是一件赏心悦目的事。标签，平整的折痕，熨平的枕套，我不知道他们是怎么抽出时间做这些的。

我的弗拉芒男朋友不只有一个巨大的零钱罐——他有五个，按钞票面值分类。打开他的橱柜，看到瓶瓶罐罐都排列整齐，像受检阅的士兵一样时，我的脑海中闪现出了《与敌共眠》*里的场景。我想知道我是否应该开始练习游泳。

这里不只是人爱整洁。村落是完美的几何形状：方圆800米内的树，笔直地指向天空，灌木丛修剪成完美的球体，树篱被无情地剪掉，树叶在秋天闪烁金色的光芒，似乎在落地之前就被清理干净了。要是弗拉芒人来英国，一定会认为我们混乱得不可思议。他们一定会认为我们的树木修剪工完全不负责任，我们的灌木丛实在太丢人了。

我爱他们的语言词汇中那种罕见的哥特式壮丽，例如他们把浓厚的雨云称为"雷塔"，把城堡里关押犯人的洞称为"遗忘之井"，把无意义的努力说成"移水至海"，把忙碌拥挤的广场形容为"必须挤过一大片帽子的广场"。

我同样爱他们不动声色的冷幽默。我指着一块田地："啊，看那些可爱的小奶牛！"我的弗拉芒男朋友看了一眼说："那些是用来吃的。"还有一次，我递给他一个苹果："在英国，我们称这为天然牙刷。"而他回应道："在比利时，我们称它为

---

* 《与敌共眠》：朱丽娅·罗伯茨主演的悬疑电影，其中不会游泳的女主角为了逃离强迫症丈夫的掌控偷偷学习游泳。——译者注

苹果。"

骑车时，我从摇摇欲坠变成了充满自信，像炸弹一样掠过旋转的风车。我对巧克力博物馆里白巧克力做成的麦当娜雕像大为惊奇。我和唱诗班的修女一起出去玩耍，她们来自贝居安会院——单身或寡居女性生活的封闭乡村，晚上9点后，男性不许入内。我站在广场上，看着一群50多岁的快闪族围着我旋转，她们戴着围巾，穿着大摆裙，系着腰带和背带。

圣诞期间，我漫步走进一家超级可爱的巧克力店，发现店员正对着机器发火："去你的，我不想按你说的做！"与此同时，他们还在布置巧克力做的圣诞老人。弗拉芒人自己的圣诞老人——圣尼古拉斯会乘着船在每年的12月5日携礼物抵达，传说淘气的孩童会被捆起来，装进麻袋送去西班牙，学习一年的文明礼貌。

是的，你也许已经注意到了我频繁提到的男朋友。在布鲁日，我没有一直保持单身，过了几个月就又开始约会了。我和其他人一样，下载了一个约会软件，上传了自己的照片，表明我爱运动（潜水的照片）、有趣（戴着可爱熊头帽子的照片）、优雅（盛装出席晚宴的照片）、酷爱旅行且有品味（在优胜美地的照片）。

重新开始约会

在此之前，我约会过一个弗拉芒警察，他有着维京人那种帅气的长相。他肌肉发达，像雕像一样。他在社交软件上晒出了一组《超级名模》式的照片，裸着上身，指向远方，以炫耀自己的背阔肌或者其他部位，还加上了"穿衣显瘦，脱衣有肉"的话题标签。我当时没有意识到，这可能意味着他很自负。

我被他非凡的外表蒙蔽了双眼，没有意识到在只见了一面之后，他就说将来要为我盖间房其实是有一些奇怪的。他说，我可以在那间房里俯瞰窗外的河流写作。当他拿着吉他，和着美好冬日乐团的旋律，在电话里为我唱小夜曲时，我坐在那里如痴如醉，哪怕隐隐约约感到了一点不适。我们又约会了几次，一上床他就变冷淡了。小夜曲和那些建造房屋的构想突然停止了。像一个维京人一样，他要的是征服。

所以当我遇到汤姆的时候，我想找一个不光与我有化学反应，而且善良、有个性、有智慧的人。先做朋友，后做情人。没错。

与此同时，我和我的新欢——布鲁日愈加亲密。我会穿过一扇霍比特人风格的暗门，去一家地下酒吧，听 20 世纪 80 年代的音乐，玩几把飞镖。

我在周末朋友不断，但周中则完全是一个人度过的。在布鲁日，我学会了爱上独处，学会了肯定自己的价值。

语言乌龙

我开始学习弗拉芒语，这让大家都觉得很好笑。我用弗拉芒语说"好胃口"，听起来更像是"蟑螂"。"欢迎你们，晚餐的客人们。蟑螂！请享用这餐饭！"我当着一群不太熟的人宣布我很冷淡，但我其实想说的是我很冷。

汤姆和我母语不同，而这导致了许多非常可笑的误解。我给汤姆发消息说我"欲火焚身"(frisky)。汤姆回复说,他可以帮我解决这个问题,然后给了我一瓶柠檬水——他以为我说的是"口渴"(thirsty)。接着,就有了下面这些对话:

> **汤姆:** 这些叫什么?(他指着我手臂上的一个雀斑)
>
> **我:** 雀斑(freckles)。
>
> **汤姆:** 哦,就像那些住在岩石上的卡通人物?
>
> **我:** 什么,再说一遍?
>
> **汤姆:** 你知道的,《布偶奇兵》(*Fraggle Rock*)。

当我问汤姆冰箱里有什么可以用来当午餐时:

> **汤姆:** 一些海啸沙拉和垃圾*。垃圾很美味。
>
> **我:**(暂时忽略了海啸沙拉)你说垃圾,是什么意思?
>
> **汤姆:** 就是像蜘蛛一样的东西,只不过它们生活在海滩上,横着走。

我俯瞰弯弯曲曲的运河,它环绕着贝居安会院,如同将其抱在怀中。落日里,天鹅聚在一家餐馆前等人出来喂食。这是让人忍不住怦怦心跳的壮丽景色。这里有一座挂满了爱之锁的小桥。我看着那把新挂的锁,为"新婚的克罗斯比夫妇"祝福。

---

* 汤姆把"金枪鱼"(tuna)说成了"海啸"(tsunami),把"螃蟹"(crab)说成了"垃圾"(crap)。——译者注

记得在巴黎和赛伯谈恋爱时,我责备他没有事先安排好我的生日惊喜之旅,也没有准备一把我们的爱之锁挂在桥上。现在看来这是多么不可理喻。

我觉得没有必要把自己和汤姆锁在一起。此时此刻,我们放松而惬意。布鲁日是我的丈夫,而汤姆只是一个和我调情的性感园丁。

我重新学到的教训

如果对方在只见了一面后就说要给你盖间房,他肯定只是想和你上床。

"等候之地"不宜居住。

单身常常像是在等待,不停地渴望,或者狂热地寻找,但在"等候之地",我们对着地平线望眼欲穿时,并没有好好过自己的生活。

我发现自己仍然会偶尔回到"等候之地":在"公交车站"皱着眉扫视道路。但区别在于,我知道我在做什么。没人愿意住在"公交车站"。于是,我摆脱了那种浑浑噩噩的等待,起身离开了。我还记得谢默斯·希尼的话。我选择启程前往宜居的地方。

我们选择的生活方式,无论是胆怯还是勇敢,都将成为我们的人生。

——谢默斯·希尼

男友和人上床了，对象不是我

汤姆，那个冰箱里有"垃圾"的弗拉芒人，那个喜欢我的雀斑的人，最终欺骗了我。我们正准备庆祝约会纪念日，同时打算搬到一起住。我们制订了一个计划，我一半时间住在英国，一半时间和他在根特。

我崩溃了，我真的以为我们很幸福。这让我沮丧了一个月左右。去他家拿回我的行李时，我甚至还幻想过要偷走他那只超级可爱的猫。

不过，火灾发生前总有征兆，是我选择了忽略。我记得汤姆向我解释过他为什么会背叛两位前任：两次都是她们的错，第一任女友让他窒息，第二任女友拒绝再和他上床。

我知道这是一个危险的信号，他把劈腿的责任完全归咎于前任，但我把这段对话在大脑中标记为"忽略"，因为我想继续和他约会。

有趣的是，我没有跟任何一个朋友说起过这份大脑中的"档案"，这说明这段关系肯定有些不对劲。在我看来，既然我们做爱的时候那么快乐，我肯定是不会被抛弃的。

如果说有什么不对劲，那也是在欺骗我的过程中，他变得更黏人了。他问我能否别总是回伦敦，能否每月在比利时待三个周末（"你不在的时候我太想你了"）。在他出轨的前几天，我告诉他我要回伦敦待两个周末。我反抗了他，我记得他一下子就不吭声了。

当我在英国的时候，他给另一个女孩发短信，几周前他在夜总会认识了她，让她来家里做爱。出于某种原因，最令人心碎，同时也最令我无法释怀的细节，就是当他们做这件事的时候，我的睡衣就在枕头下面。

出轨的那天，他要求和我视频聊天（"我要见你"），但当时我正忙着，没时间视频。也许他对自己说，出轨是我的错，因为我没有按照他的要求做。

但那不是我的错。错误只在那个出轨的人。如果一个人想出轨，他就会出轨，不管你和他视频聊天多少次，不管你和他上床多少次。

汤姆的出轨曝光后，我做了一件和以往不同的、至关重要的事情。在徒劳地折腾了两天，却只让自己更痛苦后，我切断了和他的联系。我意识到，继续和他交流并不是治愈之道。

我告诉他我们必须停止一切联系，但遭到了他的拒绝。我把我们的聊天记录从手机里导出，删掉了他的号码，在所有社交平台上屏蔽了他。我终于开始好转了。

一个月后，当我重新振作起来，得以思考这段关系时，我对一个朋友说，这仍然是一段很棒的关系，可能是我迄今为止最好的一段，尽管结尾是如此令我心碎。一段95%的好关系。

"但是他背叛了你！"她抗议道。

"那又怎样？那不会消除掉他其他的好。"我说。

她不是唯一这么说的人，当我说出这番95%的理论时，每个人都这么说。我想这些好朋友都很担心我要和汤姆复合，但我永远不会那样做，我现在有自尊了。

可是他的不忠并没有抹消之前的一切。如果只关注最后那不好的 5%，我就是在欺骗自己忘掉所有美好和正确的部分。这就像仅仅因为最后令人失望的 10 分钟而把一部电影斥为垃圾，哪怕其余的部分精彩绝伦。我选择回忆那些幸福慵懒的星期天：吃鸡肉三明治，看恐怖电影，在星光点点的布鲁日运河边散步，骑着单车经过一座座风车。

如果你有勇气正视美好的时光，你就不会身不由己地陷入爱瘾的牢笼。就像我的朋友珍说的："有人说'你的前任之所以成为前任是有原因的'，嗯，没错，但同样没错的是，你们会在一起也是有原因的，笨蛋。"

我重新学到的教训

当一个人不忠，错误只在他，与你和这段关系无关。

如果有人认为背叛前任不是自己的错，他也会认为背叛你没有错。"我出轨了，听我解释，这不是我的错"和"我出轨了，发誓绝不会有下次"之间有很大的不同。

痛苦的结局并不能抵消之前所有的美好。

不彻底切断联系，你就无法开始治愈自己。通过和前任交流来修复自己，就像通过喝酒来缓解宿醉一样，都是试图用伤害你的东西治愈你。放下它吧。

这让我意识到，不存在什么失败的关系

我意识到社会的观念都错了。如果一段关系没有以交换戒指、放飞鸽子或手绘婚宴座位卡的方式结束，并不意味着它是失败的，并不意味着它不是爱，并不意味着它没有带来快乐，并不意味着它没有带给你任何帮助。

作为这本书的读者，你们可能刚刚痛苦地从一段关系中挣脱出来。社会可能会宽慰地拍拍你，仿佛这是一次失败，因为关系已经结束了，但我想要告诉你，那不是真的。

"结婚是一辈子的事"，这种理念会成为社会规范，是因为当时如果能活到 40 岁，我们就算是很幸运了。结婚对象只能在村里仅有的六个人中间选，而不像现在，社交软件上有几百万人。结婚是必须的，而考虑到我们不会活得很久，很早结婚并一辈子不离婚其实没什么难的。

现在我们的寿命至少增加了 40 年，也许"终身伴侣"就像"终身工作"一样不适用了，谁知道呢？也许，寻找"当下的伴侣"更为现实一些？

我不知道你是怎么想的，但我在过去的 10 年……在过去的 5 年，甚至 1 年里改变了很多。我 17 岁的时候非常自信，天真得难以置信，计划在 25 岁之前结婚。"我要在 25 岁结婚，28 岁生第一个孩子，30 岁生第二个。"废话，废话，废话。

25岁的时候，我的恋情建立在共同爱好之上。我们都有自毁倾向，喜欢吃烤肉串、抽卷烟，所以如果我嫁给了他，我可能已经做了好几次器官移植手术了。

现在，我们一生之中有很多长期伴侣，不可避免的是其中大部分都会离开。一段又一段的关系取代了永久的关系，天长地久的恋情已经很少了。

同样，离婚也不等于失败，如果有人认为离婚等于失败，那就干脆别理他。你生下了几个漂亮的孩子吗？或是11年的婚姻里有8年过得挺好？那么，即使离了婚，你还是一个赢家。

想想看，我们不会因为搬家、换工位，或者只是不再一起出去玩就轻易给一段友情贴上"失败"的标签。我们不会认为友情如果不以"友谊戒指"结束，就是在浪费时间。

是时候再次审视那些已经结束的关系了，它们是你人生中一段段引人入胜的篇章，而非彼此毫不相干的一本本书。有些章节可能比其他的长一些，有些可能轻松而浅薄，有些相对黑暗，充满了狂风暴雨，有些可能撩人而充满情欲，有些则是靠可乐、电影以及夜生活支撑，但它们都是迷人的，每一段对我们的成长不可或缺。

我有过六段长期关系（如果把超过一年的恋情称为"长期"），它们把我从一个口齿不清的低能儿、一个瓷器店里莽撞如公牛的蠢人，变成了此刻的样子：一个姿态优雅的业余选手。依然在学习，永远在学习。

现在，我永远不会与专业选手比对成绩。比较是灵魂的杀手。只要我在进步、在每一段关系中都变得更好，我就是快乐的。在我最近的几段关系中，很少有争吵，没有窥探，结束时也是友好的，没有什么骂人的话，这些对我来说就是个人最优表现了，我为之骄傲。你的个人最优表现是什么呢？你取得了什么进步？

每一段关系都教会了我一些不可或缺的教训，我把它们写在了下面。我打赌，如果你对你所经历的关系有过认真乃至艰难的思考，你也会得到同样的教训。让我们从汤姆开始吧，他是我最近一位认真交往的男友，之后再向前追溯。

汤姆

谈感情无须争吵。

汤姆和我在一起时有过两次不和，两次都是我从未有过的温和辩论。从远处看，任谁都只会以为我俩正在讨论对方有没有喂猫，或者是 KP 薯片与怪物蒙克薯片哪个更好吃。

我们有过观点上的冲突，当然有过，但是那些冲突并没有升级，因为我们都完全愿意求同存异。过去我一直认为和谐就是单调，但它不是。在这一点上观念相投，真的很好。

这对我来说是一场大彻大悟：一段关系并不一定包括深夜的恶语相向、一决雌雄。

危机会迸发创造力。

没有什么比灾难更能激发创造力了。我把汤姆不忠带来的痛苦化为火箭燃料，分手对我事业的助推力犹如宇宙大爆炸。

安全感被一把剥夺，像是在我肚子里点了一团火，朝我的屁股狠狠踢了一脚，加快了我事业发展的步伐。心碎是一种能量来源,你可以利用它去做你曾认为不可能的事情。

拉尔夫

别和把地板当垃圾站的人约会。

第一次去拉尔夫母亲家,看到他的卧室时,我发誓我的眼球都快跳出来了,下巴直接掉到地板上,发出一声闷响,像一个卡通人物。他好像从小到大什么都没扔过。

事实上,他就是如此。我曾经因为无法忍受而清理房间,在并没有询问他地上的东西是垃圾还是珍宝的情况下,扔掉了四袋"绝对垃圾"。

我们搬到一起住时,我以为可以训练他、改造他,但是并没有成功。如果一个人的脏乱程度达到了可以参加"世界脏乱大赛"的水平,那么他永远不会改变。他足以代表他的国家出战。他对此太过擅长,永远不会失败。

我会在我们公寓的地板上找到空的食品包装袋和收据。他声称它们是从口袋里掉出来的,但是,嗯,这种事一次又一次的发生让我怀疑他的说法。事实上,他会把垃圾扔在地上让我去捡。

一定程度的整洁和分担家务对我来说是必需的。

对狗和乡村的热爱是必需的。

对一些女性来说,让她们心动的是高级餐厅的晚餐;对我来说,则是带着可爱的小猎犬去乡村酒吧。在这一点上,我俩志趣相投。

赛伯

向伴侣借钱不是什么好主意。

我以前每个月都要向塞伯大献殷勤,"敲"他一笔,而且每一次都会成功。我总是把所有的可支配收入花在购买长相思白葡萄酒、薄荷香烟、炸鸡和在凌晨两点叫出租车上了,以至于工资永远不够。而他总是伸出援手。

但这让我们的关系开始变得紧张起来。我本以为他会一直借钱给我,我太贪心了。我现在再也不会把关系和债务混在一起。如果我需要金钱,父母总是会支持我。

我喜欢书呆子。

我一直以为我喜欢的是那种爱玩滑板的人,或者是留着波浪卷、棱角分明的冲浪者,但实际上,真正让我兴奋的是知识、智慧,甚至是书生气。

赛伯和我躺在床上时,由于失眠(源头是酗酒和不断加重的焦虑),我会说:"告诉我一些关于外太空、摄影、进化,以及你正在读的道金斯著作的无聊事情。"然后他会向我详细介绍我们的星系,讲述太阳是如何成为两千亿颗恒星中的一颗。我会装出一副傻样子,但其实我很兴奋。

他温柔的话语可以带我滑入黑色的睡眠海洋,让我静下来,乘风向月。

有些人一生只有一个伴侣,但大多数人不会这样——我们的每一个爱人都是极其重要且独特的。

——丽贝卡·特雷斯特,《单身女性的时代》

我和一个"狗哨政客"的约会

"在我看来你很美"

2016年11月

我和罗伯在一起两个月了,我们通过约会软件建立了关系,就是那种开始只是加个好友,然后立即变成了情侣的关系。罗伯和我有关于未来的规划:我们要住在一个非常酷的、由船运集装箱改造的房屋里,乡村质朴风格的木质家具由他亲手打造。我们要组成一个大家庭,而我们都是在家工作的自由职业者(不确定我们要把孩子养在哪里,毕竟我们只有一个集装箱,但你知道,这只是细节问题)。我不确定要不要生那么多孩子,但是他说服了我,同意分担一半的养育工作。

终于我开始意识到,罗伯完全是在打压我,把我压得死死的。有一次我穿了一件外套,他命令道:"把它脱掉。它只适合遛狗的时候穿,吃晚餐不合适。"还有一次,我们在自然历史博物馆的咖啡厅中相对而坐,他说:"有没有人跟你说过,你很美?"我噎住了,不知如何作答。嗯……当然,坦白地说,当然有人说过,但是如果我说"有",听起来可有些自大,所以我只是说了一句"谢谢"。然后他又追了一句:"嗯,不管怎样,在我看来你很美。"这感觉……很诡异。

今天,他决定把以前约会的一个对象介绍给我听,那个他口中"我见过的最漂亮的女孩"。我从没问过她长什么样,或者关于她的任何事情。当我说我不太想知道这些的时候,他说:"但是在我看来你也很漂亮,而且你内心比她美多了。"

然后他跟我说,他根本不相信人会有喷涌而出的创意,除非嗑了药。(他当然知道并且相当了解,我从事创意类工作。他也知道我不嗑药、不喝酒。)

啊,我知道这是怎么回事了,我在沐浴的时候恍然大悟,真相像水滴一样坠落在我身上。我在跟一个"狗哨政客"约会。什么是"狗哨政客"?让我来告诉你。我是在《纽约客》上学到这个词的。

政客们往往会给出看似简单易懂、没有冒犯性、没有恶意的信息,却使用一种"编码语言"——有些人会注意到其中的不对劲,而不认真倾听的人就会忽视。就好像吹狗哨一样,并不是所有人都能听到,但其中的某些内容确实存在。就是那种感觉。

我觉得他是一个悄悄压榨别人自尊的榨汁机,但我能举出的例子都是无所谓的小事,就像弄不好是我搞错了一样,好像是我在找事儿,而他说:"谁?我?"仿佛我是一个反应过度的傻瓜。

你可能也跟这样的人约会过。他们一开始会说:"你是最棒的、最好的人,你百里挑一。"但过了一段时间,他们就开始反手一击。有些话听起来像是赞美,但会让你觉得有点受伤。一个看似出于好意打来的球,力道却有点太大了,瞄准的是你的脸,而不是你的胸口。

这一次，我没有继续和他约会。这一次，我相信了自己的直觉，草草结束了会面，并在那天晚些时候结束了我们的关系。除了如释重负，我什么也没感觉到。

这些日子里，我的直觉通常是正确的。现在我不喝酒了，我更善于思考了。孩童往往有种第六感，能一眼判断人的性格，现在我也更善于倾听这种第六感了。

用直觉判断一个人是好是坏似乎很神秘，但这其实是科学，基于我们对成千上万种细微肢体语言和语调的观察。

我重新学到的教训
点光火石、一触即发的恋情并不好。

和罗伯规划未来是疯狂的。我认识他的时间还没有认识橱柜里一盒饼干的时间长，更别提那些我买了好几年的罐头了。但点燃了激情的火药桶时，我忘了这一点。我只认为我们是命中注定的。

这种火药桶关系很快就会爆发！它会燃成火焰，迅速殆尽，很快就会化为灰烬。一分钟前你还感到温暖舒适，下一秒你就陷入了冰冷的黑暗。

如果你和一个人在一起时，他逐渐让你感到渺小，他的赞扬如芒在背，他让你怀疑自己，那你就要尽快走人。别犹豫，因为随着时间的推移，危险系数会逐渐提高。

他通过践踏你，让自己感觉更强大。我不知道你怎么想，我是再也不想被人踩在脚下了。

那个我一心想要"赢得"的人

我有过一次"顿悟时刻":朋友霍莉跟我说,"我不是真想和他在一起,我只是想要赢得他"。

我当时的感觉是:"就是这样!这就是我做的事啊!我把约会当成了竞争激烈的竞技运动。"

我真的真的非常喜欢"赢"这件事。我来自一个超级热爱竞争的家庭。4岁时我就被教会了玩牌,我迷上了去争个输赢。输了的话我会装出一副不在乎的样子,但事实上,我讨厌输。

我想要赢。

男性和女性都习惯去"赢得"伴侣,但我想说,女性尤其处于这种巨大的压力中——想要赢得一枚戒指。"我甚至不觉得我想跟瑞克住在一起,"艾米·舒默在《后背下方有文身的女孩》一书中写道,"但是我希望他想和我住在一起。做女人就是这么'有趣'。"

当我们跟朋友说起新恋情的进展时,会列出我们打下"胜仗"。嗯,他想和我认真谈恋爱,他邀请我去见家人。呀,好信号!朋友会这么说。叮叮叮,真了不起!我做的全是这些。我在上半局最优成绩排名上找自己的名字。

我们总盯着奖杯,盯着终点线,沉浸在比赛里,却没有真正思考过,我们是否真的想打下半局,更别提打完拿到奖杯了。

这里分享一个小故事。

我试图把一个人关在玻璃罩里

2017 年 3 月

一番欢爱后,若泽和我的身体缠绕在一起。我们已经约会了八次。八次精彩有趣的约会,每一次他都能让我开心到笑出眼泪。(他会模仿一个有点做作、妖娆的萨尔萨舞老师,还会模仿那些在看电影时不断问无聊问题的傻观众:"那是谁?哦天呢,为什么她要进去?演到哪儿了?他一直盯着的那个橱柜里有什么呀?")

我们第一次发生关系的时候,我点了许多蜡烛。"感觉你要把我献祭。"他说。我们沿着战舰灰色的泰晤士河散了好长时间的步,我们一起去杂货店买日用品,一起做饭,我们在一天内平均给对方发 500 条消息。

第二个月,他要外出旅行,为期 6 个月。我一开始就知道这件事,他甚至将其写在了约会软件上的个人资料里。我想寻找一段长期关系,但在软件速配对象里,我选择的是一个打算离开这个国家的人。我选择了对发展稳定关系意愿最低的人。

"所以,你旅行的时候打算做什么呢?"我试探地问,他正在亲吻我后背上的雀斑。"嗯,你能过来看我吗?"他带着睡意含糊地说。

5 分钟后,我成功地说服了他,每个月都飞过去看他。胜利,我又赢得了一分。我盯着篮筐,投中,得分。

"所以,我们现在是认真谈恋爱吧?你不会趁机去跟别的女孩鬼混吧？"

他不安地扭动着身体。我是童话故事里拿着玻璃罩的巨人，而他是我想要困住的甲虫。

"我们就不能顺其自然，看看接下来会发生什么吗？"他问，"我不想和任何人鬼混，我也没有这样做，但我是那种自由开放的人。我真的很喜欢你，想再见到你，这是肯定的，但我不知道两三个月后对你会是什么感觉。"

什么?! 这对我来说可不够好。没门，若泽！他怎么敢不知道？他现在了解我了，他应该了解。我躺在那里，愤怒正在酝酿，像炉子上一口冒着蒸汽的锅，锅盖边缘不时咝咝作响。最后，我离开了，在早上6点。

我给他发短信说，我们应该暂停联系一段时间。他说，好吧，他觉得我们的谈话有些剑拔弩张，破坏了轻松嬉戏的氛围和调侃的乐趣。我们有一搭没一搭、三心二意地发了几个星期的短信，试图找个时间见面，但总是找不到。他去滑雪旅行，开始直接忽视我。

一周后，他又出现了，好像什么都没发生过一样——"嘿，小可爱，最近怎么样？还在生我的气吗？"（我听说20多岁的年轻人管这种"若无其事地重新联系你"叫"潜水"。）我似乎听到了一阵短暂的嗡嗡声——我终于把他关在玻璃罩里了（我赢得了可以对他置之不理的主动权，因为先发消息的是他），然后我选择无视他。我们不会再以情侣的身份见面了。（我们现在是朋友。）

两周后，想要争输赢的热情消失了，我惊讶地意识到，我甚至不知道我是否真的想要我努力争取的东西。我真的想和一个要在国外待上6个月的男人发展认真的恋爱关系吗？不。我真的想每个月追寻他的行踪，飞过去看他吗？不。那绝对会是一场超级可怕的噩梦。

他的建议明智吗？"活在当下，顺其自然，因为我们才认识了这么短的时间……6周？"是的。

实际上，我现在还会用他这套"活在当下"的哲学审视所有刚刚确立的关系。我不想猜测未来，只想活在当下，充实地过好每一天。若泽无意中成了我的约会导师。

做得对，若泽。

正念的关键就是活在当下，观看此时此刻此情此景，而不是飘到未来，用可能发生的事情吓自己。这有助于我保持清醒。

我仍然有想赢和收集战利品的冲动："到我的玻璃罩下面来！别乱动！不许你飞走！"但现在我问自己，向灵魂深处发问，我是否愿意和他们一起待在玻璃罩下。我愿意吗？我准备好了吗？或者我只是想要把他们当作战利品，以此获得满足感？难道我只打算以胜利者的姿态和眼光打量他们吗？

一旦剥开自我和骄傲的层层迷惑，深入挖掘真相，我通常会有一些惊人的发现。大多数时候，上述问题的答案是否定的。我想要他们，但只限于此刻。我可能准备好了不再和别人乱搞，但还没有准备好发展认真的恋爱关系；我可能准备好了认真谈恋爱，但还没准备好搬到一起住。通常情况下，为了"赢"，我都在努力争取超出自己实际需求的承诺。

我重新学到的教训

不要再举着玻璃罩在别人身边转来转去,冷静一下。

当时看来很重要的事情,通常两周后就可以一笑了之了。如果你感到不确定,那就什么也别做。我拍脑门做出的恋爱决定就像速溶咖啡一样没价值。现在,我允许自己慢慢做决定。

和一个我并不想与之结婚的人结婚

影片开场:我准备和一个只见过两次面的男人去度假,而且不觉得这有什么奇怪。我认为这很浪漫、热烈又自然。及时行乐!人只能活一次!我是"度假约会"新兴潮流中的一员——我在杂志上读到了介绍这一热潮的文章。

先跟你交代一些背景。10年前,我在阿姆斯特丹遇见了这个男人,和他一起度过了48小时,当时我们基本上都是醉醺醺的状态。多年之后,我又在伦敦见到了他,有一次面对面的交流,但午夜之后的任何事我都记不起来了。

在那之后我们保持联系,交流之中夹杂着一种"假如……会怎样"的好奇。几周之前我们夜里11点在脸书上发消息决定(因为那是最容易做出明智决定的方式),既然目前都是单身,而且"对彼此好奇",他会从旧金山飞到爱尔兰来看我,然后我们一起自驾游。

当我告诉朋友和家人这件事时,他们看起来都有些吃惊,除了我妈,因为她是一个无药可救的爱瘾者。

这太浪漫了。

2017年11月
这太蠢了。

站在机场里，或者更准确地说，在机场里原地绕着圈以缓解紧张时，我发现我几乎已经在地毯上磨出了圆圈图案，因为我对这个人实在知之甚少。关于他，我一共只有两天半的接触和了解，而其中大部分时间我都处于喝醉的状态。现在，我即将和他一起度过整整一周。

他咧着嘴从门口走过来了，比我记忆中更高、更帅。哇哦！他看起来很正常，他应该不会带着一行李箱的刀把我大卸八块。好的，让我们度假吧。

不到两个小时，我们就已经像一对关系稳定的情侣一样，手牵着手沿着陡峭的悬崖走了很长一段路，从库申多尔海滩走到了中世纪建立的、摇摇晃晃的雷得教堂，那里翻倒的墓碑像沉船的桅杆一样从草丛中立起，你可以想象女巫崇拜者在月光下裸体跳舞的场景。

那天晚上，我们跟一对新婚夫妻聊了起来。我这位（瞬间成为的）男友说，他从没结过婚，但是看啊，他现在遇见了我。每个人都转过头看向我，面带微笑。一半的我非常开心并享受其中（爱瘾发作），但另一半的我却在想，这太怪了（理智占领了高地）。

我们住在一个干练、有趣又聪明的女人开设的家庭旅馆里，她叫安，就像我的"第二个妈妈"。那天晚上她一见面就说："他真棒！有活力！显然被你迷住了。"最后却做了一个鬼脸："他有点儿过了，是不是？我是指，他现在就说自己已经爱上你了？

不过，看到这个高大又魅力超凡的美国人似乎已经想要跟我结婚，我还是挺高兴的。他刚好还是一个百万富翁，从此家里再也不会有人讽刺我"可以在任何地方一秒钟嗅出那个最穷的男人"了。

我坚持各付各的账单，事实上我最后付得更多，因为我希望他知道，我对他的金钱不感兴趣，虽然这当然不是真的，我还要坦白，我对于以后都不用再考虑养老金这类支出如释重负。

我对于他可能会在情感上给予我的东西更感兴趣，那是一份放在银盘里的终身承诺。"我爱你的头脑，"那天晚些时候他说，当时我们依偎在一起，"而这就足以让我一直被你吸引，80岁坐在公园长椅上时依然如此。"

在接下来的三天里，他不断谈论着我们的未来。他要带我去路易斯安那州吃他吃过的最美味的鸡翅，我们要报名情侣按摩课程，他要教我滑雪。

听到这些话时，怀疑在悄然滋生。"你跟朋友们说过来和我旅行的事吗？"我问，"他们会不会认为这有点奇怪？我的朋友都认为我是个神经病。"

他笑了："哦，我刚刚告诉他们，你想要把你爸爸的骨灰撒遍爱尔兰……而我正过来帮你实现梦想。"哈？他真的认为自己是在一辆租来的车里抛撒骨灰的骑士？

我们路过了一对面带微笑的可爱情侣，一起唱着"我们都有伴呀都是令人羡慕的一对"，彼此打了招呼。"那个男的可以找个比这好太多的。"我们一走过那对情侣，他就窃笑道。"你总是根据外表来评判他人吗？"我半开玩笑地问。"嗯，是啊，你不是吗？"他答道，非常认真。

他告诉我有一次他参加了一场游艇派对，然后意识到自己是全场最好看的人，光彩照人，而他的女朋友却是最不光鲜亮丽的。显然，在他意识到这一点的时候，那段关系就走到了尽头。我真的是完全不知道该做什么回应。我的嘴巴张了一下，又闭上了，忍住了找隐藏摄像头的冲动，因为我觉得自己就像在参加一场"恶整"真人秀。

我不得不请他不要再抱怨下雨："这里是爱尔兰，就是会下雨，适应它吧。"我告诉他，爱尔兰人把雨量分了 11 个等级，从"唾沫星"、"大雨"，到"倾盆"，最后是世界末日般的"重如锤击"。而现在的情形只是"唾沫星"。

实际上，我开始明显地感到不喜欢他了，但是我在与这个念头斗争，因为他给出了一份承诺。一个想结婚的男人，从旧金山来到我面前，来拯救我。

在他告诉我，他青少年时期不得不学习"如何与他人共情"，因为他完全不理解什么是同情和怜悯后，我开始怀疑他可能具有反社会人格。但是我对这份质疑保持了沉默，因为我想搬去旧金山，获得令人天旋地转的旷世绝恋。我会在优胜美地的半圆顶山上举办婚礼，然后在双峰镇看彩蝶，每天去健身房"远足"（在英国，我们只是散步，这太乏味了）。

我开始害怕他可能是个花花公子，因为有两次我从洗手间回来，都发现他正在向漂亮女人递名片（也许是为了工作，但我没见过他向任何男人递名片）。但是我压制了这些恐惧，因为我希望他履行承诺——每年和我在他巴黎的豪宅里住 6 个月。

他直接跟我讨论，我们会在什么时候结婚，当时我们正在瀑布底下的乡间小屋里吃午饭。我的脸涨红了,他直接击中了我内心深处古老而隐秘的一份渴望,或者根本也不算隐秘,这让我感觉被一眼看穿,也同样令我非常不舒服。发展得太快了。(这对我来说是新鲜事,2013年的我可能都会因此开始制作婚礼请帖了。)

旅行已经三天,他对于北爱尔兰的每一处奇迹美景都无动于衷(黑暗树篱、巨人堤道、格莱纳里夫瀑布公园、格伦威城堡),我宁可把头砍掉,也不想再跟他待在一起了。我会突然打断他、翻白眼、皱鼻子、打哈欠,在他第一万亿次跟我说他在哈佛上学的事情时。

我建议我们晚上分开,"独处一会儿"。我出门跑步,希望梳理和反省一下我斗争的情绪——抓住或放手,承诺或放弃,渴望或排斥,脑袋里像是一锅难以调和的油和水,沸腾、旋转。与此同时,他跑去了酒吧,显然是对"独处"很不开心。他给前女友打电话,然后决定复合。

第二天,他跟我说了复合的事,那是在午饭后,我从洗手间回来,正想着他是不是又给什么女人递了名片。他跟我说,在飞来爱尔兰前的那周,他就是跟这位前女友一起度过的。我想,我更为她悲哀,而不是为我自己。她以为他要去爱尔兰开始一场哀伤的抛撒骨灰的旅程,而不是不停亲亲抱抱的鬼混。

他的话给了我毁灭性的打击。情侣按摩课怎么办?远足呢?现在谁来教我滑雪?

"也许,现在只是时机不对。"他说,"也许我们可以以后再试试。"

我新近建立的自尊心跳了出来，不停跺脚。"呃，不，"我说，"不可能了。"

他努力说服我继续旅途，下一站是都柏林。我断然拒绝了。"你路上还可以改变主意。"他说，用一种宽宏大量的语气。"我不会的。"我立刻说道。

在我们分开前最后四小时的车程里，他显然没有被之前发生的一切影响，这使得这趟仅有四天的临时情侣旅行结束前的气氛十分诡异。他高声唱着小调，就好像正站在舞台上，而我觉得旁边坐了个恐怖的歌剧魅影。我现在确信，他就是有反社会人格，无法感觉到人类的正常情绪。我迫不及待地下了车。

在接下来的那段日子里，我从余震中慢慢被治愈。那是在帮"第二位妈妈"安张罗烧烤的时候，我坐在拉斯林岛上的岩石上一群晒太阳的海豹旁边。那些海豹起初瞥了我几眼，一旦确认我的威胁性可能只像一片海藻一样大后，就开始打它们的盹儿了。我用力清洁浴室，一间又一间。我坐在篝火旁边，听住店的攀岩者讲述他们视死如归的故事。

我和安以及她可爱的家人一起，紧挨着温暖的雅加炉，依偎着她家的牧羊犬，感觉自己就是他们中的一分子，尽管严格来说我并不是。这就是一种被爱的感觉：轻柔、缓慢，感到被接纳。没有不安、全然不顾对方感受以及被挑中的感觉——还有随后不可避免的被抛弃感，犹如龙卷风过境。

为什么会发生这样的事？我在网上搜索，想要找出答案。我发现了一种极大的可能性——我遇到了一个堪称教科书经典案例的自恋者。这类人的标志是：有着像炸弹一样轰然而至的爱、突然的转变，会俯视你、贬低你。这些文章中并没有提到高声唱歌的事，但我觉得它也是一个经典标志。

我想要弄清的问题是：为什么我会想和一个我其实并不想与之结婚的人结婚？这是怎么回事？他让我受不了，为什么我会想跟一个让我受不了的人共度余生？和一个我甚至都不想做朋友的人度过一生？

恭喜你！你赢得了一个你受不了的人，奖品是他会一直在你耳边说爱尔兰"令人失望"，对酒吧里丰盛的食物不屑一顾，脾气暴躁地在点评网站上寻找米其林星级餐厅，每天告诉你五次他公司的年营业额——这一切，你都将享用50年。

想嫁给他，就像想成为一家公司的主管——你不认同公司的使命宣言，不喜欢公司的员工、咖啡、大楼、考勤规则，或其他任何该死的东西，却决定一辈子留下来工作。

我现在意识到，人们——包括我，一直都在这样做，和我们不想与之结婚的人结婚。或是明明不想和任何人结婚，却相信自己"想要结婚"。

最近，我和三位适婚的单身女性围坐在生日餐桌旁，她们都快40岁了，都非常成功。我们聊到赛迪最近加入了苏活之家和格劳乔俱乐部。"那里面全是适婚男人，"伊莎贝拉说着，高兴地搓着手，"我们打算去那儿狩猎。"这个说法让我开始想象她们化着部落妆，挥舞着长矛，踮着脚尖悄无声息地走过俱乐部的长毛绒地毯。

我主动提议："难道我们就不能专注于幸福生活，好好过日子，而不是去寻找丈夫吗？"

"不!"伊莎贝拉说,"我一直很幸福,生活充实,但现在我想结婚了。"

我明白,我也曾这样想过,所以才有了这本书。我有时还会这么想,但这太疯狂了。我们坐在那里,一位对冲基金经理、一位时尚买手、一位作家和一位电视节目主持人,谈论着如何寻找丈夫。你能想象同等地位的一群男人谈论"猎妻"吗?不能。

我重新学到的教训

一触即发的恋情并不好。

好吧,是的,我意识到在前面的几十页里,我已经反复学到这一点了。我知道,我知道,别说了……我们换个话题好吗?

为了结婚而结婚是疯狂的。

我们想结婚当然是因为我们遇到了一个人,生活中再也不能没有他;是因为我们有了一段永远不想终结的感情,诸如此类。但是,我们其实在遇到对的人之前就想结婚了。

这很奇怪,毫无逻辑。所以,就个人而言,我决定尽我所能不让这种事发生。

我觉得自己是这个世界上最孤单的人

2018 年 1 月

第一天

当我们开车去往入住的酒店时,我握着妈妈的手,与一路小跑、执行任务的狗狗擦肩而过。

为什么外国狗这么聪明、这么认路,而英国狗却那么笨,一有机会就蹿到马路上?英国狗绝对无法在野外生存,与这里的狗相比,它们的户外生存技能只有憨豆先生的水平,而这些狗则是狗中的"贝爷"。

我很高兴做了这个决定,我本可以去巴厘岛见前男友,和他以及他的伴侣胡闹一周,但我选择和妈妈一起去安提瓜。这才是我真正需要的放松和休闲。假期里,我和妈妈将一起享受日光浴、一起吃饭、读书、幻想——我去巴厘岛也是做同样的事,而且,我全心全意地爱她。这么说来,和她在一起比找位帅哥棒多了。

第二天

我来到这里 24 小时了,逐渐开始泄气。唉,我确定,在一家主打情侣度假服务的酒店中,你每时每刻都会意识到自己是单身。

我已经不得不纠正了三个人:"哦,不,我不是和我丈夫一起来的。""为什么?"他们惊讶地问,就好像是我把他忘在了家里，应该立刻拔腿飞奔，去把他找来一样。"因为我没有结婚。"一片寂静，他们连忙搜肠刮肚，找些别的什么话来说。

我径直走向海滩，欣赏落日。太阳似乎对它的美丽有些害羞，藏在了一大片静止的薰衣草色云朵后面，那些云看上去简直像一座座空中城池。一只海豚在海湾上跃出弧线，一只螃蟹飞快地奔走，宛如在逃的商店扒手，一只猫鼬正从草地上的一个藏身处逃到另一个藏身处。

一对对夫妻或情侣走向沙滩，径直经过我。我望向他们，此情此景、此时此刻，要是有人能够与我分享就好了。

第三天

今天的大海颇为粗暴，像是一万匹白色的野马呼啸着向我们奔来。游客们一边尖叫一边赶紧抓好财物，以免"赏金猎人"把它们劫走。

我的思绪如海浪一般嘈杂纷乱。人们不停地问我为什么单身，为什么如此寂寞，我的丈夫到底身在何方。我越发感到生气，太扯淡了。

公允地说，这些关心大多来自当地的男人，那些想要跟我搭讪的男人，但此刻我正在构思该如何挑衅地回击，比如"我只是一个人，但不孤独，这两者是不同的"，或者"我的丈夫在哪儿，你的妻子就在哪儿"。

置身这片充斥着出双入对者的海洋，我对于自己的单身状态愤愤不平。甚至祖母绿和紫水晶色的斑鸠，也在成对地、神经质地跳来跳去。

但是，这只是我脑海中的活动。我并不是一个人，我和妈妈在一起，她和我是一起来的。理性上，我知道这一点，但是，我疯狂的潜意识正在模仿醉酒的布里吉特·琼斯，唱着"一切都靠我自己"。

第四天

我和妈妈对晒太阳地点的选择，充分明确地彰显了我们是外向还是内向的人。不管在哪个岛上，她总会勇敢地与每一个人交谈。

她选择在最繁忙的街道上安营扎寨，在每个人一日三餐都会经过的游泳池旁晒太阳。瓮中捉鳖，她就是这样。而我则径直穿过海滩，越过打排球的人，再走过售卖扎染钩织比基尼的小屋，把自己安顿在灌木丛后面。我简直是在头上戴了一片树荫，就像丛林里的观鸟者。

那天晚上，我们遇到了一对60多岁的可爱夫妇，他们有着一口典型的美国人的牙齿，闪闪发光、完美无缺，让我们英国人惊叹不已。他们是怎么做到的？

他们没有立即询问我的婚姻状况，就像查户口本一样（姓名？婚姻状况？）。后来我问妈妈："我上厕所的时候，他们有没有问起我的感情生活？"她说没有。

感谢来自威斯康星州的格里和苏西，他们让我重新相信，恋爱状况并不是我身上最令人感兴趣的东西。

第五天

早上醒来，我仍然在梦中停留，分辨不出什么是真的、什么是假的。我梦到我成了一个人生十全十美的人。我们可能都做过这样的梦。一开始，一切都是公平竞争，但有些人在合适的年龄得到了一切。年近三十，他们得到了那份重要的工作，办了一场梦想中的婚礼，有了两个漂亮的孩子，儿女双全。

我一觉醒来，思绪都在梦中纠缠，而且立刻感到了孤独。我感到悲伤，仿佛被别人抛在了身后。清晨绝对不是什么属于理智的时间。

我的朋友，一位心理治疗师曾经告诉我，刚睡醒的这段时间是最适合将积极想法形象化的时候，因为这时意识和潜意识之间的通道最为敞开。

准备做电视直播，或者其他让我害怕的事情时，我就会利用这种介于梦境和现实之间的状态。这似乎很有效，尽管我在开拍前往往会有一种强烈的冲动：跑向大门，永不回头。我会深吸一口气，然后走进拍摄现场。

我必须好好质疑自己在这种半梦半醒状态中的孤独——相信我不可能像梦中那样拥有一切，因为我不如梦中的我。我不想让这种肤浅的想法渗入我的潜意识，何况，我真的想要一切吗？

我问我自己：这种想法从何而来？毫无疑问，这是因为我被一群90%有伴侣的人包围着。但我以前也和男朋友一起度过假，我知道尽管我们看上去很亲热，但他也不是对的人，这只是一段暂时的关系。

我是把所有事情都看得太肤浅了吗？所有这些夫妻情侣看起来都很幸福吗？看他们的时候，我还在和一只银绿相间的鸟雀交谈，它正试图啜饮我的橙汁。大约一半的夫妻情侣看起来很开心。

我的单身是必然，还是我选择了单身？虽然经常忘记这一点，但事实是，是我结束了最近的一场三角恋。

厘清了怨天尤人的混乱思绪后，我感觉好多了。我不是受害者，我是选择了单身。

我潜入水底的七彩光线中，感觉自己的"匮乏"都被冲走了。当我划破水面时，理智回归了。

我敢肯定，"拥有一切"的女人审视我的生活时，也会希望自己能拥有它，比如去另一个国家生活，仅仅因为想要这样；比如愿意的话可以睡到早上9点；比如没有锅炉坏掉、地下室被淹，或者任何与房子有关的现实压力。

我所没有的，是婴儿粉嫩的拥抱，是可以装修装饰的房屋，是生活伴侣给予的安全感，而她所没有的是自由和无须背负责任的轻松。每种生活方式都各有优缺点。

第六天

大海看起来好像是被从里面照亮的，好像有一千个鸭蛋蓝色的灯泡排列在海底。涨潮了，充满希望的海浪一次又一次地朝着海滩拍打、蔓延，试图穿过波浪般起伏的沙子抓住草地。然后它们又被拉回来，被月亮的引力打败。但它们还会再次袭来，带着更大的决心和力量。

我钦佩海浪孜孜不倦的努力。忽然间我被击中了心灵，潮汐到来的方式和人完成事情的方式是一样的，无论是戒酒、攻读学位、建造小屋，还是训练大脑在单身状态中感受快乐。

第七天

我看见一个女人在吃午饭，身边没有伴侣。哦！我问自己怎么看待她。我会认为她是悲伤、沮丧、不受欢迎的吗？我想人们一定是这样看待我的。但并非如此。她看起来快乐、平静、独立。

然后，一个男人走到她身后，亲吻了她的额头。当然，我阴郁地笑了。

我在餐厅里转来转去，注意到并没有人在评判我。我意识到，想象有人盯着我看，或者认为有人对我和妈妈一起度假有看法，都是自恋的表现。

我回想起了那些改变我看待世界方式的时刻。有人盯着你看的时候，你以为他们在往最坏处想吗？有一次，我游完泳后从桑拿房出来，一个女人坐在外面，一直盯着我看，简直把我从头到脚扫视了一遍。

"她看我是因为我头发湿了又没化妆，样子糟透了！"我想，"我太难看了，引得大家注目！"

然后她开口说："哇，看看你，光彩照人啊！我得在桑拿房里泡多久，才会变成这个样子？"

这次经历完美地展示了我们是如何做出没有事实依据的负面假设的。（正如谚语所说："猜想会让你我变成傻瓜。"）

很多时候，别人盯着你看，很可能是在想"我喜欢他的帽子""她的头发很好看"或者类似的事。你在公交车或地铁上盯着别人看时，想的是不是也是这种事？你会因为觉得他们过于糟糕难看而无法把眼睛移开吗？还是你觉得他们有什么吸引人的地方，无论是姿态、衣服，还是说话时脸上的表情？我的例子说完了。

"也许他们是认为我们在一起了,想要弄明白我们是不是一对,这就是他们多管闲事的原因,"妈妈说,"也许他们认为我们是一对女同性恋。如果是这样,说明我保养得当啊。我一定会发大财的。"

现在,每当我开始胡思乱想:"他们认为我是单身狗!"我都会对自己说:"哦,你这个自恋鬼!是的,你今天看起来很不错。现在请走开,别再来烦我了。"自恋是基本天性,我们每个人都自恋,但这不意味着要相信餐厅里的每个人都在盯着孑然一身的我们。他们不会这样。他们只是在考虑要不要也来一份我们桌上的圣代作为甜品。

意识到自己对别人来说没有想象的那么重要时,我如释重负。我意识到,没有人真的那么关心我的单身。

我重新学的教训

社会大众有时可能太爱关注人的感情状态了,但是没有我想象的那么严重。人们可能只是在看我的巧克力圣代,我却认为他们是在打量我。

过去的我赋予了自己的爱情生活太多的重要性,如果我能与过去的自己和解,那我也就能与更广大的世界和解。我们都是听着同样的童话故事,看着同样的电影,接受着同样的社会规训长大的。

单身或有伴,这两种生活方式都有各自的好处。得不到的总是最好的。我们都惦记着别人家的花园,渴望在人家的草坪上打滚。

我恨情人节

2018 年 2 月 14 日

我看到一对 25 岁左右、非常幸福的情侣，看上去被爱情滋润得容光焕发。他们正在自拍，我猜这是他们第一次相遇的地方。我想把他们推到马路上。

好吧，也许不是真的推到马路上，我可不是精神病患，但我的确想把他们推进他们前院花园中的植物观赏池里，让他们的水手风外套、黑框眼镜以及慵懒发型都湿透。

今天，我对爱神格外生气。为什么在我还是单身、还在追求和寻找爱情的时候，他们就已经置身爱河、形影不离了呢？嫉妒像童话里象征厄运的纺锤一样，一下子戳痛了我。

但是，我随即记起来了一些事情，让我没那么难受了。我曾经也是他们。我曾经也（和别人）是这样一对情侣。

我和两个交往了很久的男友同居过，我们都是那种容光焕发的情侣，会给第一份租房合同拍照，兴奋地拆开搬家的纸箱，翻滚到床上，关上门不再理会外面的世界，确定终于找到了对的人。

然而没有人能真正确定这一点，这就是问题所在。爱情的残酷、野蛮以及痛苦之处就在于，你永远不知道对方是否会永远属于你。这种"无法确知"的状态驱使人们陷入了最疯狂的境地，在汽车上安装跟踪设备、雇用私人侦探，或者越过一位困惑的秘书闯入对方的办公室，设想自己会发现另一半已经脱掉了裤子。"啊哈！我就知道是这样！"面对自己的不幸遭遇，却生出了得意的情绪。

如果我们放弃这种对"确定"的渴望，那就是帮了自己的大忙。难道今天、现在、此时此刻不够好吗？要过好此刻，因为这才是我们真正拥有的。我知道，这个难以忽视的事实可怕且让人讨厌，但是，如果要保持理智，就应该接受它。

我们应该接受，即使是为期一年的租房协议也不能保证一年的同居。结婚证可以作废，每10对夫妻中就有4对会离婚。即使宝宝是你们神奇的融合、你们基因出色的结晶，有你的鼻子和他的眼睛，你奇特的小脚趾和他的美人尖，也并不能保证什么。在爱的国度里，一切都可能被撤销更改。没有能确保你们会永远在一起的东西。

我又看向这对情侣，为他们感到难过。他们可能还不知道这番道理。他们还太小，有着不可动摇的天真、无尽的乐观，以及对青春的无限希望。这种安逸的自信可能会随着岁月的流逝而逐渐消失，可能会随着每一次争吵而滴水穿石般被消磨殆尽。

不过，我不希望事情这样。我希望他们能正确行事，维持并升华感情。我希望他们能永远在刷锅洗碗的琐事上达成一致，希望他们一生平静，不必经历一场场暴躁的汽车旅行，希望他们永远都有双方满意的性生活。

我是不是说服自己不再讨厌这对幸福的情侣了？似乎是这样。我默默地画了一颗心，把他们包围在里面，祝他们万事如意，然后继续我的生活。

那天晚些时候，我意识到了一件事。从来没有哪个情人节令我不失望，即使当时谈着恋爱，收到了心形、带玫瑰香味、闪闪发光的礼物。今天的一些事让我发现自己心里住着个12岁的孩子，情人节时，每当邮递员吹着口哨经过就会沮丧不已，或者当一张卡片出现在书包里，屏住呼吸翻开后却发现是妈妈优雅的字迹，"猜猜我是谁？"

为什么情人节如此令人失望？因为这就像一场彰显"谁最受欢迎"的走秀，大家都在炫耀自己高人一等。办公室里总有人会在这一天收到美得炫目的花朵，或者一大堆红得刺眼的气球，或者一枚坚硬又闪亮的蒂芙尼订婚戒指。

这总让我觉得另一半出了轨——不是针对当时的男友，也不是因为他给了我什么，而是因为这一天的浮夸和刻意。即使是幸福的情侣，也会像舞台上的演员一样，按照脚本排演一场夸张的情人节晚餐。我这么做过，每个人都这么做过。

我知道，今天的单身忧伤只揭开了一角，它以后还会卷土重来。

我重新学到的教训

情人节是一个令人沮丧的节日，哪怕你有人情人或伴侣。
脱单群体和我们之间并没有对立。

哈里王子和梅根结婚那天，我在一个派对上和四个已婚女人讨论着场婚礼，其中一个正在和丈夫分居。这位女士说："我坐在车里，用手机看了婚礼视频，听着他们互相说那些屁话，什么要永远相爱、永远尊敬对方。"

我很震惊,但在座所有的已婚妇女都会意地点头。她们甚至说:"我就知道,没错。"

这让我意识到我们并非来自两个不同的阵营,我们都一样,每个人都在挣扎着追求更多的东西,即使是已婚人士,即使是婚姻幸福的人。为什么?因为我们被不厌其烦地告知,爱情必须充满魔力、不可思议,像《甜心先生》里那样,"让对方完整"。

让我们为脱单群体加油鼓劲,而不是怨恨他们,因为我们来自同一个阵营。

13 件我终于不再做的事

尽管有这么多的"多莉时刻",我也取得了一些胜利。我终于戒掉了一些事情。

1. **在社交平台上观察他的前任**

这是疯狂的行为。除了疑神疑鬼和深感不安,它还能带来什么呢?我从来没有因此而感到安心。我总能发现她的一些优点,无论是她的睫毛、腰线,还是她的事业。

现在,如果我有了一丝这么做的冲动,我就会通过屏蔽她来保持理智。我会在两秒钟内忘记她的平台账号,视奸她的可能性也就被轻而易举地永久消除了。

2. **在聊天应用上盯着那个代表"某人刚看过你资料"的标志**

有人刚刚看了我的资料……但接着我就再也没有他们的音信了,因为他们是在三小时前看的!(没错,我还会查看他们是什么时候看我资料的。)

我很高兴,我终于把这个标志绑在火箭上送进了黑洞,因为它对我们的心理健康有害。

(实际上,我只是请教了千禧一代的朋友该怎么把消息提示功能关掉。)

3. 使用"留在架子上"*的表达

这句话应该永远被禁用,除非我们谈论的是腌牛肉、胡萝卜、猪肉豆子香肠,或其他任何人都不会买的糟糕罐装食品。

"over the hill"(走下坡路)也应该只用来形容方向,"washed up"(彻底完蛋)只用来形容洗盘子。

4. 不接受帮助

让我们面对现实吧,单身时会面对很多破事,比如我们必须做双倍的工作。

这包括在某个周末接待来访的家人。如果我有男友或丈夫,我们通常会分工完成准备工作,但考虑到我只有一个人,我就必须打扫公寓、洗被褥、铺床、购买所有餐食、做饭、洗碗,工作量太大了。然而,当家人主动提出帮忙切菜、清理房间、铺床时,我会带着倦意说:"不,不,你是我的客人。"就像一个殉道者。

而现在,我会说:"好的,谢谢你。"

5. 不停查看对方是否在线

为什么他们在线却不回我信息?我会胡思乱想,编出种种故事。很明显,如果他们在线却没有给我发消息,就意味着他们在给另一个女人发消息,但这只是一种精神错乱的臆想。

---

* 原文为"left on the shelf",有"无人问津""被剩下"之意。——译者注

6. 表示睡在哪儿都无所谓

单身的人往往会被幼稚化。我听过这样的故事：单身朋友被安排睡在情侣或夫妇永远不会被安排睡下的地方——赛车床、起居室的沙发，甚至是儿童床旁边的地板上。（从什么时候开始，孩子睡觉时的待遇超过了成年人？）单身人士和已婚夫妇一样需要隐私和成人床。如果旅馆里真的没有别的床位了，而我又困得不行，我会考虑订家庭旅馆。

就像卡莉·西奥尔蒂诺在文章《我是怎么变成朋友圈里最后一个单身人士的》中所说："见朋友通常意味着独自置身于一群情侣之中，他们要么把我当成雇来的招待（'给我们讲个约会软件上的可笑故事，小丑！'），要么把我当成问题儿童。"卡莉提到了和朋友们合租房子的经历："这套房子有三间卧室和一个折叠式沙发，然后我就不时被要求降级睡沙发，这样情侣们就可以有'隐私'了。对不起，单身人士就不需要隐私吗？"

7. 为自己没带男伴而生气

这是在说婚礼，对着天空挥拳咒骂婚庆公司的安排毫无意义。如今，我不会再将这种事放在心上。

8. 追发信息

他们和我的手机都没有"出问题"。他们收到了我的信息。他们没有忘记如何阅读。他们不需要什么提醒和"助推力"。如果他们不回复，就随便他们好了。

9. 给对方发信息:"看到这个,想到了你。"

我并没有看到"这个"。我一而再再而三地想到他,只是在找借口给他发信息,想和他交流。

10. 让朋友们解读一连串短信

而且是从没见过我男友的朋友。"你认为那是什么意思?"我会问他们。他们当然一头雾水、毫无头绪。最有可能知道这句话意思的人,是我自己。

11. 产生"我就是看看他是否安好"的想法

我不需要检查他是否安好。如果他被绑作人质,我的信息也不可能救得了他。他不会回复我说:"不,不!我有事!这就是为什么我刚才没给你回短信,我很抱歉!我在阿塞拜疆,被绑在一把椅子上!一帮浑蛋绑架了我,就在我们约会结束后,那时我蹦蹦跳跳地往家走,像《雨中曲》里一样绕着路灯转圈,唱着'她真可爱'。现在,他们在拿到25英镑后才会用飞机送我回家。你介意转25英镑过来吗?然后我们就可以继续迈向婚姻殿堂。"

幸运的是,我的账户里正好有25英镑。我转了过去。好的,谢天谢地,他没事了。

12. 认为发最后一条信息的人"赢了"

我知道,我知道,有时候确实是这样,但我想成为一个真正的成年人。

13. 说自己"从来没喜欢过任何人"

曾经，我会睁大眼睛真诚地对朋友们说："我知道他不合适，不靠谱或不喜欢我，但我真的喜欢他，我从来没喜欢过任何人！"他们会轻轻地叹口气，说："凯茜，亲爱的，过去一年你这句话已经用在三个不同的男人身上了。"

好吧，论据无懈可击。

心理治疗打开了

— *Part 7* —

我头脑中的大门

探索新空间

但是,在我对单身的乐趣做了种种维护,并重新学到了那些教训后,还是有三件我始终要与之奋力作战、不知道该如何战胜的事。

1. 我就是活生生的"原生家庭受害者",总是下意识地爱上和我已故父亲很像的男人

与双亲中某一方的关系不够理想,会影响你未来与他人的关系,尤其是涉及父女之间的关系时。这种说法我读到过很多次。

琳达·尼尔森是一位心理学教授,她在接受《每日电讯报》的采访时说:"如果你在饥饿时走进一家杂货店,就会带着一堆垃圾食品出来。你会把货架上任何能让你立刻感觉好起来的食物都丢进购物车。当女性在成长过程中得不到来自父亲的肯定与认可时,她们就会变成饥肠辘辘的顾客,往往会做出不好的选择。"

说得太棒了。如果有什么人因为缺失父亲的认可而变成了饥不择食的顾客,那就是我。*

---

* 和所有人一样,我父亲有优点也有缺点。他有时也非常可爱。我记得他经常眨着眼,对我吐舌头做鬼脸,说"你真是个好孩子"。

2. **我会反复被那些对我冷漠的男人吸引，尽管我对"奖赏不确定性"有所了解**（见第36页）

如果有什么人对我超级着迷，我就会觉得他一定有问题。我真的会这么觉得。

3. **如果单身的快乐指数是从1到10的话，我知道我依然在7分左右徘徊，我无法理解为什么我不能达到9分或10分**

所以，没错，我需要看心理医生。来吧。

我去了一家心理治疗"特快工坊"

我找到了希尔达·伯克，她是一位之前与我共事过的心理医生，我知道她非常出色。她告诉我，基于几个原因，我们的交流不是"真正的心理治疗"。首先，我是为了写书来做这件事的，而且是为了读者的利益，不是出于自己的需求；其次，她知道她的话会被记录在书中，所以我们双方的自我意识都很明确；第三，我们的时间都很紧迫，无法聊得太久，所以她把我们的这次合作称为"搭乘特快"，而不是进行真正的心理治疗。

她说，我们将深入研究真正的患者需要花数月甚至数年才能解决的问题。这有点像在参加一场洞穴探险，但我们没有事先参加地上培训，没有逐渐走入地球的深处，经过一个个洞穴，而是直接前往地下最深、最黑暗的角落和缝隙，越过那些我们无法直立通过的隧道，沿着巨大的地下悬崖滑向深处。

这是一场突然的、不断加速的下坠。正因如此，在整个过程中，她会检查我是否安好，并强调我不需要告诉她一切，不需要完全坦白，因为我们确实走得太快了。

亲密治疗

我没有预料到的是，我在接受治疗前就感受到了恐惧。走进希尔达那间充满艺术气息的可爱工作室时，我感觉自己几乎要哭出来了。她屋里有一只毛茸茸的猫，几乎就是个长着眼睛的毛球。我以为我喜欢谈论自己的情绪，认为自己在心理层面上很清醒；我以为我能从容应对，但并不是这样，我没有这么厉害。我把这种恐惧告诉了她，她说这十分常见。

另一个惊喜是，在我去见她之前，我觉得自己已经看透了一切，仿佛我已经把所有的点连起来，画出了一幅画，但她把我引向了我头脑中的许多扇门，而我甚至根本没有意识到它们的存在，更别提有撬开它们的能力了。她还照亮了一些我自以为熟悉的角落，让我看到了一些我前所未见的东西。

父母的浪漫关系模式

希尔达问我，通过观察父母，我学到了哪些关于浪漫关系的知识？我说，冲突是正常的，女人有责任维持男人对自己的兴趣，性是女人控制男人的唯一方式，单身是可怕的、悲哀的。

直到那一刻，我才意识到我学会了这四件事，而它们一直影响着我的恋爱关系。我各种纠结的关系就被关在了四堵墙中——吵架、害怕对方失去兴趣、专注于性、不愿放弃不健康的关系。

她问我觉得童年缺少什么，我立刻回答："稳定和安全。"

为什么？我们经常搬家，我18岁之前搬了6次家，包括一次从北爱尔兰到英国的大迁徙。我读过5所不同的学校，在18岁之前，我就观察到了三段关系的破裂：我父母的关系（结束于我10岁时），以及他们和自己后来的长期伴侣的关系。

搬家给了我很多宝贵的经验，比如如何应对新的人、适应新的地方，如何交朋友，如何重新开始。但是，那时的我只想待在原地不动。

截然相反的反应

我告诉希尔达，哥哥和我对这种混乱的成长经历有着截然相反的反应。我家流传着一个笑话，说我哥哥12岁的时候拿着一堆钱进了一家银行，要求开设一个账户，却因为太小而被拒绝了。他一直渴望——而且也一直在创造着安全感。他加入了英国皇家空军，过上了一种绝对有组织有纪律的生活，受训成为飞行员。他在24岁时遇到了可爱的妻子，在29岁时结婚。他们现在有两个孩子，还有一所大房子。

而我的反应刚好与他相反。我复制了童年的混乱争吵，像抛五彩纸屑一样挥霍着金钱，20多岁的时候搬了6次家（说句公道话，有时这不是我能控制的，因为毕竟是租房）。希尔达说，她观察到男性通常比女性更容易冲破原生家庭模式。嗯。

想要得到一个漠不关心的伴侣

我告诉希尔达，除了两次例外，我始终有一个固定的模式，就是被像父亲一样的男人吸引，并与之交往——他们迷人、有吸引力、潇洒自信，但最终并不关心我。通常，他们看女人很有眼光。他们对我感兴趣，但并不对我做出承诺；他们的好对任何人都一样，不仅仅是对我。我就像一个人形金属探测器，能迅速发现任何一间屋子里最害怕承诺的那个男人。嗡嗡，"锁定他！"

我告诉了希尔达关于我父亲和第一任继父（我 11 岁到 15 岁时的继父）的事情，她得出的结论是，我是想找一个能让我有"熟悉的、家的感觉的男人，尽管家对我来说并不是称心如意的存在"。她问我，我在对某些追求者不感兴趣这一点上，会不会存在什么规律。我说，是那种热情使我反感。希尔达说，热情、接纳和认同会使我失去兴趣，这并不奇怪，因为在性格形成时期，我没有从任何父辈那里得到过这些。因此它们是陌生的，甚至是危险的。

所以，如果伴侣对我有 80% ～ 100% 的热情，即使一开始我很喜欢他，我也会找到他的缺点，以便让自己离开。而当一个男人对我有 60% ～ 79% 的热情时，我就会深深着迷。我两眼迸射爱心，就像表情包里的卡通人物。如果对方的热情低于 60%，我的自尊心就会发挥作用，让我退出这段关系，但 21% ～ 40% 的热情缺失会直击我的芳心。

我一直认为，我会对类似父亲的男人着迷，是因为我在尝试治愈父爱缺失留下的伤口，希望找到我一直在寻求但从未从父亲那里得到过的爱。希尔达有不同的看法，她说："你是在找别人再伤害你一遍。"这让我震惊不已。我这才知道，"伴侣"是"父母"的一种变体，是我们无意识带到成年阶段的模板。

她问我想从理想伴侣身上得到什么，我马上回答："稳定和安全。"几小时后，我才意识到，这正是我童年缺失的两样东西。我也意识到，讽刺的是，当我真正遇到它们的时候，它们会吓到我，让我顿时兴趣尽失。

我说，我希望这种理想的关系"更多地建立在友谊而不是性上"，说完之后自己都吓了一跳。我在说什么？天哪，我不知道我想要的是这些！我一直以为，性是区分友谊和爱情的存在，因此始终将它置于很高的地位，认为它极其重要。希尔达总是让我说出一些振聋发聩的真相，令人不安、害怕，却又十分重要。

炸弹般的真相

我们讨论了汤姆的不忠，我发现了一些自己都没有意识到的事情。比如，我会自责。我告诉希尔达，汤姆突如其来的出轨和背叛，对我而言就像被杰出的空手道运动员踢到了牙齿，因为我本以为这段关系"安全而稳定"。我发现我一直在说，这也许是我的错，我应该对此负责，我太放松自己了，就怪我不再经常化妆、开始穿松松垮垮的运动服，而不是漂亮裙子。

"也许我放任自己了。"我说，接着就对此吃了一惊。希尔达指出，这听起来像是我已故父亲会说的话，属于 20 世纪 50 至 70 年代的爱尔兰父权词汇、我父亲成长年代的词汇。

我完全不知道，原来我一直认为自己对这件事负有责任。理智上，我知道这是胡扯，但情感上，我显然还有问题要解决。问题的根源可能要追溯到我小时候学到的一件事：女人有责任维持男人对自己的兴趣。

希尔达说，我们之所以会认知失调，有许多矛盾的信念，就是因为童年时获得的信念往往存在于无意识中，我们甚至不知道它们的存在。她解释说："潜意识就在你的意识之下，在你的视野边缘，是从你的余光中逃开的东西。而无意识在你身后，在你的盲区里。你不知道它就在那儿，即使它离你很近。"

在显意识里，我知道我绝对不应该为伴侣的不忠负责，但我的精神盲区里存在一个与之矛盾的信念，一个我直到现在才意识到其存在的信念。

我们谈到，我父亲总是在伴侣一过40岁时就离开，换一个30岁出头的年轻模特。这样的行为一共重复了四次，最后，他找了一个只比我大几岁的妻子。我谈到父亲曾经告诉我，女人从25岁起就开始走下坡路了——以及他是怎么用"过气"和"走下坡路"这样的词汇来形容40多岁的女人的。

正因如此，我脑中的日历上，"40岁"被圈了出来，标上了大大的"该死！完了！"——我认为，在我的主要资本（长相）贬值、变成累赘之前，我必须尽可能地吸引男人。我的意思是，在写下这些话时，我也觉得这种念头非常荒谬，但的的确确，这种歧视女性的想法在我的头脑里存在了很多年。希尔达说，难怪这种表述对我产生了深远影响，因为我父亲不仅是这么说的，还一次又一次地身体力行着这种观念。

希尔达还注意到了一个事实，我父亲出生时，我的祖父母年龄都已经很大了，他是计划外的婴儿，一个"意外"。他觉得40多岁的母亲不爱自己，不想要他。哦。这让我意识到，也许他对40多岁女人的厌恶、回避和排斥,与女人本身无关,而与自己遗留的童年问题有关。我对他感到一阵同情。原来这完全与我无关。每个人都有自己的沉重包袱,并且一生中都要背负着它。

我也一直在提到"45岁"这个年龄,比如"我现在非常乐意在45岁或45岁以后才遇到他"。希尔达问我,为什么是45岁?我意识到,母亲就是在那个年龄遇到我现在的继父的(他非常棒,无条件地接受并爱着我)。

我意识到,尽管我现在的单身状态绝对是快乐的,但我依然执于一个想法,就是我需要最终遇到某个人。我只是延长了遇到他的时限。我不觉得一到40岁就仿佛魔法失效,我的马车会变成南瓜,而我不得不回家扫烟囱什么的,我把这个期限延长了5到15年。啊呀。

休"约会假"

我自豪地告诉希尔达,我曾经整整一年都在休"约会假",而之后又经历了无数个短暂的空窗期。我告诉她,当我感到恐慌开始笼罩我时,当我感觉到自己在不停看手机、不停等待时,当爱瘾再次抓心挠肺、蔓延发作时,我就会给自己放假,停止约会。

我本以为她会对我的话感到震惊,但她却说:"这有点儿像把伏特加从酒瓶里倒出来?"嗯哼,也许吧。也许解决问题的办法是学会如何适度约会,而不是绝对禁欲?这不禁让我思考起来。

她问我对这本书有什么期望，我希望读者能从中得到什么，我说："我希望他们觉得自己单身时也是完整的，没有缺失另一半，不会因为单身就失败。"

她问我，如果单身快乐指数是从 1 到 10 的话，我会给自己打几分？我有多相信我一个人就很完整？我回答，7 分。"我知道单身很快乐，而且显意识里绝对相信这一点，但我认为剩下的 3 分存在于潜意识里。"我说，"这就是我来到这里的原因。"

单身快乐指数

然后希尔达问了我整场会面中最重要的问题。"是什么阻止了你的单身快乐指数上升到 10？"她问道，"你觉得一直单身下去会错过什么？"

她说，人们会沉迷于自己的嗜好，无论那是暴饮暴食、喝酒、性爱、赌博还是购物，是因为他们坚信，如果放弃了，就会错过一些东西。"以喝酒为例，你可能会失去真实可感的乐趣。那么你害怕会错过什么呢？"

我害怕会错失什么呢？我意识到，即使我不确定是否真的想要拥有自己的孩子，但如果保持单身，我就会失去拥有孩子的可能。我也不可能再取悦妈妈了，因为每次我和别人约会，她都会兴奋得头晕目眩。

最后一件事，就是"害怕错过男人"。我觉得在单身生活中太放松，就像是陷在了柔软的沙发里，再也站不起来了。我会很放松，一边吃墨西哥玉米片，一边看美食节目，不会注意到路过的男人。我意识到，我得坐直点儿，有点儿精神，保持紧张感，以备立即行动。我完全不知道自己有这种念头。

所以，如果我完全接受了不生育、不再取悦妈妈，不再看身边男人的想法，我猜这就是巨大的进步了。而真正了不起的是什么呢？是接受没有伴侣的未来，径直走向它，穿过它。

游乐场的吸引力

最后，还有一颗"真相炸弹"。希尔达问我，停止约会的那一年感觉如何？我的肩膀放松下来，从心底焕发出光芒，叹了口气，说："太棒了，太轻松了。"

她问我为什么，我说我觉得没有必要再尝试、等待、观望了。诚然，当约会进展顺利时，我会感到非常兴奋，但月亮总有暗面，当事情进展不顺利时，当我没有从对方那里得到想要的东西时，我就会感到空虚失落、残缺不全。我觉得随便与人约会的自己，比不约会时更不完整。

基本上，单身且不约会的感觉就像走在游乐场里，吃着棉花糖，和小伙伴们一起开怀大笑。不停约会则让我感觉自己被绑在了游乐场的过山车上，突突突地缓慢上升，然后突然下降，一切都无法控制，而不约会则是可预测的、踏实的、可爱的。

单身不约会时，我的心情好坏并不取决于另一个人的兴致、感觉或者回消息的时间。我意识到，我其实更喜欢不约会的状态，这让我大吃一惊。

现在，确实有那么几次，我对伴侣的满意度和我对单身的满意度是持平的，但这些关系都已经深入到了一定程度，很可能超过了6个月，那时我真的感觉稳定、可靠、安全。而这样的时刻，在过去那么多年里（大概从我 15 岁不断建立各种关系起）用一只手就可以数完。

不过，我在恋爱时并不比单身时更快乐，哪怕是在这样的安全时刻。

我脑袋里的探照灯忽然被点亮了。不是说我永远都不会再约会，我当然会，但约会只是达到目的的一种手段。我将努力学习适度约会（这一点稍后会有更多介绍），而单身/有伴侣生活的对比使我意识到，想拥有快乐的生活，并不意味着未来需要一个丈夫。

头脑中"永远单身"这扇大门的开启揭露了很多。我以前总是把它关得严严实实。老实说，我还是更喜欢"最终遇到某个人"，但我开始在"永远单身"门后的房间里走来走去，然后坐下来。这里非常宁静，水池里没有需要清理的胡碴儿，也没有只能睡一半的床，更没有什么对方的亲人需要讨好。

我意识到我喜欢这里。事实上，我甚至可以住在这里。

心理治疗要点总结

模仿父母的关系模式

"我们都在重复一些模式,意识到这一点是解放自己的关键。"希尔达说,"一旦你知道自己在做什么,以及为什么要这么做,你就会觉得自己可以选择摆脱这种状态。你可以对自己说:'好吧,我就是会被这种人吸引,这就是我的行为方式和它背后的成因。'下次你遇到这种人时,你可能仍然会被他们吸引,但你会更清醒地意识到这是行为模式的重复,而不会盲目地跟着它走。"

我们并不总是在模仿。"比如我们也会建立与父母完全不同的恋爱关系,但这也可能是不健康的。问题是要做出你自己的选择,与你父母做过什么无关。"

如何享受单身生活

希尔达说:"我经常对那些认为单身就是'痛苦的等待阶段'的患者说:'假设你确实在你希望的时限内遇到了那个人,比如两年后,那么你就可以把这两年的时间视为珍贵的时机。你会怎样利用它?'"

"我发现,通常情况下,患者们其实会把单身看作坠入炼狱。"她说,"他们似乎觉得,如果他们不再对单身不满,不再认为有伴侣就更优越，如果他们太享受单身状态，他们就永远不会和别人建立情侣关系。除非保持这种缺失感、差距感和渴望，否则他们将失去改变单身状态的能力。"

我强烈认同这一点。这有点像我一直坚信自己"很懒惰"——有太多证据可以反驳它，但我害怕放弃这个信念。我把它绑在手腕上，就好像它是一个可以永远飘在空中的气球。为什么？我觉得这能激励我奋发。如果没有它，我就再也不会做任何事了。除非我不断通过做事反驳，否则我就会一直懒惰下去。

我们为什么会寻找与父母相似的对象

"我们会被熟悉的人吸引，即使是并不十分喜欢你的父母。"希尔达说，"我们认为自己是成年人了，有能力扭转局面，说服父母（或者更确切地说，是他们的化身——我们选择的对象）相信我们真的很好。我们试图赋予关系一个不同的结局，但结果往往是一次又一次地被伤害。"

不要去惩罚我们主动选择的人

"所以，如果我们有一个挑剔、不表露情感的父亲或母亲，我们通常就会去寻找一个有相同特征的伴侣，"希尔达揭露，"而当我们发现无法改变结局，无法将对方的冷漠转为爱慕的时候，我们就会试着去改造对方。他们的表现戳到了我们曾经的痛处，那么结果就是争吵。"

"可是，伤口本来就在那儿，比我们的伴侣出现得更早。"

希尔达说,"伴侣的负面特质,其实就是我们在寻找的。也许你会被那种需要费尽心力才能赢取芳心的人吸引,你选择他们就是因为他们很难被取悦。然后,你就试图改变他们身上的这一点。但要明白是你自己选择了他们,这一点至关重要。"

为什么寻求认同令人上瘾

"如果父母的爱是有条件的,它就会在我们的潜意识中创造出一种行为范式,即那些需要去努力追逐的人才是理想伴侣。我们意识到,认同感仿佛是一个不断后退的目标,我们永远无法完全得到它,所以才会不断寻找。"她说,"这是一种非常令人上瘾的感觉。"

这不是说那些我们需要努力去追的人什么都没有带给我们。"他们给予了我们足够的关注,扔给我们一些零食,让我们坚持下去。"希尔达说,"我们会顺着他们撒下的面包屑往前走,但永远也走不到姜饼屋。"

而那些"太过热心"的人,那些告诉我们姜饼屋的确切位置甚至递给我们钥匙的人,并没有制造出我们早年那种渴望、等待和期待的感觉。

缠着我们的巨魔

被父母的批评声困扰是很常见的,这就像我一直被父亲口中"老姑娘"的称呼困扰。"如果我们没有认真听清内心的声音,就立即把它驱散,它通常还会回来,"希尔达说,"一次又一次。"

"我经常会要求患者放上两把椅子,以便充分听取心中负面的声音,并做出回应。"她说,"你不停地换椅子,让自己和内心的巨魔轮番说话。一旦你让巨魔说出了它想要的一切,它最终就会厌倦、无话可说,而你更强大、更积极的自我暗示会胜利。"

希尔达举了切尔西·克林顿的例子,她最近遭到了网络暴力,有人把她比作驴和马。她在推特上回应道:"谢谢你,詹姆斯!驴以独立、智慧和毅力闻名,马以速度、洞察力和记忆力闻名,你的夸奖让我受宠若惊,多谢你了!"就这样,她优雅而聪明地把巨魔砍杀。我们也可以这么做。

欲了解更多希尔达的工作,请访问 www.hildaburke.co.uk。

与内心的爱尔兰佬对战

我决定如希尔达建议的那样,召唤出内心的厌女怪物,和它来一场对话。任它胡说、咒骂并猛烈地攻击我。我会摆好与它对阵的姿势,大喊"拿出你的看家本领来吧",然后主动阻止它的攻击,而不是从拳击赛场上落荒而逃。

考虑到它生于爱尔兰,我们索性就刻板印象到底,喊它"帕迪"*吧。补充一些令人吃惊(其实并不)的背景资料:帕迪出生于20世纪50年代,三观成形于20世纪70年代……正如我的父亲。真是令人震惊的巧合。他还有巴里米纳口音,也和我父亲一样。

帕迪: 最近怎么样,凯瑟琳?有进入"爱情坟墓"的危险了吗?

我: 帕迪,别再关心这件事了。我之前跟你说过,这事是没有预兆的。而且,不管怎么说,我现在过得非常好。我住在巴塞罗那。我跟你说过签订出版合同的事了吗?我要开始写我的第三本书了!

---

* "帕迪"(Paddy)是"帕特里克"一名的简称,但也常被用作对爱尔兰人的蔑称,有"爱尔兰佬"的意思。——编者注

帕迪：亲爱的，工作可无法在深夜温暖你。

我：我确定它会的，因为它能带给我那种叫"金钱"的东西，而钱能买到一片遮风避雨的屋檐、保暖的袜子、暖气以及鹅绒被。

帕迪：哦，你们这些职业女性全都一样，总是在耽误时间，拖到最后就没人想要你们了！贝尔法斯特的墓园里有一大堆你们这样的职业女性，都是孤独终老！

我：我非常确定，墓园里也有一大堆结了婚的女人，因为婚姻不会给人永生的超能力。

帕迪：你就是太自私了，只关心自己。难怪你会孤独终老，你有点太自以为是了，不是吗？

我：好吧，但就算我不这么自以为是，结婚也不能保证我不会孤独终老。在85岁以上的英国人里，有60%是寡妇。这令人悲伤，却是真的。

帕迪：好吧，就算如此，她们也被人爱过。单身的人过的是寂寞无爱的生活，就是这样。

我：呃，但是有很多人爱我呢。我和家人们关系密切，我每一天的生活里都有爱。

帕迪：等等，既然说到了家庭，你不应该早点成个家吗？你距离35岁还有几年？35岁之后一切就都完了，你知道的。

我：好吧，我现在38岁，帕迪。

帕迪：天哪！亲爱的，你最好赶紧结婚、立刻怀孕。我甚至不知道再往后你还能不能怀孕！医院都会称你为高龄产妇了。

我：事实上……帕迪，2004年的一项研究发现，35至39岁的女性中，有82%的人在备孕一年内就会怀孕，而在更年轻的群体——27至34岁的女性中，成功怀孕的概率是86%。所以这表明，从27岁到39岁，怀孕成功的概率仅仅下降了4%。

帕迪：你真是搞笑！那不可能是真的。我读过关于35岁的东西。总之过了35岁，就什么都完了，你这笨蛋。

我：现在40岁以上女性的生育率是高于20岁以下的女性的。

帕迪：请告诉我，你在最近一段时间里确有生孩子的打算吧？

我：老实说，帕迪，我不确定。如果我遇到对的人，环境也刚好，那么我可能会生孩子，但如果没有的话，我也不会觉得自己是不完整的。没有孩子的生活也有很多好处。

帕迪：但是，等你老到要穿纸尿裤的时候，谁来照顾你呢？现在你觉得一切妙不可言，你能在西班牙到处闲逛，但是等你无法行走、被绑在轮椅上的时候，你该怎么办呢？

我：我真不想跟你说这些，帕迪，但是我非常确定，许多有孩子的人最后也会被塞进养老院的。他们还得卖掉伊斯特本的别墅，用来支付养老院的费用。我没听说过有哪个上了年纪的人，能够在带屋顶泳池的奢华老人套间里惬意地休息，被一个不需要工作、能够整天待在家里、对父母予取予求的成年孩子照料着。

帕迪：你说得对。好吧，这儿有一条：我读到过，40岁以上的女性结婚的概率还没有被恐怖分子杀死的概率高！

我：哦，帕迪，在《新闻周刊》刊登这一"事实"的20年后（同时也让成千上万的女性惊慌失措地跑去结婚），他们终于发布了一份致歉及更正声明。事实上，那篇后续报道的标题就说明了一切。

"20年前，《新闻周刊》预言，一位40岁女性被恐怖分子杀死的概率高于结婚，出现这个错误的原因是……"

这篇后续报道用数据表明，40岁以上的美国女性，结婚的概率是高于40%的。

帕迪：好吧，但是不管怎么说，很快就没人想要你了。你的青春正在消逝！你会被剩在那里的。

我：你这句话大错特错，我都不知道该从哪儿说起。首先，除了外表，我还有很多可以给予他人的东西。而"剩在那里"暗示我是一件可以被买到的物品，任何男人都能花钱买下我。事实上，没有什么单身女性"被剩下"，正如单身男性也不是笼子里的搜救犬，期待被人选中。

帕迪： 但是，亲爱的宝贝，说真的，你现在该怎么找对象呢？你的同龄人一定都结婚了。

我： 并不是这样，帕迪。我这个年龄的英国人，有一半是单身。和20世纪70年代的爱尔兰相比，情况已经变了太多啦。我们不再居住在小镇或村子里，面对极其有限的选择。我们不会因为没得可选而不得不跟隔壁街上的什么人在一起。而且，现在还有一种东西叫作约会软件，能够让你认识成千上万的单身人士，就好像你口袋里有上千个单身人士的电话号码。

帕迪： 老天爷，这在我听来简直是恶魔的造物。好吧，就算你真的找到了一个人、有了孩子，也没有什么比做大龄妈妈更悲惨的事了。

我： 哦，帕迪，你认为我什么时候应该有孩子呢？

帕迪： 20多岁的时候！当然了！我第一个孩子努拉出生的时候，妻子才刚刚20岁。你最好放聪明点儿，赶紧去给自己找一个男人。

我： 帕迪，如果我在20多岁的时候就生了孩子，现在可能早就因为把孩子丢在夜店门口的车里而被捕入狱了。

帕迪： 你都在说些什么，你这个疯子？！

我： 我曾经是个不折不扣的酒鬼，帕迪。20多岁的时候，我连自己都很难照顾好。现在我不喝酒了，可能会成为一位称职的母亲，但是我同样可以选择不要孩子、异常快乐的生活。

帕迪： 等一下，亲爱的，你刚刚是说你不再喝酒了吗？天哪！我从来没听过这么荒谬的事。现在陪我喝一小杯吧，不喝可就太不礼貌了！

这真是一场宣泄。与我内心隐藏的厌女怪物交谈，暴露了一个事实：它对我吼叫的很多东西都是过去时代的虚构产物，早已被证明是错误的。

有趣的是，我引它从阴影中显身后，它就没那么具有威胁性和恶意了。这场对战消解了它许多神秘未知的力量。我不需要接受帕迪的观点，就像我不需要听从那些认为女人的外表比思想重要，或者男人"不必为了一棵树而放弃整片森林"的人。

这也让我对帕迪的态度缓和了一点儿。它也许有一些老旧的观点，但我可以原谅它，毕竟它是在一个与现在截然不同的社会环境中长大的。

要知道，原谅别人并不容易。就像谢丽尔·斯特雷德所说，原谅不是酒吧里的帅哥，而是你必须拉上山的胖老头。它是体力活，而不是会奇迹般自然发生的情绪状态。

但尽管已经原谅它了，我还是会在下次它偷偷冒头时请它闭嘴。

依恋类型，以及它们为何会决定我们的生活

心理治疗结束后，希尔达给我发来了一本书的链接，《读懂恋人心》，作者是神经科学家阿米尔·莱文和心理学家蕾切尔·海勒。"哈，真奇怪，"我暗想，"她是这一个月来第三个跟我说我应该读一读这本书的人了。"

三个彼此没有关联的人。宇宙可能也给这本书施了魔法，让它悄悄移动，从书店的架子上轻轻滑落到我面前，或者是通过一架无人机把它从亚马逊的仓库丢进了我的天窗。

一言以蔽之，我接受了这些暗示，读了这本书。

那些推荐我读它的人真是太有眼光了。这对于我来说是一次改变人生的阅读，就像是神启终于降临，犯罪悬疑剧的最后一集真相大白，一切茅塞顿开。"啊，这就是为什么他会……她会……而那就意味着……！"我想说的是，书中的确存在一些你不得不忽略的无关细节，但是它让一切从一场混沌的迷雾，变成了整齐拼好的拼图。

原来，爱瘾并不是我变得饥渴而缺爱的原因，原来我这一类人有个特定的名字，这简直是惊人的消息。我发现，地球上有五分之一的人有着和我相同的问题。（我猜他们大部分都在阅读这本书吧。嗨，同伴们。）我没有疯，我只是一个焦虑不安的黏人鬼。

对于焦虑依恋型的人来说约会犹如坐过山车,既有令人兴奋的高点,也会坠入低谷,时而狂喜,时而大悲。"焦虑依恋型儿童在母亲离开房间时会感到不安,因为不知道她是否还会回来。"希尔达解释道,"而当母亲真的回来时,孩子通常也不会表现出任何宽慰或快乐的情绪,他们怀疑母亲会再次离开。他们对自己和母亲之间的联结缺乏信心。"

这种心理机制会在成年后的关系中重现,希尔达说:"如果对方给他们打电话迟了,他们就会想:'他可能再也不会给我打电话了。'而安全依恋型的人会想'他会打给我的',然后继续自己的工作和生活。安全型的人会对自己被对方抛弃感到惊讶,但焦虑型的人其实是在期待着被抛弃。"

焦虑依恋型的人经常会贸然摧毁一段关系。"如果约会对象不能24小时保持联系,他们就会直接拉黑对方。而安全依恋型的人会想:'我才见过他两次,见面两天后他就联系我了,很高兴他们有反馈。'焦虑依恋型的人经常会对约会对象有着不切实际的期待,而安全依恋型的人则会有更切实的期望。"

哦,还有,我属于那种会被逃避依恋型的人牢牢吸引的焦虑依恋型。是的,坦白说,阅读逃避依恋型人格的相关描述时,我简直像是在阅读"我的前任"牌谷物成分表,包装盒里塞满了形形色色的小人(没有加糖)。

不仅限于我和前任,所有逃避型和焦虑型的人都会无法抵抗地相互吸引。这种令人幻灭,充满了推拉、撕扯、"我想要"、"我逃避"的爱情故事不停地在全世界上演,如同一场永不落幕的暗黑童话秀。

我将阅读《读懂恋人心》的收获贴在了我的博客上，还有一个小测试，能帮你判断你的依恋类型。请访问 www.unexpectedjoy.co.uk。

我强烈推荐你也去读一读《读懂恋人心》。它是我读过的关系心理学图书中，最具启发性、最有道理的。

为什么演戏无意义

演戏十分无聊、令人讨厌，这就是为什么数以百万的女人读到吉莉安·弗林在《消失的爱人》中对"酷女孩"的极尽嘲讽时会想："太棒了！"

"酷女孩"是每个男人的梦中情人。她会把汉堡整个吞下，同时又有塞得进紧身牛仔裤的火辣身材；她喜欢足球，随时可以来场激烈的多人性爱，打四个小时的游戏；她既热辣性感又善解人意。我们只能假扮成"酷女孩"，直到被戳破。

在电影《消失的爱人》里，裴淳华饰演的女主人公说着"我用蜜蜡脱了阴毛"，一边如同蛇蜕皮一样将"酷女孩"的假象从身上脱下。她一边抽着烟，一边把头发染成棕色，挑衅地看着镜子里的自己。她快活地把甜甜圈、难看的眼镜和松垮的背心扔进超市手推车里。

我知道她是个精神病患者，但在那一刻，我无比认同她。

无效游戏指南

多莉·奥尔顿在《关于爱我所知的一切》里简洁清晰地指出："如果有心理自助类书籍告诉你男人是驴子而你是胡萝卜，永远别听它们的话。"没人是驴子，也没人是胡萝卜。

有句爱尔兰谚语是这么说的："男人追求女人，以女人拿捏住男人告终。"童年的我听过无数次这句话，堪称灌输给女性的垃圾之集大成者。必须让男人主动，同时用狡诈的阴谋诱捕他；必须装出一副没主见的样子，同时把婚礼策划书塞到床下。

"约会手册"赤裸裸地给爱瘾火上浇油。它们靠读者的痛苦获利，却根本无心治疗病灶。当你痛苦地寻找摆脱单身的方法，因而如饥似渴地读完了书后，他们还会大肆利用你的单身痛苦，发来"只要59.95英镑"的7天课程。

这些作品基本只讲了两件事：如何假装漠不关心以激起对方的兴趣（《戒律》《坏女人有人爱》），以及如何变成你明明不是的那个人以让自己"更有吸引力"（《把妹达人》《像女人一样行动，像男人一样思考》）。

它们有着那种直击你内心的书名，诸如《为什么你还没有结婚》《告别单身：如何拿到戒指，不再浪费时间》。前一本告诉你要"伺候好丈夫"，后一本则告诉你"男人不会尊重一个主动大献殷勤的女人"；前一本告诉你要让男人为晚餐买单，后一本则说你应当彰显财务独立。

它们粗暴地把人简化，扔进几个类别里。女人被贴上"饥渴""缺爱"的标签，男人则被描述得犹如敌人——如果你胆敢表现出一丝主动，他们就会像扔废弃的游戏机一样把你扔到一边。

最近有位出版了热门约会手册的作者，蕾切尔·格林沃德，她之于女性主义的摧毁就像哥斯拉毁坏纽约的高楼大厦一样。她写下了《计划：30岁之后找到丈夫的15个步骤》以及《如何在35岁之后找到丈夫（基于我在哈佛商学院所学）》。这两本都是我会欣然烧掉的书。

她让读者把自己像商品一样扔进市场，永远要戴聚拢型胸罩，要把"找丈夫"这件事置于工作、朋友、宠物等一切事项之前。她写下了这样的话："别用太多定形发胶。男人喜欢柔软好摸的头发，别把头发弄得像纸板一样硬。"以及："不要穿亮红色——你是准妻子，不是妓女。"真让我怀疑她是一位20世纪70年代敲着古董打字机的复制娇妻*，用了时间旅行的邮递服务，把书稿投递到了21世纪的头10年。

格林沃德还告诉读者，要和不支持自己"结婚梦"的朋友或家人断交。她继续散播恐慌："请记住，35岁就是婚姻的'9·11'，这是紧急事件！"

我不是一个暴力的人，但我真的非常想一拳打在蕾切尔·格林沃德的鼻子上。

这些荒唐可笑的书没有一本讲到了问题的关键。只是复述着"我们没有一份关系就不完整"，因此需要阅读这样的废话来抢到伴侣。

如果你真的对单身满意，而且知道无论那个见过两次面的约会对象是否会联系你，你都会过得很快乐，你就无须演戏。如果你的社交生活非常充实，你就不必假装自己很忙。如果你确实经济独立，你就不必假装自己不用花男人的钱。

---

* "复制娇妻"的典故出自艾拉·雷文的同名小说，书中小镇上的完美娇妻们其实都是被丈夫造出的机器人替代品。——编者注

专家们怎么说

这些教人约会的书从人们的悲惨遭遇中获得了源源不断的财富。我四处深挖,也没发现有哪位正经的心理学专家认为它们是好书。例如《读懂恋人心》的两位作者(一位脑科学家、一位心理学家)就无法容忍它们。

埃丝特·佩瑞尔可能是世界上最受尊敬的两性关系心理治疗专家,她的 TED 演讲总计有 2 000 万次的播放量。她写道:"装冷淡、装酷,并不是情绪成熟或者智慧的表现……它引导你去假装,假装对伴侣伤害到你的行为毫不在意,而这只会让你与真正的亲密关系渐行渐远。如果你认为谈恋爱就万事大吉了,你会面临很大压力。你们的关系建立在不切实际的期待上,一旦你表露出真实的自我,伴侣就可能充满怨恨。"

心理学家詹妮弗·L. 泰茨指出,赢得一场比赛,和打造一段充满爱的关系是不一样的。"'赢'和'爱'是矛盾的,因为制订战略往往意味着狡猾和隐瞒。"那么她有什么建议呢?"诚实并表露弱点。"这些书可能会带给你更多的男人或约会,但无法创造出任何持久的东西。"吸引别人的注意力,和创造真正的亲密关系,是完全不同的诉求。"

"爱情游戏短期内会令人兴奋,但它无法带给你长期追求的东西。"亚历克斯·科布博士对此表示同意,"你不需要假装。做真实的自己,并不意味着必须和盘托出所有的弱点。你可以展现最好的一面。这只关乎营销自己的方式。"

所以,做你自己,诚实面对你的渴求。这并不是说你应该穿着婚纱或晨袍去赴你的第一次约会,但真实绝对是任何健康关系的基础。

你不是在水族馆表演的海豹。如果你要耍几个花招才能吸引到他的注意力，那意味着你从一开始就没能吸引到他。想象一下，从长远来看，这将多么消耗你，令你多么疲倦。你要开始一段能够给你力量的亲密关系，而不是加入马戏团。

我无意中进入了"把妹达人"的世界

针对男性的畅销约会手册叫《把妹达人》。在这里，我要分享一个故事，希望能向男性读者们展示：这套胡扯根本没用。

2005 年 9 月

我在《大都会》杂志工作，只要主办方提供免费的酒水饮料，多么不起眼的发布会我都会去参加。今晚，我和同伴一起参加了一场新书发布会，那本书叫作《把妹达人》。我们根本不在意书，但现场有一个开放酒吧，整晚开放。

我们到达的时候，发现这里挤满了"全副武装""箭在弦上"的男人。其中有几个人穿得挺奇怪，比如披着红夹克，或者戴着黄帽子。随便吧。我们每人拿了两杯酒。

一个英俊的男人走向我，我们开始聊天。好吧，不错，但他只肯侧身跟我说话。当我试着走到他正面时，他就会转过身。我们就这样绕着奇怪的圈子，就像在跳爱德华时代的求爱舞。当我回答他的问题时，话音还未落，他就脱口而出："等一下，我得去和别人聊了。"我被扔在那里，张大了嘴，想知道到底发生了什么事。

接下来，我们又遇到了各种各样的男人。其中一个对我说：

"这儿太热了，我们去窗边吧。"嗯，并不热，但我还是困惑地跟着他走了。我礼貌性地待了一会儿，就回去找朋友了。

英俊的"爱德华舞男人"回来了，但是我被他的突然离去惹恼了，只给了他一个冷漠的侧脸。然后，房间里一片寂静。"神秘人来了。"我听到男人们充满敬意地小声议论道。

他看起来像一个没有那么多毛的拉塞尔·布兰德和克里斯·安吉尔*的混合体。他向我们走过来，毅然决然地走到我朋友身边和她说话，完全无视我想加入谈话的努力。"她是怎么回事？"他对我的同伴说，像赶苍蝇一样把我赶走。

最后，他转向我，我们进行了一次非常奇怪的交流。他表演了几个魔术，用手机拍摄我，然后问："我能信任你吗？""当然。"我不解地答道。他递给我一个塑料袋，让我帮他保管，然后飞奔而去。我往里面看，是喜剧眼镜和假发。

我和我的朋友很想离开，但半小时后，神秘人还是没有回来。我去找《把妹达人》的作者尼尔·施特劳斯。他是个很好的人，之前见过我，我把那个装着道具的袋子交给了他。

尼尔·施特劳斯看着袋子，仿佛它是这个世界上最有趣的东西，乐不可支，笑得前仰后合。"没用的。"他笑着说。"什么没用？"我问。"神秘人给了你这个袋子以便让你待在这里等他。可这招不起作用。"

好了，你明白了，当时我是个特别容易上钩的人，但那一

---

* 拉塞尔·布兰德：英国喜剧演员。克里斯·安吉尔：美国魔术师。——编者注

屋子认真读过书的"把妹达人"却失败了。

从那以后,我发现,很多人用在我身上的招数都是那本书中介绍的,比如"炫耀自己""积极打压""孤立目标""贬低对方",还有一些我在书中没有看到的,比如"塑料袋留人法"。

为什么这些哄骗女性的伎俩对我不起作用了?因为事情根本不必如此复杂。他们只需要给我端来一大堆酒水,然后对我表现出兴趣就好了。

我说完我的故事了。《把妹达人》不起作用。

单身的人

— *Part 8* —

究竟什么样

用现实破除常见迷思

迷思	现实
单身的人是寂寞的	他们的朋友其实更多

每交往一个新伴侣,平均会挤走两名亲密的朋友,这是牛津大学的研究发现。所以,谈恋爱或结婚的人,与单身的人相比,核心社交圈的朋友更少。

研究表明,单身人士实际上一点也不孤独,心理学家贝拉·德保罗说:"单身的人其实拥有更多的朋友。"已婚人群也许拥有他们的"唯一",但单身人群拥有的是"很多"。

与此同时,一项基于16 000名德国人的调查发现,独居的人事实上孤独感更低。这并不让我感到吃惊。过去,当我被一段关系紧紧包围的时候,我就会放任友情和亲情的纽带变弱,而在我单身,尤其是独居的时候,我其实会更加积极地社交。

迷思	现实
单身的人是自私的	他们对于所处的团体更具有奉献精神

特雷西·麦克米伦在《为什么你还没有结婚》的《你很自私》一节里,将枪口对准了"只关注自我"的单身人士。"你们

想的都是自己的事业，或者，如果你们没有事业的话，想的也是该怎么成为瑜伽老师。"她写道。我们真是大逆不道。

事实上，许多研究都表明，单身的人相较已婚人士，其实更愿意对亲朋好友付出。2011年美国的一份报告显示，84%的单身女性和67%的单身男性都会帮助自己的父母，而已婚人士中，只有68%的女性和38%的男性会帮助父母。

"单身的人相比已婚的人更愿意与兄弟姊妹保持联系。"德保罗说，"他们更愿意与父母见面，和邻里互相帮忙，为所在社区和城市多做贡献。而当情侣们同居或结婚后，他们会变得与世隔绝。"

迷思	现实
单身的人是懒虫	他们比已婚人士身材更好

一项美国研究发现，单身人士平均每周比已婚人士多锻炼48分钟，已婚人士则平均比单身人士重两千克。

除此之外，许多研究都表明，单身群体的基本健康情况要优于已婚群体。例如，在跟踪调查了11 000个瑞士人16年之久后，研究者发现，已婚人群的基本健康情况相对更差。

偶尔会有题为《已婚人士更长寿！》的文章出现，但是批评者已经指出，在这类文章中，丧偶的人通常也会被归为单身一类，而配偶去世后，有一部分人也会随之郁郁而终。

特别是对于女性来说，不结婚可能会更健康。澳大利亚的研究者调查了10 000多名70岁以上的女性，发现与已婚或离异的同龄女性相比，没有生育的单身女性抽烟的可能性更低，患病次数更少，BMI（身体质量指数）也更趋向健康。

迷思	现实
单身的人急切地寻找着人生伴侣	只有 30% 的单身人士会这样做

不，我们没有疯狂地想要摆脱单身。英国有 70% 的单身人士表示，在过去的一年里，他们并没有非常努力地想要去寻找伴侣。而对于单身女性来说，这一比例是 75%。

也许因为我们实在太忙于尝试新鲜事物了——以及四处旅行。82% 的单身受访者说，单身状态给了他们"一个探索人生新体验的机会"，89% 的受访者说，独自旅行"增强了他们的自信心"。

迷思	现实
单身女性是冷血无情的"精子猎人"	这么想的男人，别自作多情了

30 岁以上的女人竭力想和人上床，以便"意外怀孕"，这个迷思让我气愤至极。我最近和一个人相处得不错，他却坚定不移地认为，我想用意外怀孕"绑住"他。

我跟他解释了好几次，说我没有任何生孩子的打算，但这并没有说服他。直到有一天，我给他发了一条短信，就是为了让他明确意识到，被人这么误解心里是什么感受。

亲爱的某某，我需要告诉你一些事情，不希望你误解。

考虑到你我性生活的频率与程度，我怀疑你想把我困住，跟我建立长达一生的关系，分享我未来毫无疑问非常可观的收入。

因此，我要植入宫内节育器，摧毁你对我子宫的任何图谋。

希望你不会因为我的坦诚感到不快。

这大概是我发过的最棒的短信。没错，全是文字，没加表情，分了段，语法正确。所有人不都该这样做吗？

迷思	现实
单身女性是悲伤的，单身男性则是快活的	单身女性一般比单身男性更快乐

英敏特公司一项单身生活的调查发现，61%的单身女性对于单身状态感到满意，而单身男性的满意比例是49%。这刚好表明"男性不想进入关系"的迷思是错的。一项美国的调查发现，在最近与人发生单纯性关系的男性中，事实上有63%的人更想拥有认真的恋爱关系。

迷思	现实
成功、聪明的女性不结婚	这一趋势正在逆转

人们至今仍普遍认为，高收入和高学历的女性是最不可能结婚的，但是这种趋势正在逆转。有数据表明，"大女人"常会找"小男人"。"巴塞罗那大学的研究人员最近对1968—2009年

56个国家的人口统计数据进行了分析,"丽贝卡·特雷斯特在《单身女性的时代》中写道,"他们发现,婚姻模式正因为高学历女性数量的增加发生着变化。如今,有越来越多的女性会与学历低于她们的男性结婚。"

迷思	现实
单身的人很挑剔	他们确实挑剔

这是诸多关于单身人群的刻板印象中唯一正确的。我们难以取悦,我们喜欢精挑细选,我们挑剔,没错,你终于发现了这一点,干得漂亮。

小说家、《时尚》杂志专栏作家、拒绝婚姻的内斯·博伊斯在20世纪初写道:"如果你不独特,那就人人都适合你。"说得真好。我想把它绣到坐垫上。

我是说,挑剔难道不是明智的吗?就像蒂姆·厄本所说:"选择人生伴侣时,你是在同时选择很多人,包括养育子女的同伴、一起吃上大约20 000顿饭的伙伴、一起度过100个假期的旅伴……以及,一个你会听他讲大约18 000次日常琐事的人。"

对吧?所以,挑剔是好事。

单身代言人

以下名人中并非所有目前都是单身,但绝大多数是。其中有一个是虚构人物,别在意。她们之所以会出现在这里,是因为她们公开讨论过单身生活的积极之处,或者抨击了那些关于单身的站不住脚的观念。

我不相信那种非此即彼的两分法。如果这些"单身英雄"有一天结婚了,我也不会对她们感到失望,画掉她们的名字。我会想的是:"真为你们高兴。"

发现单身生活的乐趣,并不意味着要嘲笑婚姻或已婚人士,就像发现婚姻的乐趣也并不意味着要蔑视单身人群或者指出他们有多么凄惨可怜。

顺带一提,亲爱的读者,我努力寻找了单身的男性代言人,我希望列举名人的性别比例是五五开。但结果是,男性名人关于单身的精彩言论并没有那么多。相当有趣,是不是?也许是因为采访者不会真的问他们这方面的问题吧。谁知道呢?我所知道的是,我没有办法找到满足理想性别比例的发言,尽管我已经花了好几个小时搜索。

卡梅隆·迪亚兹

存在许多灵魂伴侣。我的灵魂有许多不同的层面,需要许多不同的男人。朋友也一样,也可以是灵魂伴侣。"

雪儿

"母亲几年前跟我说:'甜心,找个有钱人结婚过日子吧。'我说:'妈,我就是有钱人。'"

德鲁·巴里摩尔

"我们急不可耐地想要摆脱单身状态,就好像它是某种疾病一样,这真是好笑。"

简·奥斯汀笔下的爱玛

"我总是<u>应该</u>得到最好的对待,因为我从来不能容忍别的。"

玛利安·鲍尔(《救救我!一个女人对真正能改变人生的自救方法的探寻之路》作者)

"终其一生我都觉得自己非常失败,因为我没有像其他人一样结婚或交男朋友——不过我没做这些也许只是因为它们对我来说没意义。我爱我的自由,我真的很喜欢自己待着。每次想到对未来的期许,我想到的都是旅行和快乐。我想要很棒的性爱和浪漫,但'安定下来过日子'会让我感觉自己被困住了。"

艾米·舒默

"有一天,不知怎么,我对自己会变成老姑娘的恐惧消失了……我听过一些幸福的再婚故事,或者一些人直到五六十岁才遇到真爱的故事,这让我对结婚恋爱的态度冷静了下来。我完美地过渡到了 30 岁,有过几次约会,但完全不像十几二十岁时那样沉迷于此了。那种'已经下午三点了他怎么还没给我打电话'的日子已经完全被我抛在了身后,我意识到我什么也不缺。"

凯蒂·派瑞

"我知道自己就生活在现代童话故事中,但我不需要白马王子带给我幸福结局。我自己就能创造幸福的结局。"

詹纽瑞·琼斯

"我需要一个伴侣吗?也许吧,但我并不觉得单身不快乐或孤独。那必须是一个很棒的人,我愿意为他腾出空间。他要为我的幸福添砖加瓦,而不是减损它。"

萨尔玛·哈耶克

"发展一段关系固然很好,但女人已经对它上了瘾。你可以与上帝建立关系,与自然,与狗,与自己。当然,你也可以与一个男人发展一段关系,但如果这段关系很糟糕,那还不如和你的花发展关系。"

泰勒·斯威夫特

"独处和孤独是不一样的。我喜欢做一些让独处变得美好的事情。我会买一支闻起来很香的蜡烛,把灯光调暗,播放低沉宁静的音乐。如果你不把'独自度过周五晚上'看成什么瘟疫,而只是把它看作一个自己找乐子的机会，那么它就不算糟糕。"

詹妮弗·劳伦斯

"我不是一个孤独的人。我从未感到过孤独……独自一人并不是一件悲伤的事。我想要努力解释清楚的是，我不会因为没有处在一段感情中就觉得残缺不全。我不觉得有什么感情上的空虚需要填补。"

史蒂薇·尼克斯

"我不觉得孤单，我觉得非常不孤单。我觉得一切都新奇有趣，让我兴奋。我知道有些女性会想，'我不想孤独终老'，但我会想：'看吧，这并不会吓到我……'永远有人在我身边。"

戴安·基顿

"我记得我小时候非常虔诚地相信着一些可笑的事情，例如你会找到一个人，而那个人就是可以和你相伴到老的人。我不认为我没结婚，人生就有任何缺失。关于'老姑娘'的说法根本就是垃圾。"

蒂娜·菲

"根据作家西尔维娅·休立特的说法，职业女性不应该太晚生孩子，因为我们的生育能力在 27 岁之后就会显著下降。西尔维娅是对的，我真该在 27 岁生下孩子，租住在芝加哥酒吧顶楼，一年赚 12 000 块，一定会过得'很好'。"

特雷西·艾敏（她嫁给了法国花园里一块她真的非常喜爱的大石头）

"我改变了思维方式，不再沉湎于过去的辉煌，不再认为自己很失败——因为我没有别人那样的生活……我从来没有遇见那个我想要与他结婚生子的人。我从未遇见我的灵魂伴侣。也许以后我会遇到。知道吗？我很开心自己没有犯错，还有下一个 30 年摆在眼前，什么事都可能发生。我没有将自己封闭起来，只是不让自己暴露于危险之中，就是这样。我喜欢独处，真的享受其中。"

格洛丽亚·斯泰纳姆

"女人正在逐渐成为我们想要托付的那个男人。"

"永远幸福快乐"的

Part 9

婚姻迷思

结婚会让生活变轻松吗

我好像听到了什么声音,是不是很多读到这里的离异人士笑掉了头?哦,你们懂的,婚姻并不是轻松无忧。

然而,我以玛雅·安吉罗[*]的名义发誓,有非常多人真的相信一旦结婚,就能够得到身心和经济上的放松。我知道这很荒谬,但他们真的相信。

我偶尔也会滑向这个阵营,成为其中的一员。我曾经常常跟已婚友人珍说:"我感觉如果我有伴侣,生活就会变得轻松简单一些。我们可以一起去购买食物、分工做饭,一起收拾房间,一起支付账单。"

她提醒我回头想想那两次和男友同居的经历。"生活真的变得更容易了吗?"她问,"尽管我丈夫已经很棒了,但我还是觉得自己生活更容易些。"(接着珍问我,对谈恋爱这件事我最怀念的是什么,我说"付出感情"。)

好吧,她不费吹灰之力就把我击败了。珍完全正确,结婚并没有让生活变简单,一点儿也没有。哪怕我确实与一个很体贴的男友住在一起,我也没有更轻松,家务量几乎是独居时的两倍,然后我们分手了。后来我和一个对待我就像对待家奴一

---

[*] 玛雅·安吉罗:美国著名女权主义作家。——译者注

样的男朋友同居,我的工作量大大增加了,因为我要跟在他后面收拾,给他洗衣服,等等。

我对安逸婚姻生活的幻想,与我所体验的同居现实扯不上一点关系。在我的狂想中,丈夫会给我做脚底按摩,但这种事在同居生活里从未出现过,再说,我根本都不喜欢脚底按摩。

但如果你看了我的社交平台上与上述两位男友相关的一切,你会看到另一个故事。你会看到玫瑰色的版本:我们爬上了一座山;我们显然在开心地遛狗,举办温馨的晚餐派对。你不会看到尖刻的争吵——为什么没买牛奶?不会看到沉默寡言的用餐,不会看到开车旅行时爆发的紧张冲突,也不会看到那些分房睡的夜晚。

这就是为什么比较你的真实境况与别人的脸书动态,就像是在拿你的丑照和别人最上镜的照片做对比。

在社交媒体上,我们看不到情侣们的任何负面信息。这就是为什么将同居和婚姻生活浪漫化是如此简单。这种在社交媒体上铺天盖地的晒幸福,我也体验过。

单身人士也不会宣称自己有多幸福,以此追平比分,总之,我从来没见过人这么做。单身的快乐从来就看不见,相信我,我可是在社交媒体上泡了很久的人。

"我注意到一个现象,那就是我们认为所有我们没有的东西都会带来幸福。"希尔达·伯克说,"我的许多患者都是35岁到40岁的成功单身女性,她们想要伴侣和孩子,感觉自己的人生节点已经在紧张倒计时了。她们怀揣着一份美好的幻想——只要拥有一个丈夫,生活就会比现在轻松太多。和她们聊完后,常常会有某对夫妻前来咨询，表示他们是多么想回到单身状态，因为单身生活快乐而简单。"

出于好奇，我询问了一些朋友，请他们说说婚姻到底是什么样子的。必须说明，以下朋友都已婚且幸福，所以谈话内容会不可避免地倒向婚姻生活积极的一面。我没有询问烦躁不满的夫妻，因为……你知道的。

温迪说：真相是——婚姻是件苦差事。尽管我清楚地知道离婚更麻烦，我也不认为我对婚姻中没完没了的艰辛和妥协做好了精神准备。

好吧，把两个人的收入凑在一起买一栋漂亮房子真的很棒，但这也意味着你得和他的大电视处在同一屋檐下，还要经常捍卫你保留鞋子的权利，因为他觉得它们很乱。当他在大电视上看体育比赛的时候，你在做着他永远也不会注意到的工作——擦干净厨房桌台上的面包屑，他会故意忽略你跟在他后面做的打扫。你倒垃圾的频率至少得是他的一半，否则你就是个糟糕的女权主义者。

就工作而言，如果你和他收入相当，你就无须做那些妻子要做的琐碎家务，例如准备晚餐，或参加周末精心筹办的社交活动。而如果他赚的钱明显多过你，好吧，这确实可以从某方面提高你的生活质量，让你得以光顾时髦的餐厅、享受长途旅行，但他始终会提醒你，这些钱都是他赚来的。你会想念那些工作到很晚回家后无须讲话的夜晚。你会想念可以随便吃点麦片当正餐的日子。你拥有了可以分忧解难的人，但他会对你的决定指手画脚。你将分担他的麻烦，为他没法少喝酒、没法放下手机、没法和父母好好说话而烦恼不已。但比起这些，你的麻烦更令他沮丧。

所以，婚姻不是一条好走的路，但关于它的好处，我也可以写下同样长的段落来列举。这里有句话讲述了完整的真相：婚姻是一件苦差事，但如果它走得通，就值得那些付出。

妮娜说：我保持婚姻幸福的方法是，尽我所能让生活和单身时保持一致，把对于生活琐屑的操心程度降到最低：

① 没有什么春药能像"分开一段时间"一样有效。想念对方的感觉很不错，不管是某些夜晚分开睡、出差在外，还是对所谓的"婚姻标准"反其道而行之，抑或像我们一样分开过圣诞节。给彼此空间，创造安静、独处的时刻。

② 买你能负担得起的最大的床，这样你就会觉得自己还是在一个人睡。

③ 绝不在饿肚子的时候争吵。不要在手边没零食的情况下做手工活儿。99%的争吵都不会在双方吃饱的情况下发生。

④ 如果你单身的时候都懒得做饭，以外卖为生，那么你结婚后也不太可能忽然变成顶级厨师。那就继续点外卖吧，让自己懒散一些好了。

⑤ 请一个清洁工。对待你们的婚房要像对待合租公寓一样，请专业又喜欢打扫的第三方来做清洁吧。

婚姻的一个奇怪之处是，你的伴侣会忽然公然批评蔑视你做某件事的方式，比如使用洗碗机的方式，批评你饭后把盘子收走得太快了，为什么不知道你打上一份工时交的养老金在哪儿。你完全没有办法解释自己为什么这样做，或反驳为什么不那样做，你只会说："就是这样啊。"

婚姻是一项令人大开眼界、共享一切秘密的艰巨事业。一切都要放在同一条船上，不再是"你的钱"和"他的钱"。而且婚姻可以带来金钱上的好处：聚合资源，让你们获得单人根本无法企及的财富。但是你们需要就消费观达成一致。

佛洛伦斯说：我刚刚回到家时才发现，在现在这样的天气（热浪逼人），我的丈夫居然没有关冰箱门。所以，不仅冰箱里的鱼都要扔掉，我整个下午都想吃的冰棒也化成水了。哦，还有他"没有注意到"的潮湿地板。显然，我是在"唠叨"和"抱怨"，因为我在度过糟糕的一天后回家踩到了肮脏恶心的鱼汁，还批评他太粗心了。

如果你觉得和一个男人同居，就等于拥有了勤杂工、财务顾问、性爱良伴、蜘蛛杀手，那我必须让你失望了。如今，很少有具备这么多技能的男人。

在我家，我是保险丝修理师，如果锅炉坏了，我也要负责修理；我管理所有的银行存款和账单，处理抵押贷款；我和水管工对接，如果对方上门维修时我不在，那我就得为丈夫写好注意事项。

婚姻生活也有好处：和你最好的朋友住在一起很棒，有人给你做饭（我厨艺很差，但他擅长烹饪），告诉你你看起来很漂亮（在你知道自己不漂亮的时候），和你一起制订度假计划。

但他讨厌我看电视的品位。我们定了一条规则，不能两个人同时在厨房待着，否则就会离婚。

他不在的时候，我非常想他。他回来的时候，我则渴望我曾经短暂拥有的不用操心的生活。

现在我感到内疚……他刚刚走过来，为冰箱的事道歉。显然，他是想让我下班回来后能喝杯冰沙才打开了冰箱。他睁着蓝色的大眼睛，向我解释了来龙去脉。也许，和男生住在一起也没那么糟吧。

珍说：结婚是小菜一碟，我在几个月内不费吹灰之力就把所有事情安排好了。我在我们去的第一家婚纱店买了裙子。我当时的感觉好像是："就是他了！"我妈妈简直失望透顶。

而经营婚姻，则是另外一回事。

我们都知道，几乎一半的婚姻会以离婚告终，所以显然，结婚并不能保证爱情长久。然而，有时人们会认为，如果他们结婚，就会得到"永远幸福快乐"的门票，这当然是胡说八道。

婚姻并不总是充满爱情和鲜花。事实上，这些东西很少见，常见的是扔在地上的湿毛巾和脱落在床上的趾甲。任何幸福的关系都需要付出努力，需要承诺和维护，耐心和宽容，妥协和谈判，牺牲和毅力。

与某人结合可能会带给你经济上的好处，但也可能会让你深陷债务之中。你可能会爱上一个包揽了所有家务的人，他会把早餐连同晨报一起端到你的床上；或者你可能会遇到一个懒鬼，他会让你的工作量翻倍，还会忘记你的生日。

三年前，我 30 多岁时，和一个交往三年的男人结婚了。我结婚主要是为了举办盛大的婚宴，另外就是看看它能否真的改变什么，结果并没有出现什么重大的变化。

我非常爱我的丈夫，但结婚前我也是一样地爱他。盛大的婚礼并没有让我们的关系更牢固。

遇到他之前，我的生活并不是空虚的。那只是另一种不同的生活。大多数情况下，我喜欢婚姻生活，但我也喜欢单身生活。一种并不一定比另一种好。凡事有利有弊，和任何事情一样，好坏取决于你如何对待它。所以，抓紧机会，尽量充分利用你所拥有的一切吧。

从此他们过上了"幸福那么一点点"的生活

这是社会上始终存在的迷思、挥之不去的错觉:结婚的人比单身的人更幸福、更快乐。

于是就引发了这样的讨论:

> 好心的已婚人士试图治愈我的"单身病",做法包括:告诉我不要那么挑剔,在工作上少花点儿时间,或者和他们的朋友见面聊聊(我可不想)。
>
> 我笑了,对他们表示感谢,然后说我挺好的。
>
> 他们同情地摇头,说:"我只想看你获得幸福。"

如果每发生一场这样的谈话,我就能得到 1 英镑的话,那我应该……好吧,大概只有 9 英镑,但也离 10 不远了。我不知道是不是每一个单身的人都在不停经历着这种"我只想看你获得幸福"式的对话。

然而,研究表明,这种"结了婚的人更幸福"的观点并不是事实。这种充斥了整个社会的错觉恐怕根本没有一丁点证据支持,我查过了。不好意思,你们言之凿凿,说的却只是沙子做成的空中楼阁。

那么,真实情况是什么呢?无论单身与否,人们都相信,配偶（包括情人、恋人）能让自己更幸福。2000年一项针对24个国家20 000名成年人的调查发现，45%的单身人士认为，找到一个伴侣能让自己更快乐。与此同时，将近三分之二的已婚人士以及有确定对象的人则表示，伴侣是他们人生中最重要的幸福源泉。

但事实上，"他们从此过上了幸福的生活"更准确的说法是，"他们从此过上了幸福那么一点点的生活"。

就像我去美白牙齿，落到了一位狡诈的庸医手里，他狠狠赚了一笔，我的牙却没有比之前白一点儿，盛大的婚礼结束后，已婚人士的幸福程度也和结婚前相差不大。

贝拉·德保罗在TED演讲中也用图表展示了婚前婚后基本保持一致的幸福曲线。

在一项研究中，一群大学生被要求预测他们日后结婚会有多幸福，以及日后单身会有多幸福。和研究者的预期一样，在他们心目中，婚姻生活的幸福程度高得吓人，而单身生活的幸福程度则是一条低低的线，展现了他们对这种生活的惨淡预期。

德保罗展示了一组确凿的数据，证明长期的单身生活比学生们预测的幸福很多。然后，她展示了人们结婚后的真实心态——真实的幸福曲线，而不是那种把婚姻当作乐土的童话式幻想。确实存在一个"微小的增长"、一点点幸福的凸起，出现在婚礼前后，两边各持续一年。

但是在这段增长期之后，意想不到的事发生了，人们的幸福程度回到了和单身时一样的水平。看到了吗？一模一样。也许令人感到幸福快乐的，是对婚礼的预期，以及婚礼带来的愉悦和回味，而非亲历一场真正的婚姻。

有关单身人群和已婚人群的幸福指数，目前规模最大的一项研究共有 24 000 位受访者，为期 15 年，同样发现人们只是在结婚前后出现了一点点"幸福程度的增长"。"平均下来，结婚只会让你幸福 1%。"心理学家詹妮弗·L. 泰茨说。

对另一条路的恐惧

我们被"结婚更幸福"的迷思洗脑得那么彻底，以至于一旦步入一段关系，就会把它当作救命稻草一样牢牢抓住。在调查了 20 000 名成年人后，研究者惊恐地发现，四分之一有伴侣的人表示，唯一能让他们幸福的事是找个新伴侣。四分之一！记住这个比例。

这些人显然应当保持单身，这真的让我十分悲哀：对于单身的恐惧，让这么多人被困在了关系之中。

所以，总结一下，单身并不比结婚好，但同样也不比结婚差，除了那稍微"幸福一点点"的两年。从更长远的视角看，单身的人没有更不幸。如何发现生活中的快乐，与你有没有戴婚戒，几乎没有任何关系。

婚姻生活是否幸福，完全是运气问题。

——简·奥斯汀

著名的晚婚女性

一项美国研究发现,如果你等到 25 岁之后再结婚,婚姻就能更持久。在英国,40 岁前后结婚的女性人数,在过去 10 年里翻了一倍。

夏洛特·勃朗特于 38 岁结婚,她在婚后给一位朋友的信中写道:"我现在对于人生真实的理解,比以前多了许多。我想,许多错误的观念都是被传播开来的……现在,我只能更真诚、更意味深长地再重复一次过去只是空谈的话:等一等吧。"

海伦·米伦直到 51 岁才结婚。"我在人生中很迟的时候才和泰勒结婚,我们的婚姻非常好……要始终给予伴侣去实现雄心壮志的自由和支持。"

玛丽利亚·弗罗施特鲁普最近表示,她已经对"年近 40 岁还没有遇见未来的丈夫"一事感到释怀,因为当代人的预期寿命已经大大延长,所以这段看似长得可怕的时间也没那么吓人了。

朱莉安娜·玛格丽丝 41 岁时还没有结婚。"我对此充满感激,我有勇气在应该拒绝的时候说不,在可以答应的时候说是。然后我等到了,找到了那个对的人,有了这么一个小家庭。"

伊丽莎白·吉尔伯特在《承诺:一个爱情故事》里写道:"我在未满 25 岁的时候就跳入了第一段婚姻,犹如一条拉布拉多犬跳进游泳池一样——就是那样毫无准备、毫无预见。25岁的我是那么不靠谱，或许都没有资格选择自己用的牙膏，更别说选择自己的未来了。"

那段婚姻维持了6年。

她后来写道："婚姻不是年轻人的游戏。等到你足够成熟的时候，你和一位伴侣共度余生的概率就会急剧升高。如果你等到，比如35岁时再结婚，婚姻成功的概率就相当高了。"

我很可能不会结婚的原因

1. 我常常对家庭生活感到幻灭

尽管和汤姆相处得十分愉快,我仍会被一种强烈的悲伤包围——搬到一起后,每次工作日与他对坐吃晚餐时,我都有这种感觉。那是一种"就这样吗"的倦怠感。我想哭,好像心脏被捶击、挤压着,那时我不知道这是因为什么。现在,我想我明白了。

仿佛我的世界正在摇摇欲坠,周遭的每一面墙都在围挤过来,就像一场致幻剂引发的迷离幻梦。我得到了他,和他一起生活,这难道不是美梦成真吗?

可一想到余生都将如此,我就被这种悲伤包围。无穷无尽对坐吃晚餐的时光——就像一个孩子把所有零花钱都用来钓市集上的小鸭子,后来却看到了梦寐以求的泰迪熊:"欸?我真的想钓鸭子吗?"

那天晚上,我们抱在一起,像嵌套在一起的碗一样亲密无间,我不再去理会这种深深的幻灭感,但这样的感觉还会重来,一次又一次。

我和另一个前男友拉尔夫同居时也经历过这种幻灭感。现在我明白原因了:他俩都不是四海为家的人,完全没想过要离开比利时或英国,除了现在住的地方,哪儿也不想去。这让我焦躁不安，我想我身上流着吉卜赛人的血。

2. 我宁愿做黛利拉

还记得那句"你就是一个老姑娘"吗？33岁时父亲对我说了那句话。那次他还对我说："你最后会像黛利拉·丁格隆一样！"

很久之后，父亲的这句话还回荡在我脑海里。我将黛利拉·丁格隆（我父亲的前女友）和她的对立面（我父亲的现任妻子）相比较，发现自己更喜欢黛利拉的人生。她经常躺在床上吃小面包，晚上在烛光下看书，养了五条狗和两匹马，过着田园诗般的生活——简直能被拍成爱尔兰旅行宣传片。

相比之下，我父亲的现任妻子几乎就是他的家奴：做饭、打扫、洗衣，不停地去健身房（否则他会取笑她胖了），和他一起打电子游戏，在和他一同出去吃饭时打扮得像个洋娃娃。

如果可以选择的话，我不想做奴隶一般的妻子，我想做躺在床上的黛利拉。

3. 我喜欢独处

"独处"和"孤独"是差异巨大的两个概念。独处时，我可以真正放松、自在呼吸、做任何我想做的事。我需要一个人工作，如果没有安静的环境，我甚至不知道该写什么，听不到自己的心声。我很少真的感到"孤独"，我可以整整三天都自己待着，直到开始渴望他人的陪伴，而那时，我会在脑海中想象一只画着笑脸的排球,名叫威尔逊[*]。

而最让我痛苦的孤独时刻往往发生在恋爱中,我觉得自己被忽视、不被珍惜、不被欣赏。在满屋子的人中,你可能会感到孤独;躺在床上,身边人离你只有几厘米远时,你可能会感到孤独;穿上婚纱就要结婚时,你同样可能感到孤独。"孤独"是一种精神状态,而"独处"仅仅是一种对状态的描述。

在最快乐的童年回忆中,我往往都是一个人。那时我们一家人会去多尼戈半山腰的一座偏远小屋,没有电,所以我们在烛光下吃饭,还要自己去割草烧火取暖;没有自来水,所以就在瀑布里洗澡。我们读书,玩纸牌游戏,睡在巨大的双层木床上(上铺先到先得),躺在布满星星的天窗下。这就是天堂。

我和哥哥早上8点就会冲出家门,吃饭的时候才回来,脏兮兮的,快活地大口呼吸着新鲜空气。我们会玩过家家,扮成统治绵羊王国的国王和女王。哥哥煞有介事地挥舞树枝,假装那是《星球大战》里的光剑,再现电影中的复杂情节。每到这个时候,我就会溜走,和成千上万只小青蛙在点缀着灯芯草、让人双脚深陷的沼泽地里玩;或者从山坡上滚下来看黛西,它是山下农夫养的一头驴子,我很爱它。

后来,我长大了,人们告诉我独处是悲伤的,和人共处才是快乐的。

---

[*] 在电影《荒岛余生》中,男主人公坠机后流落荒岛,为了排解孤独,他在一只排球上画了笑脸,给它起名威尔逊。——编者注

4.我更愿意一个人住

一个人住时,我不必面对这样的短信或电话——"晚上吃什么?"好像我不知怎么就成了晚饭负责人,我可不记得自己应聘过这个职位。

我真的只喜欢对自己的晚饭负责。由于我是被一位有洁癖的母亲养大的,现在我对家庭卫生的要求要比一般人吹毛求疵得多。我总会做本不属于我的家务,因为卫生死角就像精灵球一样哔哔作响,闪着光,等待被处理。我必须去打扫,否则就会崩溃。

回到家,关上门,拥有自己隐秘的小角落,感觉是如此放松。没有人会跟我抱怨,说家里有太多的蜡烛和垫子,游戏机和武士剑,黑胶唱片和自行车零件,复古旅行海报和意大利面条机,还有我买的包。

阿兰·德波顿说,有些人就是天生不适合和别人一起住。我怀疑,我就是其中一员。

5.婚姻可能会阻止我做自己想做的事

过去几年来,有三件事,是我出生以来做过的最棒的三件事:在布鲁日生活,写完第一本书,以及我如今正在做的——在巴塞罗那生活。

如果我结了婚,就无法确定这三件事中有哪件真的会发生。我还能说走就走,到另一个国家生活吗?如果我结婚了,我还能每天花 12 个小时精雕细琢,打磨我写出来的每一个字吗?我表示怀疑。但现在我做了这三件事,而且每一刻都很享受。

如果我结了婚，我可能不得不……妥协，把伴侣的感受纳入考量，让他在阅读后给我反馈，比如是否接受我把那些烂醉的一夜情写进书中。如果他不想，我就不会前往另一个国家住上7个月。

我是说，我还是会去布鲁日，住上大概三个星期，或者我还是会写一本书，但可能差一些、原创性少一些，但是天哪，想到这些事没法由我完全做主，我就很烦。而单身的话，我就不用考虑任何人的感受，可以做出属于自己的决定。

保罗·科埃略曾经写道："压力、焦虑和抑郁，都是因为取悦他人而产生的。"

我取悦我自己。我决定什么时候离开派对，我决定这个周末要做什么、和谁见面，不需要征求别人的意见。这感觉妙不可言。

6. 我更爱小狗而不是宝宝

给我一条小狗，我会轻声细语地哄它，给它拍无数张照片，然后试图把它偷偷带回家。给我一个孩子，我会像抱着一颗原子弹那样恐惧地抱着他，尽量礼貌地待一会儿，然后立刻把他交给别人。

蹒跚学步的孩子呢？没问题。只要用坐垫堆个城堡，或者从耳朵后面变出硬币，他们就会认为你很神奇。蹒跚学步的孩子是很有趣的。

但是婴儿——我就是体会不了他们的可爱。我不想生宝宝，我不喜欢宝宝，我不会像其他女人一样，看到小小的匡威童鞋就失去理智。如果找到一个极好的伴侣,有足够的钱请人带孩子,让我每天能花几个小时做自己的事情,也许我可以做一个母亲,但没有这样的条件,我就不行。

今天,我看到一个超级可爱的孩子在泳池里仰泳,像一头小海豹般扭动着身子。我想,如果这孩子是我生的,那此刻看到这一幕,该有多么自豪。但我随后意识到,当我的心肝宝贝从身体里爬出来,开始四处走动,或者像一只滑溜溜的海豹一样四处游动时,我一定会非常惊慌——"海豹"要是出事了可怎么办?我可不确定我能搞定。

7. 一想到要合并财产,我就吓坏了

当我还是个20多岁的蠢货时,我以为结婚就像拿到了一张永远不用还账的信用卡。"免费取用!反正他的钱就是我的,对吧?他也可以免费用我所有的化妆品啊。太棒啦!"

那时我执着于这样一个念头:结婚后我就会变成另一个人——就像我一心想要一场"盛大的婚礼",却忘了在100位宾客面前跳舞可能会让我心脏病发作。

在过去的5年里,不管男朋友赚多少钱,我都会选择AA制。有几次,男朋友会给我买一条昂贵的裙子做礼物,但我不喜欢自己在这种时刻对他感恩戴德的心态。

嫁个有钱人,合并我们的财产,也许确实能让我住上大房子,或者去阿斯彭度假,享受着由他付款的水疗,但这样的日子可能会带给我隐隐的内疚。

我曾经认为我想找个有钱人,这样我就可以懒洋洋地躺在

躺椅上，穿着丝质睡袍，整天吃着糖杏仁，但现实是，即使有条件如此，我也会想去工作挣钱。写作像一盏灯般照亮着我，几天不工作，我就会觉得生活充满了阴影。

黄阿丽的网飞脱口秀《小眼镜蛇》大受欢迎，不仅因为她是一位喜剧天才，还因为她说出了百万女性的心声：她怀孕是因为她"不想再工作了"。

一个朋友的朋友告诉我，她怀孕是因为想从繁重的工作中"休息片刻"（所有读到此处的妈妈肯定都会被这个荒谬的想法逗得哈哈大笑）。

许多单身女性幻想能躺在家里，抚摸着孕肚，不用再工作。我敢肯定很多单身男人也幻想着能娶个女继承人，然后过上整天玩《侠盗猎车手》的日子。

但我们真想那样吗？想象一下不得不向你的另一半要钱的生活。或者你买了一双鞋，却必须告诉对方花了多少钱。我不能！我讨厌那样。

我已经习惯了自己糟糕的财务现状。20多岁时我想找一个自动提款机般的男人，但如今30多岁的我知道，我其实并不想如此取用金钱。

我也看到一些朋友离婚后经历了痛苦的资产分割。我不知道我会如何处理这种事，如果我有机会结婚的话。但我确知的是，合并财产带来的不一定总是快乐。另外，我也和百万富翁约会过，而他是个自大狂。看清现实吧，朋友们。

结婚的理由

1. 你不想孤独终老

我真不想说出口——但他很可能会死在你前面,留下你一个人孤独死去。

这也不是生孩子的好理由。养老院里挤满了人,这些人个个都有可以照顾他们安享晚年的孩子。想象一下,如果你花了18年,不,更有可能是30年抚养他们,而当你需要用尿布时,他们却把你塞进了养老院,这将是多么令人抓狂的事情*。

2. 缓解经济压力

婚姻绝对有可能让你在财富上更上一层楼,但也很有可能让你一败涂地。如果伴侣失业了,你就必须靠自己的一份薪水养活两个人,对吧?如果他最终被证明是个不折不扣的金融白痴,攒下了一大堆信用卡账单怎么办?如果一切都无法挽回了,就像42%的英国夫妻那样,离婚的代价会高得让人瞠目结舌,平均费用为7万英镑。

3. 社会期望你这样做

如果你想结婚的唯一原因是,这会让你觉得自己是个"真正"的成年人、一个被社会认同的人,那么绝对不要结婚。

我最近意识到了,恋爱中我最享受的一件事是,我可以说

---

* 不过,如果这种事真的发生了,我在高中结业考试中熟背的那段《李尔王》独白就终于能派上用场了:"逆子无情甚于蛇蝎!"

"哦,不,我有男朋友了",或者和他一起走在街上,在他充满爱意的眼神中获得满足,感觉自己得到了社会的认可。

仅仅因为社会的期许而做某件事,一定会让你在临终时悔恨不已,深感自己错过了很多。琼·狄迪恩曾说:"把我们从他人的期许中解放出来,做回自己——这就是自尊伟大而非凡的力量。"

4. 你很爱他

你甚至无法想象没有他的生活——这是唯一明智的原因,是唯一一条我们没有画掉的理由。

哪怕永远不被他人认可,哪怕没有戒指,哪怕必须在家徒四壁、只有睡袋的房间里生活,你还是想跟他结婚,那么,你就算是通过这场考验了。

如果我遇见了符合这一条件的人,我可能会与他结婚。

为自己

Part 10

完整上色

一幅未完成的画

一切都没有用,除非你行动。

——玛雅·安吉罗

我记得自己曾向好友凯特哀叹没有找到另一半,她是个智者式的人物,对我说:"但是,凯茜,两个不完整的人不可能拥有一段健康的关系,只有两个完整的人才可以。"这句话对我来说犹如一盆冷水泼在了醉鬼头上。

我意识到,我确实是不完整的。我就像一幅未完成的画,只上色到一半便被抛下了。我从来没有费心去给某些部分上色,因为我认为会有别人出现,我们融合、交叠,他的颜色就会覆盖我的空白。

我想,我们中的很多人都是这么做的,比如那些从没有学过煮饭或者洗衣服的男人;那些认为未来的丈夫可以满足自己滚雪球一般的购物欲的女人;那些相信自己一旦和别人同居就会变整洁的人;那些一心只等着碰上一个爱旅行的伴侣的人;那些对自己说,只要找到了一个爱跑步的男朋友,自己也一定会变得健美苗条的人。

我们有意或无意地不让自己完整,所以我们觉得单身的自己残缺不全,一点也不奇怪。

我像是一幅只完成了一半的画作。看清这一事实很残酷，却是戒除爱瘾的关键一步。

旧态度	新态度
一旦我安顿下来或者计划要孩子了，我就会去学开车	现在就去学开车

18岁生日的时候，妈妈和继父给了我500英镑，说："我们建议你去学车。"但我把这笔钱花在了逛夜店、买裙子、喝苹果酒和买香烟上面。它让我一年多都处在宿醉之中。

我23岁的时候搬去了伦敦，从不觉得我需要一辆车，也没有买车的欲望，因为法律可不允许醉醺醺的人开车。再说，喝得晕晕乎乎地开着车，一边留意着路边的帅哥，可不是什么令人愉快的事。

但现在，我不喝酒了，不再购买去夜店穿的紧身衣服，不再把人生目标绑在某些假设上，例如"只要遇到他，我就会……"，所以，我现在终于开始学开车了。这种感觉令人难以置信地满足。我其实开得很差，昨天甚至开到了自行车道上，还经常开错车门，但我会努力改善的。

旧态度	新态度
未来的男朋友会帮我完成人生图画的	我要自己完成

世界上并不存在什么"男人的活儿"和"女人的活儿"，它

们都只是"活儿"。我最近意识到,你不必非得是个男人才能钉钉子挂画框、备份文件,或者组装家具,只要拥有大脑、工具和教学视频你就能完成这些事。与之相似,你也不必非得是个女人才能缝纽扣、熨衣服、做砂锅菜肴,或者让一栋房子"有家的感觉"。

我发现,要把草莓酱从那个被强壮有力的工人旋紧的罐头里解救出来,只需要一根橡皮筋,而不是一个男人,这让我觉得自己充满了力量。

也许这对你来说是显而易见、早就知道的事,但是对我来说,这真的是一项重大发现。生活里的各种"活儿"不分男女。

旧态度	**新态度**
遇到那个人我就开始存钱	我会自己做好人生规划

终其一生,我曾被四只怪兽纠缠:焦虑、酗酒、爱瘾和金钱。

前两只已经是过去式了,在后视镜中渐渐变小。我现在写下这本书,是在尝试驯服第三只怪兽,而第四只怪兽——金钱,依然是能把我吓得魂飞魄散的存在。

电影《指环王》里有这样一个场景,几个霍比特人被残酷无情的戒灵追杀时,他们藏在树根下的洞穴里,一动不动。

这基本上就是我对财务危机的态度。"藏起来!安静!如果我不发出声音,它就不会发现我!"而凶狠的怪兽就在我头顶不停跺脚、削动泥土、呜呜地叫。

和这种恐惧如影随形的，还有一种骑士般的潇洒。"哇，又有钱了！花掉它！好了，都花完了。糟糕！"就这样无限重演。

我就像电影《华尔街之狼》里的莱奥纳多·迪卡普里奥，在自己的游艇上大喊："嗨，伙计们，看看我在口袋里发现了什么！"然后将大把的钞票扔给甲板上的陌生人，就像把种子扔给鸟儿一样。

继父经常和我开一个玩笑，发薪几天后，他会对我说："成功甩掉你那些该死的钱了吗？"我会说："还没有，不过差不多了。""你可以的，我相信你。"他说。

钱像是将我的口袋烧了个洞，然后自己溜走了。但我不是千万富翁，事实上我的工资仅仅是大多数朋友（都是律师和会计师）的四分之一。所以，你知道，这对我来说并不是什么好事。不过，去年我仍然旅行了四次，所以不算是一贫如洗。

追逐地平线、拍下彩虹，这是我爱做的事，但彩虹照片不是银行接受的法定货币。我有很多书，但除非我想用书建造童话小屋，像那个"住在鞋子里的老太太"*一样生活，我需要规划人生，好让未来的自己有瓦遮头，能喝上一杯薄荷茶，还有瑜伽课可以上。

我今年38岁，刚刚还清一直以来的债务，开始存钱。我以前认为未来的男友可以一把揽下我的债务，和我一起存钱，这样问题就解决了。

现在，我意识到一切都取决于我。这是我的事，由我决定，

---

* 《住在鞋子里的老太太》是《鹅妈妈童谣集》中的一首儿歌。——编者注

我要对未来的自己负责。就像没人能戒除我的酒瘾一样,除了自己,也没有任何人能解决我的金钱问题。

澄清:单身人士的确会陷入财务困境

说完这些,现在很有必要指出一点——单身人士的确会遇到财务困难,这并非想象。在英国,单身人士的家庭开支平均每年要比已婚人士多1 800英镑。另一项研究证明,单身人士一辈子的生活费平均要比已婚人士多266 000英镑。

我们假日的开销,也几乎是已婚人士的两倍,因为没有人分担酒店房费。这意味着已婚人士一年的平均存款是6 000英镑,而单身人士只有2 000英镑。

对于绝大多数单身人士来说,如果忽然失业,积蓄会在两周内消耗殆尽。(不知道他们是怎么在两周内花光2 000英镑的,但事实的确如此。)这很可怕,只需两周就会流落街头,天哪。

俄亥俄州立大学的一项研究表明,平均每位已婚人士会比单身人士多拥有77%的净资产。英国只有36%的单身人士表示自己没有经济压力,而夫妻和情侣中,认为自己没有经济压力的占52%。

所以,这不是你的想象,事实的确如此。

然而,从另一个角度看,单身的人赚得更多。没错。美国的一项报告指出,那些30多岁才结婚的高收入女性与20多岁就结婚的女性相比,平均每年多赚18 000英镑。

旧态度	新态度
当我遇到那个人的时候会买房	我会尽可能早点买房

我过去总是告诉自己,单身时考虑买房的事毫无必要。这么想的人可不止我一个。英国三分之一的单身租房族认为,只要没有伴侣,就不用买房。

我曾认为不动产是配偶们才拥有的东西,这意味着在成年生活里,我一直把钱花在交房租上。这毫无意义,所以现在我决定一个人买房。

人们(尤其是女性)结婚或同居时常常会自己备好一笔应急的钱,以便在遭遇暴力时及时撤离。但现在人们将"私房钱"升级成了"藏身地":开始自己购买房产,以防情况不妙。朋友们告诉过我,无论有没有婚约或孩子,都要有属于自己的财产,作为保险金。财产就是力量。

这话绝对有道理。也许每个人都应该这么做,无论男女,无论富有还是贫穷。即使你只买得起一套乡下小公寓,或者伦敦的一个停车位,也比一直租房好。

但是等等,你不是一座孤岛

然而,这并不意味着你凡事都要孤军奋战。你又不是"擎天巨神"阿特拉斯。向父母借钱,或者搬家时请兄弟帮忙可能会被你视为不成熟的表现,但事实并非如此。你只是在做已婚人士时时刻刻都在做的事——请求帮助。

我曾经对继父说,作为单身人士,我常常会觉得在出事时没有人可以依靠。"但你其实有可以依靠的人,"他说,"你有我们。依靠我们吧。"

这句话彻底改变了我,所以现在我向前走了一步,但不是以谢丽尔·桑德伯格的方式,而是卸下了肩头的重担*。

搞定一切的摇篮曲

所以,当我开始学车、组装家具、存钱和计划买房时,单身带来的恐慌渐渐睡着了,仿佛我为它唱了一首摇篮曲。自立的能力、养活自己的能力,似乎都是我恐慌症的解药。

我们总想把这些"成人"的事情搁在一边,日后再处理,而这只会给我们未来的伴侣带来无形的压力。这完全是我们自找的。这一次,我们不能再把矛头指向电影、童话或社会价值观。

我认为,我们对恋爱和婚姻关系的渴望往往充斥着矛盾和不切实际的幻想,就像一团纠缠在一起的羊毛。

做这些"成人"的事感觉出奇地好。我感觉平静多了,因为我给了自己安全感,不再需要在交友软件上寻找。我现在的目标就是为自己这幅画涂满颜色:每一个角落、每一道难关、每一寸天空。毕竟,如果不指望伴侣来让你完整,恋爱和结婚就只是一个可选项,而非必选项。

---

* 谢丽尔·桑德伯格的自传名为《向前一步》(Lean in)。而这个书名在英语中也有"依靠他人"的意思。——译者注

如果我们完成了力所能及的所有事情，结果会让我们自己都大吃一惊。

——托马斯·爱迪生

如何

― *Part 11* ―

适度约会

适度约会

好吧,这不是让我们不再爱慕他人,永远守身如玉,将性感内衣束之高阁。

有些酒精饮料的广告或标签上会有一行小字——"适度饮酒"。我反正永远也做不到。我痛恨这些标签,因为它们是如此彻底地把责任推给了饮酒者,而不是酒精。如果你最后喝醉了,他们会说:"我跟你说了要适度饮酒!是你没有正确使用我们尊贵的产品!"

我跑题了。我们现在讨论的不是饮酒,而是约会,而且和"适度饮酒"不同,要做到"适度约会"其实很容易,只是从来没有人教过我们该怎么做,尤其是在这么一个信息过载的数字时代。

当我跟一个朋友说起这本书时,她说:"但是你一直都在约会啊,你不是单身而快乐的人。"啥?等等,小姐,请耐心听我解释。

我当然是单身而快乐的人了。我和很多不错的人约会过,但没有选择和他们在一起,因为核心问题是,我只想和那些不可能与我在一起的人在一起。(如果这意味着我永远也不可能和任何人在一起,如今的我也能坦然接受这个事实了。)

可供选择的并不只有这两项:

☐ 单身，快乐，不想约会

☐ 单身，不快乐，想约会

不是这样的，这个世界不是非黑即白的，不是只有这两扇门。你可以从上万扇门中选择。快乐地单身、渴望恋爱，这两件事是可以共存的。它们不是互斥的选项。

我们现在知道了，一个人也能获得同样的快乐。所以，就算你捕到了一条很棒的鱼，也可以把它放回池子里，说一句："再见了，朋友。"

我现在选择打开的一扇门是："单身，快乐，如果我乐意就去约会"。我的底线是快乐，无论结果是什么。如果约会被取消，我会感到轻松，而不是捶胸顿足。不约会其实好处众多：我不用花上一个小时化妆、做头发（实事求是地说，只要去约会，我就必须做这些准备工作），所以我可以去练瑜伽了，然后出出汗。

如果相处几个月后分了手，我肯定会泄气一阵子，但随后还是会回到快乐的基准线。亲爱的读者，这对我来说就是重大的进步。

我决定教会自己在这种"约会但不过分投入"的状态下生活，通过大量阅读、广泛听取专家意见和不停试错来学习。现在，我可以不失理智地约会了。我的弹球不会再散落一地，或者滑入冰箱底下无可挽回的黑暗之中。

以下是我的经验教训。谁知道呢，或许它们也能帮到你。要有远见，带上充足的幽默感、良好的心态和自尊去适度约会。

把约会看成轻松愉快的事,而非累人讨厌的工作,不再觉得你被困在了游乐场的过山车上,被无情地抛来抛去。

你可以与人约会,但不再半夜用隐身模式偷看他的领英页面;可以了解一个人,但不要天天泡在他最爱的咖啡馆"碰巧"与他见面。

如果你准备好了,就请和我一起打开"单身,快乐,可以适度约会"这扇大门吧。门后面的世界真的很棒。

把他重新看作一个人,而不是潜在的配偶

我们是在跟一个人见面,一个可能成为朋友的人,而非一个可能成为丈夫或妻子的人,这不是安排好的相亲。我们不是非得跟这个人结婚,或者必须让他想跟我们结婚。我们甚至无须喜欢他,也不需要让他喜欢上我们。如果这个人后来的确成了潜在的伴侣,那很好,但是如果这种事没有发生,也没什么大不了的。

我的朋友劳拉最近说:"为什么我在见新朋友时从来不紧张呢?我不担心他们会不喜欢我,如果他们注定和我不投缘,那就顺其自然好了。上周我和一个女人一起喝咖啡,尽管相处挺愉快,但我们之间没有友情的火花——我没把这件事看得太重要,她也没有,我们只是……不太投缘罢了。但为什么我和一个男人约会时,这种情况就会让我伤心不已,认定是自己犯了什么错呢?"

是这样吗?我和劳拉一模一样。我会把这当成一种对我个人的冒犯,预示我不完整,说明我不可爱,无论什么时候,只要有人不想跟我约会，我就会这么想。但那只是因为我把约会对象看成了潜在的、未来的丈夫。

所以，现在我试着把约会仅仅当成去见一个新朋友，一起去喝咖啡、随便走走或做别的什么。这让我不再把它看得那么重要，让约会变得更容易掌控。如果约会没有后续，这也并不能说明我或对方有问题，很简单，我们就是不合适而已。

避开"大龄压力"

20岁出头的人对于约会是否有下文毫不在意，但30多岁、感觉时间紧迫的人则会认为，一次约会就是锁定人生伴侣的最后赌注。

在我们30多岁或者更晚的时候，一次约会的赌注似乎变得更高了，就好像要把全部筹码押在轮盘上的一格里。这可真是让人相当伤脑筋，心脏都颤颤巍巍的。

但是，这仅仅是因为我们允许自己这样想。再好好想想吧，你其实只是把"一周"而非"一生"的筹码押了上去。这里并没有沙子正在飞速流逝的巨大沙漏。

好吧，其实有，但也仍然还有40多年的沙子，而不是2年可以利用的时间。我们不会只因为到了某个年龄，就变得毫无魅力、无聊沉闷或者没人想要。

给自己充足的喘息机会

还记得209页希尔达给出的建议吗？如果这能让你觉得"在恐慌的时限到来前，我还有5年时间"，并给自己一些喘息机会的话，就多想想这些建议。

这就像在说"我今年不喝酒了"而不是"我以后再也不喝酒了"。尽量让自己好受些，定下属于你自己的规则。如果"不结婚"对你来说比严格遵守社会期待更重要，请记住你的选择。

从焦虑转向兴奋

尽管有上述种种调整策略，约会依然令人精神紧张，如同在黑色滑雪道*上飞驰，尤其是在不喝酒的情况下。在这方面，我得到过的最好的建议之一，来自我的朋友萨姆·帕瑟尔·巴利夫。她是一位心理医生，建议我将焦虑转为兴奋。

"告诉自己，你是带着激动、兴奋且愉悦的心情去赴这场约会的，而不是背负着压力。"她说，"问题在于，当你的心怦怦直跳、手心冒汗，大脑又在高速运转的时候，想要平静下来几乎是不可能的，这种状态距离平静太远了。然而，从紧张转向兴奋，从过度焦虑转向精力充沛，路程要近得多。"

转换到一种兴奋的状态，会帮助你搞定约会。"'压力激素'——皮质醇（的水平）是焦虑的标志之一，但它也是兴奋的标志。"神经学家伊恩·罗伯逊博士在《每日电讯报》的访谈中说，"同一种激素的影响因人而异，取决于思维施加其上的语境。如果你焦虑，皮质醇就会妨碍你的表现，但是如果你兴奋，它就会促进你表现。"

现在，当我紧张得膝盖发抖的时候，我不会试图把身体调

---

* 黑色滑雪道是难度等级最高的滑雪道。——编者注

整到冷静如禅定的状态；我只会告诉自己，我现在感到的是兴奋，不是焦虑不安。这成功地让我紧绷的皮肤松弛下来，次数多得我都数不清了。

把社交恐惧想象成一只守护灵兽

你读过菲利普·普尔曼的《黑质》三部曲吗？大师级作品。在书中，人们的灵魂以"守护灵兽"的形式存在，灵兽的形态和主人的性格密切相关。所以，如果有谁看起来超级友善，他的灵兽却是一条龇牙咧嘴的鬣狗，你要小心了；或者有谁看起来冷冰冰的，灵兽却是一条快活的拉布拉多犬，那么你基本上可以确定，他最终会活跃起来的。

我想说的是，我发现，把焦虑想象成我身体之外的东西——一只守护灵兽，是很有帮助的。史蒂夫·彼得斯在《黑猩猩悖论》中建议我们把焦虑想成一只黑猩猩，但就我个人来说，它更像是一只被困住的鸟。

它可能是一只蓝色的山雀。当我感觉它开始扑棱翅膀在我体内盘旋的时候，当它小小的心脏开始如擂鼓一般跳动的时候，我就会轻声细语地跟它交谈，就像在安抚一只真正的动物。

我的朋友们也这么做过。杰斯说，她的社交恐惧灵兽是一只兔子，一只会在灯光下瘫痪的兔子。

把恐慌从自己的身体中剔除，把它当成一只精神宠物，的的确确帮到了我。

明白焦虑大多是不可见的

我的表象并不一定反映了我的真实感受,只有寥寥几个人能在我不安的时候发现这一点。在 99.9% 的情况下,我的恐慌都是不可见的,而且我敢打赌,你的恐慌和焦虑也同样如此。

你有没有遇到过这种事?当你为一位出色地完成了演讲的同事鼓掌时,他对你说:"哦,谢谢,我真是紧张死了"。或者你吃惊地发现有的人看上去冷静泰然,实际上却深受社交焦虑的困扰?没错吧?想一想这些事。你无法看到他们的焦虑,所以他们大概也看不到你的焦虑。

说回我的朋友杰斯,她完美地证明了饱受社交焦虑困扰的人也可以活跃、主动、热情地社交。

你根本不会知道她很焦虑,除非你接受过专业的培训,能够捕捉到极小、极细微的焦虑表现。她是那种能让人们哄堂大笑的人——风趣地提到从澳大利亚移居英国之前,她从未见过英式烤饼和暖气,以为学校组织的长途旅行(coach trip)意味着乘坐童话里的四轮马车(coach)旅行,由气宇轩昂、饰有粉色羽毛的白马带队。

如果你见过我,你很可能也根本不会觉得我有社交焦虑。别人告诉我,我看上去相当放松、冷静且自信。我们像战士一样,把焦虑藏得好好的,堪比大师。我们精通伪装的艺术,因为我们每天都在练习伪装。

在起床后冥想

还记得我说过,清晨是最适合将积极想法形象化的时段吗？这是意识与潜意识之间的通道最为敞开的时刻。非理性的恐惧和信念栖息于潜意识之中，驱动着恐惧、成瘾、焦虑，以及所有这些"负面"的东西。

这也是我从我的朋友——心理医生萨姆那里学到的。"在清晨，我们还没有完全清醒的时刻，大脑会比平时更容易受到影响，从而改变神经通路。"她告诉我。

如果你在约会前几天，每天早晨起床后都用几分钟想象自己凭借魅力轻松搞定了约会，这种积极的情绪就会渗入你充斥着"如果他讨厌我该怎么办"的潜意识，从而真正改变你关于约会预期的神经通路。

奥运会运动员们无时无刻不在使用着这种将积极想法形象化的策略，因为想象自己成功扔出了一个球，或者跳得更远，所使用的大脑区域与实际做出这些事时使用的大脑区域是相同的。这会让你的大脑为胜利做好准备。

但我会谨慎使用这种策略，只会想象眼前即将发生的事情（约会）进展顺利，而不是幻想5年后不着边际的未来。

延迟答复

如果你和我一样，觉得一旦给对方发了信息，就仿佛立刻把球传到了他们手中，而你不得不握紧球拍、原地弹跳、随时等着接球的话，不妨试试这么做：先把球在自己手里留一会儿。

如果你和我一样，发现每次等待对方消息时，都会被抛入"等候之地"，不妨先缓几个小时，等会儿再发出信息。

我并不是建议你"欲擒故纵"，因为你知道，我已经不相信这种将对方操纵于股掌间的手段了。这只是"给自己一段暂停时间，握一会儿球"。不是"要让他们紧张"，而是"要让自己清醒"。

坐下来，伸展一下身体，像中场休息时一样，吃一瓣橘子。然后，等你什么时候感觉好了，再把球抛回去。

我沉迷于那些手机社交应用，因此，为了让自己从不停的浏览、等待、揣摩中抽离片刻，我会使用应用程序"Flipd"，将手机锁屏几个小时。

英国人平均每天看手机150次，所以，这不仅仅是你我的问题，现在每个人都这样，但是你可以选择应对手机依赖症的方式。

进行"感情版"贝克戴尔测试

我们已经在本书第25页讨论了贝克戴尔测试，现在，我不仅把它用于评价电影，也用它来评估我的想法和言论。我会衡量，我想到或谈到"那个人"的次数有多少。如果次数过多，我就会给自己贴上"测试失败"的标签。

如果我每天用一半以上的时间思考或谈论某个我迷恋的男人，那么我肯定需要寻找新的兴趣点。我需要拿起一份报纸，为时空旅行方面取得的新进展惊叹，或者学习一点西班牙语，抑或打电话给朋友，问问他们最近过得怎么样。

想想"如果是一个朋友这么做"

我还发现，当我像个疯子似的纠结于某个约会对象的反应时,这么想会让我豁然开朗:"如果是一个朋友这么做,我还会这样吗?"如果一个朋友12个小时后才回复我的信息,我会在乎吗?

我会怀疑朋友其实不喜欢我,却将这份厌恶藏得非常隐秘吗?或者怀疑他有了更好的朋友?我会给他发一条超级夸张的信息说,"看起来你并不在意,所以我们还是算了吧"吗?

不会,完全不会。用这个办法,换个角度思考总是能令我的疯狂一览无余、无处遁形。它就像牙医让你嚼的药片,能把你的牙菌斑变成粉红色[*]。

把感情生活当成茶余饭后的薄荷糖

我所有的朋友无疑都会指出,我的感情生活曾是我们永恒的聊天主题。我会花好几个小时谈论那些来来回回的短信,或者让朋友看我约会对象的照片,在遇到感情困境时向他们求助,分享我最近的浪漫约会,请他们给出详尽的评论。

显然,我现在还会跟朋友们聊起约会,但这已变成了一种闲聊,而非讨论的主题。和凯特吃完午饭后,她会边推开餐厅的门边问我:"哦,我忘了问他的情况了,你还在跟他见面吗?"于是我会简单和她说两句,因为我们已经要走了,就好像是在走出餐厅时吃一片薄荷糖。

而这么做有两个好处:首先,我没了压力,因为只有极少

---

[*] 咀嚼牙菌斑指示剂药片后,牙菌斑会变成鲜明可见的粉红色,从而帮助患者更有效地清洁牙齿。——编者注

数人知道我约会的完整细节，不再是尽人皆知了；其次，这让我在他人眼中变得更有趣了。

与之类似，过去认识工作之外的朋友时，我三句话就会问到对方的感情生活：你住在哪里？你是做什么的？你在见什么人吗？

而现在，我把眼界拓宽了，视野远比之前辽阔。

最近，我和室友同住了5个月后才终于问他："你的个人生活是怎样的呢？有没有喜欢的人？"在此之前，我们有更有趣的事情要做。

给大脑一架"新秋千"

我的大脑就像一位高空秋千大师，如果只给它一架秋千，它就会一直吊在上面。为了让它摆脱"约会"这架秋千，我需要给它一架新秋千。

这就是为什么，当我饱受约会难题困扰时，埋头写作一会儿、帮助别人，或者整理书架、把书脊排成彩虹状，就会感觉好得多。你不能指望大脑停止运转，除非给它一架新秋千。来吧，在秋千上荡一会儿吧。

此外，我曾读到过，如果你总是很容易一见钟情，那么，多和不同的人约会是一个很好的办法。这样你就不会对某一个人太过着迷和投入，因此会更理智。

对我来说，我不太可能同时跟多个人约会，我的心脏适应不了这种模式。我认为，给大脑一架"不约会"的新秋千，可能要比同时和许多人约会更好，何况这些人中有一半都是你在社交软件上随便找到的。

不要像应付差事一般去约会

我最近看了电影《大病》，里面有一个人说："你有没有想过就谈个恋爱算了，让自己……轻松点？"是的，这句话一针见血。单身生活可能会令人筋疲力尽，因为它让人觉得自己一直止步不前。

但是我直到最近才意识到，是我们参与制造了这种压力，是我们选择了它。我们其实不一定非得去这样想——或者去这样做。

我们不是非得每周都出去约会，如果这件事会消耗我们的精力。这会把约会的快乐全毁掉，让我们觉得自己像在找工作或看房子。我们并不是非得找到一个伴侣，这和找工作、找房子是不一样的，它是一个可选项，而非必选项。

你可以把约会频率降低到一个月一次。现在，如果我不想去约会的话，我就不去。

从给予他人快乐中获得快乐

再次把约会当成我人生的兴奋剂，真的很诱人，但如果这样做，我很快就会回到原点，将浪漫关系当作所有幸福的源泉。

一项针对500名受访者、为期6周的研究得出了一些令人惊讶的结论：比起犒劳自己（比如请一天假），善待他人能带来更大的幸福感。事实上，在那些犒劳自己的人身上，研究者并没有观察到情绪的改善。

这项研究的结论是:"那些努力想要提升幸福感的人可能会去做按摩、购物或吃甜点……但如果他们选择款待他人,幸福感会更强。"

我很喜欢埃莉诺·罗斯福的名言:"既然你能从给予他人快乐中获得更多的快乐,你就应该多花心思,思考你能给予他人的快乐。"

如今,在我为约会受挫之类的事情沮丧时,我不会泡在约会软件上以改善心情了。我通常会做一些能让自己变美的事情(比如去按摩),然后我会为别人做点事,比如给宿醉的室友送一杯奶昔,或者用"独角兽女王"的口吻给小侄女写信,或者帮不得空儿的朋友配新钥匙,或者送帮我搬家的伙伴一株玫瑰。

记住这句关于拖拉机的谚语

曾经,我努力从毫无父爱的父亲那里争取父爱——他说我和哥哥是他的"家长",说他从来没想过要孩子。一位亲戚说:"爱尔兰有句关于拖拉机的谚语:不要向没有拖拉机的人借拖拉机。向他们借拖拉机是没有意义的,因为他们没有拖拉机可以借给你。"

说得太好了,不是吗?现在我要把这句话用到所有男人身上。如果他没有某样东西(比如对承诺的渴望,或者生孩子的计划),就不要向他要这个。不要敲他的门,说你需要犁地、播种玉米,请他把拖拉机借给你。这完全是浪费时间。他没有!去找一个有拖拉机的人。

这个道理非常简单,让我不会再敲错门(或者上错床),屡试不爽。

再说，你确定现在想要一辆拖拉机吗？还是有人告诉你应该有？

小心发展过快的关系

你知道，我很容易陷入火药桶般的关系。我现在的目标是慢慢燃烧，哪怕本能驱使我把所有的火柴点燃，只见三次面就燃起熊熊篝火。

大多数时候，我与他人一触即发的恋情都是被酒精推动的。毕竟，酒精是易燃物。

醉酒的人会一窝蜂地往前冲，而清醒的人则害怕发生踩踏。清醒会让你谨慎而克制，不会深陷无所顾忌的鲁莽。这是一件好事，尽管有时我仍然会心痒难耐、渴望立刻燃烧，仍然得不断提醒自己。

尽量推迟性生活

我希望随意地做爱、激烈地做爱，就像每周六和壁球伙伴一起挥汗打闹，但身体不允许我这样做。

我现在了解自己了。

我也知道了女性催产素的激增会蒙蔽我们的判断力，让我们认为摩托车黑帮头目是适合结婚的人选，仅仅因为他曾经给过我们一次高潮。

心理学家罗伯特·爱泼斯坦在接受杂志的采访时表示，欲望让我们无法看清别人。"对于大多数人想要的那种关系（长期、稳定而幸福的关系）来说，只有性欲是不够的。性欲实际上是相当危险的。并不是会害你丧命的危险，但是我们有研究（严谨的实验室数据）发现，当人们有性欲时，就会忽视对方重要的性格特点。"

现在，我试着推迟做爱——直到我确定自己超级喜欢他，而他也超级喜欢我，直到我能够看清他时。

第一次做爱时需要清醒

科学证明，在约会时，酒精会让你想要脱掉衣服，但这往往发生在你还没有做好心理准备之前。如果你不想在早上醒来时让人看到你赤身裸体，昨晚又把衣服像撕包装纸一样扯得稀烂；如果你在清醒时并不想和对方上床，那你就是还没做好准备。

酒精还会让你在面对并不真正喜欢的人时（所谓"喜欢"，我指的是喜欢他们的内在和外在。当我喝醉时，我会相中外表热辣但内心讨厌的男人），将你们发生关系的概率增加10亿倍。最后，虽然酒精会让你更兴奋、更有可能与人发生性关系，但事实证明，它也会使你感官迟钝，使性行为变得不那么愉快，使你更难达到高潮。失分，失分，失分。

即使你是一个酒鬼，我也竭力建议你在第一次与一个人做爱时保持清醒，虽然这听上去有点可怕，但有几点好处：第一，你会记住它；第二，你更有可能会选择与真正喜欢的人发生关系；第三，你能获得更美妙的感官体验；第四，在此期间你不会从床上掉下来，做一些你本来不会做的事，或者半途就开始打鼾。

不想做爱就不做爱

现在我已经原谅了那个在酗酒的日子里到处乱搞的自己。就像谢丽尔·斯特雷德说的,我们在 20 世纪 90 年代都是荡妇。我只是让这段放荡的日子延长到了 21 世纪。哦,天哪。

我曾在哪儿读到过,女人喝醉了,就会身陷她们本不想进行的随意性行为,从而伤害自己,而喝醉的男人则往往会因为打架而伤害到自己。当然事情没有这么简单,因为喝醉的男人也会身陷他们不想进行的性爱,但这句话确实在我脑海中留下了真理般的印象。

现在我已经戒酒 5 年了,我对跟谁上床真的很挑剔。我知道亲密关系和性是不同的,但 5 年前的我不这么认为。我的一对朋友在结婚后去看过性爱治疗师,接受了长达一小时的"指尖触碰治疗",以建立亲密关系。他们需要抚摸对方,但不带性意味,而是以一种照顾对方的方式,在抚摸之后也不许做爱。性不是亲密,而我 20 多岁的时候不知道这一点。

而且,我敢肯定,我不是唯一一个认为"不做爱会显得很无礼"而去做爱的人。我觉得是我"引发了对方的性欲",因此必须完成这项任务,才不会被人指责是在"卖弄风情";他们的欲望被激发,是我的责任。

这就是为什么克里斯汀·鲁本尼安在《纽约客》上发表的短篇小说《猫人》会一炮而红。她总结得相当漂亮,人们经常会在社会风气的驱使下发生性行为。小说中的一句话在我脑海中挥之不去:"但是,想到要终止她已经开启的事情,她不堪重负。"

这其实很简单：如果你不想做爱，那就不做，哪怕你已经赤身裸体，对方已做好了准备，你之前说过你想做爱，他们说是你在勾引他们，或者面对诸如此类的压力。站起来，穿上衣服，然后离开。即便是在你自己家里，你也可以站起来，穿上衣服，请他们离开。

既然我不再为了取悦男人而做爱，我的性爱也不再像一场裸体选美比赛，需要我努力展示各种技巧以获得更高的分数。我做爱是为了取悦自己，我享受这个过程，它令人汗流浃背，但是乐趣无穷。

直面恐惧

这与我在积极心理学领域的坚定信念背道而驰，但我发现这样做对我的好处多过坏处。当我开始降低标准时，当我觉得我不得不放弃他或者认定他正在考虑放弃我时，我会深吸一口气，径直面对脑海中最糟糕的境况，就像进入一场"模拟人生"。

通常情况下，对花园中沙沙声的恐惧，可能会引发你最大的恐惧。然而一旦深吸一口气，用手电照亮花园，你会发现那里什么都没有。（最近我差点儿就因为"花园里有闯入者"而报警，最后发现那只不过是一只特别吵闹的刺猬。当它摇摇摆摆地走出灌木丛时，我的心脏几乎停止了跳动，然后，我笑得前仰后合。）

我们高估了分手的破坏力。哈佛大学一项由丹尼尔·吉尔伯特教授主持的调查采访了500名学生，请他们预测自己分手后两个月内的感受。与实际分手后的情况相比，他们的预测大大高估了分手的毁灭性。此外，在受访学生中，分手的人与没分手的人幸福水平并没有太大不同。

恐惧往往盖过了现实。最近，我和一个显然没有"拖拉机"的人陷入了关系泥淖，但我一直欺骗自己，相信他最终也许会买一辆"拖拉机"。我对关系终结的恐惧日渐加深，但这一次我并没有回避，而是径直走向它，就像员工小心翼翼地走进公司拓展训练的奇怪场所，踩上滚烫的煤块接受挑战。

我想象它的结局。我打开门，打开灯，仔细打量恐惧的根源。我发现，走入火焰并不像我想象的那样可怕。一旦我走完这条路，感到如释重负，我的自尊也重燃了。谁会想到呢？一旦我确信哪怕末日到来我也能活下去，我对于这段关系就轻松多了。

这让我为接下来的事情做好了准备：那个星期，我们达成了一项看上去有点好笑的友好协议，不再约会。因为已经走过了滚烫的煤块，我只花了一天的时间就从两个月的恋情中恢复了过来，而在几年前，这通常需要一个月。这让我和周围的朋友目瞪口呆，但我真的感觉还不错。

在头脑中穿过火焰时，你可能会发现，它远没有你最初想象的那么可怕。你想象中的非法闯入者，也许只是一只刺猬。

不要通过喜欢一个人来忘记另一个人

俗话说："想忘记某个人，你需要爱上另一个人。"在我20多岁时，我时刻赞同这种观点，我应对每一场分手的方式永远都是立刻和别人约会。

现在我意识到，这绝对是愚蠢的，但我还是没法对这个坏习惯免疫。我最近和一个男人约会了几次，就在我和另一个男人分手后的第 5 天。

我们玩得很开心，但这能帮我痊愈吗？说真的，这样约会就好比把锤子砸在自己的脚上，以分散头部被撞的疼痛感。

寻找一个可以帮你转移注意力的约会对象、一个创可贴式的男朋友或女朋友，是非常诱人的，但这只会强化我们错误的观念，即唯一的幸福来自感情生活，我们需要不断被爱情充电才能精力充沛地前行。

你可以成为自己的电源，而非依赖他人。

强扭的瓜不甜

当你和一个表现得没那么对你着迷的人约会时，会发生什么呢？你会觉得自己一定做错了什么，相信只要你表现得更风趣、更热辣，或者故意冷淡，他们就会更上心、更投入。

然而随着时光流逝，他们的冷漠越发坚硬如石，你的自尊则变得越发脆弱疲软，最后你的眼泪流成了河，却还在努力尝试。你使出了浑身解数，不停奔忙。

不，算了吧，你从来都不需要去说服谁对你上心，用甜言蜜语去诱惑和哄骗他，让他与你一起共度时光。

现如今，如果我怀疑对方对我不上心——哪怕只有一丝怀疑，我只会做一件事，那就是再也不和他约会了。如果他对我有兴趣，很快就会再来联系我；而如果没有，我也不会有任何损失。

当他们向你展示真实的一面时，不要视而不见

我的座右铭之一是玛雅·安吉罗的名言："当别人向你展现真实样貌时，相信他们。"这是她私下里给奥普拉的一条建议，当时，奥普拉正在控诉着一个一次又一次令自己失望的男人。

奥普拉说，她"守在窗边等他出现，甚至连一个电话都不敢打，因为害怕他打过来时会占线（那时大家还没开始用手机），周末也不敢出去倒垃圾，害怕会因此错过他打来的电话，不敢去放洗澡水，因为他可能会在这时打过来……等待，等待，再等待"。

我们都有过这样的经历，对吧？我记得我曾经上厕所时也带着手机，以免错过一个男人打来的电话。令人欣慰的是，就连奥普拉也不能免俗。

玛雅给奥普拉的这条建议很简单。那个男人已经向奥普拉展示了自己是个怎样的人，但奥普拉不相信他。"为什么你要等到第三十次时才把他看清？"玛雅说，"为什么不能在第一次时就看明白呢？如果有人试图告诉你'我很自私''我很刻薄''我很冷酷'……相信他吧，他比你更了解他自己。"

曾经，当有人试图向我展示他真实的样貌时，我选择了忽略，这种事发生过很多很多次。我现在会对他们的言行保持密切的关注。如果一个男人说他不想认真开始一段感情，我会相信他。

有句话说："听到马蹄声就会想到马，而不是牛。"是的，如果听起来像马，那它就是马。

通体舒畅时再去约会

法国人又来了,又来展示他们的聪明智慧了。Bien dans sa peau,意为"通体舒畅",直译过来就是"连皮肤都感觉良好"。当我情绪低落、缺乏安全感或不自在时,我就不去约会。既然知道了不能着急,我就可以享受漫长舒适的空窗期,直到再次感觉"通体舒畅"。

我的建议是,当你觉得自己聪明、有趣、有价值、性感时再去约会,因为这会让世界变得不同。这刚好过渡到了我的下一条建议:标准。

不惜一切代价保持标准

一旦被某个人迷住,你就会很容易放弃自己的标准,看着它们漂向深蓝色的大海。它们不重要,对吧?没有它们,事情就简单多了

不!你需要标准!不要抛弃它们!

现在,我知道了我的标准是什么、我的底线是什么,我绝不会抛弃它们。把它们写下来可能会更有帮助,这样你就不会把它们放弃或忘记了。我的标准是:和谐相处、相互尊重,并愿意发展长久认真的关系。

诚然,秉持这些标准让我在过去 5 年里不得不放弃了五个喜欢的男人。为了坚守标准而放弃他们相当艰难,但绝对是正确的决定。我从不后悔我选择了坚持标准。

让我们以《丑闻》中的一句台词来结束这一章节吧。坦白说,我实在太喜欢这部剧集了。

我不是在做出选择。我不是选择杰克，也不是选择菲兹，我选择了我自己。我选择奥利维亚。现在，奥利维亚在跳舞，我在跳舞，杰克，我自由了。你可以和我一起跳舞，或者离开我的舞池，我一个人跳舞也很好。

——奥利维亚·波普，《丑闻》

将我们不认识的人理想化

你是否曾在见到某个人之前,就已经和他有了很深入的文字交流,以至真的见到他们时感觉很奇怪?我有过这种经历。

有一种"超人际互动"理论,由约瑟夫·瓦尔特教授提出。他发现,数字通信往往会飞速推进人际关系,甚至比面对面交流时推进得更快。这也正是为什么你常常会向一个甚至都没和你一起喝过咖啡的人透露许多私生活的细节。

瓦尔特的研究发现,鉴于我们对交流者的了解存在明显的空白,填补空缺的方式有两种:第一是没有证据地假设他和我们相似(如果你很坦诚,就会认为他也同样坦诚);第二是为他"构建理想化的形象"。

大体上,我们会用事实和对对方的期望填补空白。所以,我们会把他想象得超级友好,哪怕根本没有一手的证据。他必然会成为一个奇异的化身:一半是真人,另一半则是你的组装。

心理学家詹妮弗·L.泰茨说,这种放大甚至凭空想象出优点、弱化缺点的现象,是一种认知失调,被称为"光环效应"。有意思的是,当对方帅得冒烟,而我们又喝得酩酊大醉时,我们更容易陷入这种认知失调。

"在遇到生理上吸引自己的人时,我们希望积极填补空白(当我们摄入会改变情绪的物质,或告诉自己需要和人约会时,这种意愿也会增强)。"泰茨说,"要注意你正在创造一个幻想,它并没有现实支撑,所以应该活在当下,专注于我们所知。"

专注于我们所知。为了不让自己再构建幻想,我列了两份清单。第一份清单是"关于他们,我非常确定的事",它通常很短,也许只有 a. 我迷恋他的身体; b. 他工作上很出色; c. 他想跟我约会。第二份清单是"关于他们,我做出的猜想",而它通常会超级长。

我经常会在社交媒体上抓取信息然后迅速得出结论。我会认为某个人体贴、能记住别人的生日,而且善良,理由只是他贴了一张给父亲庆祝生日的照片。

于是,哪怕他表现得不体贴、忘记了我的生日,或者对服务员粗鲁无礼,我也会认定这只是意外,只要他更喜欢我,表现就会大有不同。

过去,我会在和某个人约会之前先在脸书上加他为好友,以便"审查";而现在,我可能和一个人约会几个月后都没有加他为好友。"光环效应"会影响我的判断,蒙蔽我的双眼。

归根结底,关于一个人,社交媒体告诉你的信息,全都是这个人想让你知道的信息。

心碎折磨？这儿有为它而生的应用程序！

想要重温你的心碎历程吗？这里有专为此开发的手机应用！想把他前任的样子保存在大脑里吗？登录应用！只需要点击几下，折磨就会降临。

1994年之前，我们真正能够折磨自己的方式是不停打给寻呼台，看看对方有没有给我们打过电话。我们在兄弟姐妹身边深深叹气，希望他们赶紧打完天杀的电话，好让我们坐下来，盯着电话机等待。

后来，灰色的诺基亚手机在我们手里被握得滚烫，我们发现天堂与地狱只存在于短短的一条短信中。收到消息，天堂；等待消息，地狱。我们在半夜醒来，也要翻开手机，看一看有没有一个充满希望的信封图标在等待我们开启。

而这些，全都不能与今时今日的情形相提并论。如今，我们有了大量折磨人心的手机应用。想看看前任身着泳装的新欢吗？点这里！想看看男友和他前女友的度假视频？点这里！想看看他们还没分手时说过的话？往下拉时间线就好了！

这足以让最理智的人疯狂。

窥探的诱惑

这些我们随身携带的电子仓库，证明了窥探的诱惑是如此难以抗拒。一项研究发现，34% 的英国女性和 62% 的英国男性都会用手机窥探他人。

因此艺术家班克西的《情诗》才会如此直击人心。"注视的双眼 / 带着甜蜜和温柔的吻……"诗这样开头，充满陈词滥调，直到笔锋一转，"我发现你沐浴在晨光中 / 安静地研读 / 我手机上所有的信息。"

然而，人们有权保有自己的秘密，你知道这一点吗？我不知道。我从犯罪惊悚片《致命安全》中学到了这一点，看这部电影主要是因为我喜欢迈克尔·C. 豪尔（他也是《嗜血法医》的男主演）。

别人怎么想与我们无关，不能因为这些想法关乎我们，就认为它们是我们的财产。另外，窥探只会带来不好的结果。有句老话说得好："偷听的人从不会听到自己的好话。"

揣摩一下这句话。我们在背后议论别人的话，是永远不会当着别人的面说的。那是我们的情绪垃圾。我们发泄，我们咆哮，我们卸载，我们销毁。

但这些喷涌而出、咆哮着被发泄出来的话，并不是我们对那个人的全部评价，是不是？所以，窥探只会让你在垃圾中徘徊翻滚。

窥探也不能保证你不会遭受背判（是的，说的就是我）。现在我会全心全意给对方信任，毫无保留，甚至天真无邪，除非发生了不值得我付出信任的事。在被证明有罪之前，他都是清白的。

为什么屏蔽前任如此重要

最后,让我们谈谈"密切关注前任"。加拿大的一项研究发现,九成人都会在脸书上监视前任,但这无疑会把你困在过去,让你无法自拔。

"迈阿密大学的调查者研究了人们是如何应对分手的。"詹妮弗·L.泰茨说,"他们发现重度脸书用户会做两件事:不停回顾分手,并发现自己更加寸步难行。"她补充说,她从没见过哪个沉迷社交网络的人不后悔与前任分手。

想想你浪费了多少精力和时间,那些你还没读的书、还没见的人、还没尝试的爱好、还没做的运动,而你却盯着屏幕,孤独地滑进了社交媒体的"兔子洞",看前任标记了谁,并花更多时间找出谁又回标了他。

——乔安娜·科尔斯,《爱情法则》

玩失踪

数字时代带来的另一件事情是玩失踪，它会带来巨大的伤害。"玩失踪让我想起了20世纪70年代心理学家爱德华·特罗尼克著名的'静止脸'实验。"詹妮弗·L.泰茨说，"研究者让一位母亲与她的孩子温柔相处，然后让她突然面无表情，不再给予孩子回应。正如你猜到的那样，温柔的回应消失后，孩子会不可抑制地大哭。人类对接触和联络有着天然的渴望，如果一个人先接近你又莫名其妙地玩失踪，这足以令人发疯。"

"永远幸福快乐"的

Part 12

单身生活

你好，亲爱的"高级成年人"

亲爱的单身的你：

因为这个社会就是会赞美成双成对的人、向单身人士表示怜悯，所以没有人会在你单身两周年的纪念日给你寄贺卡，为你和你的好哥们儿安排一场浪漫的森林小木屋之旅，为了祝贺你找到新室友而送你一套昂贵的锅具，或者在你新养了一只小狗时送你水疗券或狗宝宝的新衣。

所有的庆祝活动都是为结婚的人和刚有宝宝的人准备的。对不起，亲爱的，我知道这并不公平。你的升职、第一次贷款，或者终于摆脱了一段糟糕的婚姻，这些事情都被忽略了，其他人却因为怀孕被各种派对包围。怀孕完全是件令人快乐的事，没错，但是单身人士做的事也同样值得庆贺。

我和最好的伙伴搬到一起住时，可没有收到几张恭祝乔迁之喜的贺卡，但搬去和拉尔夫同居时，我收到了堆积如山的乔迁礼物。拉尔夫和我享受了针对情侣的特殊优待，但我和爱丽丝一起住时却没有。

签下第一本书的合同，是我人生中最不可思议的巅峰时刻，那时我也的确被许多祝贺的短信及电话包围(感谢你们这些可爱的人)。我一共收到了两份礼物及两张贺卡,贺卡上写着:"祝贺你!真为你骄傲。"我根本没期待会收到这些,因此十分兴奋。

但是,那时我有一位朋友即将结婚,而她收到了几百份礼物,这种对比不可能不被我注意。它让我停下来思考——等一下,为什么我出书的事不能和她的婚礼相提并论呢?

我不是说我应当得到更多的礼物,但这件事有些令人疑惑的地方。想一想吧,一个单身的人凭一己之力买下了人生中第一套房子,却不会得到与刚刚订婚的人同样的掌声和关注。

如果我的口气听上去有点酸,我要澄清自己真的不是在嫉妒。与其说嫉妒,不如说困惑。我爱婚礼,也喜欢在婴儿的受洗仪式上玩"闻尿布"的游戏,乐意为这两种庆典准备礼物。只是,我们忘记了这一切是多么奇怪、多么偏颇、多么一边倒。结婚和生育是那么受人推崇,甚至压倒了人一生中的其他任何成就。这非常片面地告诉我们,在社会看来,我们人生的巅峰就是和一个人安顿下来、生育子女。

我真希望查理·布鲁克再为《黑镜》写一集剧本,构想一个单身和伴侣关系得到同等赞誉的社会,那将是一曲了不起的赞歌。"从此就不再是一个人啦!"这种没有意义的话,不仅会让单身的人感到忧伤,也会在伴侣们身上罩上一只隐形的笼子,让他们害怕外面那个巨大的、糟糕的世界——单身生活。

但是,不管怎样,社会就是现在这样,让我们与之共存吧。现在,我终于要说到我的观点了。

我在这封信里绕了这么久圈子,就是想告诉你,你在做一件不可思议的工作。单身就像是"高级的成年"。社会把单身的人当作孩子,已婚人士也会显露出一副他们比你更成熟的姿态,这都很怪异,因为单身的时候,你要扛下所有的事。

所有的、全部的事。如果有谁应当获得"高级成人奖",那就是单身人士。单身妈妈呢?她们应当得到终身成就奖,配上一段展现她们人生高光时刻的短片,全场起立,用力鼓掌。

"单身人士会被锻炼得能够掌握一切。"心理学家贝拉·德保罗说,"夫妻和情侣会分工做事,你负责车和钱,我来照料一日三餐,处理亲戚的事,而单身的人要自己把所有这些安排妥当。"

收下这些欢呼、贺卡及掌声吧。把它们献给自己,把它们献给你的单身朋友们。请收下来自我的这一份。

我看到你了。

干得漂亮。

凯瑟琳

"这是我该死的餐厅"

巴塞罗那有一家餐厅,名叫"我该死的餐厅",每一次骑车经过,我都会被这个名字逗乐。我甚至可以想象出这样的问话:"你为什么不给它起个别的名字呢?"老板则充满恼怒和轻蔑地答道:"我想怎么叫它就怎么叫它,这是我该死的餐厅!"漂亮。

你就是你自己开的餐厅。如果你不想被定义为"单身",就不用这么定义自己。如果你想称自己是"自愿独身者""积极看待单身生活的人""独行侠""无拘无束的妖女""单身维持者"(就像"治安维持者"),那就尽管这么称呼自己好了。

与之相似,"离婚女子"这个词很奇怪。为什么当你已经结束了婚姻时,你仍然在被之前的婚姻定义,哪怕它早已是陈年旧事?如果你更想称自己是"单身女子"而不是"离婚女子",那就这么做。选择你自己的词汇。也许你想称呼自己为"婚姻幸存者",或者"自由战士",都随你的便!当格温妮丝·帕特洛和克里斯·马丁宣布他们"有意识地脱钩"时,全世界都在指责他们的姿态"自命不凡",但我却很高兴他们定义了自己的离婚方式。这是他们的离婚。

我喜欢凯特·博立克对"老姑娘"一词重新定义,并骄傲地使用它的方式。给一个侮辱性的词汇赋予新意,如同挥拳反击,就像同性恋群体从恐同的黑暗历史中打捞出了"酷儿"一词，将它从一种侮辱性的称呼，变成一种"身份宣言"。

如果我们可以一边说"我是一个老姑娘"一边露齿而笑，就解除了这个词的消极意义，而别人也不能用它在背后诋毁我们了。这就像将一件刑具升级改造，先是将它磨平抛光，然后用暖黄色的油漆粉刷。它就变成了一句令人愉快、面带微笑说出的"去你的"。

我自己不会选择这么做，因为"老姑娘"会令我想起和临终的父亲在车里的争吵，这令我想哭。但是你可以按照你的喜好来！

而且请不要忘了，我们有许许多多的面向。没错，我是单身人士，但我还是朋友、女儿、妹妹、姑姑、作家、长跑爱好者、读者、自行车骑手……还需要我继续罗列吗？单身只是我诸多属性中的一个。我是有三十条边的十二面体。"单身"不能定义我，它同样也无法定义你。

你可以将单身人士视作掉队者、局外人、赛场上的输家，但也可以认为单身生活精力满满、离经叛道、大胆不羁。我选择了后者。正如扎迪·史密斯所说："我是那本定义我的词典的唯一作者。"

承认你的单身

当我为写作这本书调研，阅读各种关于单身的文字资料时，我发现自己把《如何单身且快乐》的封皮卷了起来，不让沙滩上的其他人看到它。为什么？我扪心自问。因为一种如膝跳反射般的单身羞耻依然与我如影随形。也许此时此刻你捧着这本书时，也做了和我一模一样的事。

这让我想起我常常谎称自己有男朋友，以便回绝那些我不喜欢的男人（好像我拒绝男人的唯一理由就是我已经被另一个男人拿下了），或者躲过对方烦人的追问。

当我诚实宣布自己目前不处在恋情中时，我意识到，我以前说自己单身的时候常常叹着气，像个泄了气的倒霉蛋，带着抱歉的神色，觉得很难为情。所以现在，我会以别人宣布自己结婚时的骄傲姿态，宣布自己是单身。这完全改变了对方的反应——以及我对此的感受。这同样令那些想要搭讪的色狼感到迷惑，他们现在会得到一句"不，谢了，我是单身"，只好一脸不解、灰溜溜地离去。

我不是一件装饰品——如果没被别人挑中，就要在市场上待价而沽；我是一个人。我不是一张等待别人拿起、画钩或打叉的邀舞卡；我是一个人。这是一场剧烈的思想转变，我喜欢它赋予了我这么强烈的掌控感。

给你爱的孩子写信

我们对身边的孩子负有责任,需要提醒他们人生远不只有爱情。因为,一如我们在成长中的遭遇,有人会不断对他们说,感情生活是至高无上的,爱情的地位高于其他感情。

我希望你试试看:给一个你爱的孩子写一封信,给出你对于浪漫关系的建议,等他满18岁时再来阅读。可以是你亲戚或朋友家的小孩,不必非得和你有血缘关系,只要你对他有很深的感情就行。

下面是我写给侄女夏洛特(5岁)和侄子利亚姆(9岁)的信:

亲爱的18岁的夏洛特和利亚姆:

我不希望如此,但你们可能已经在这样一个世界里长大了,它以一种隐晦的,或者其实没那么隐晦的方式教育你,如果你没有一个浪漫伴侣,你就是不完整的、残缺的。

我想要你们知道,这不是真的。

完全,不是,真的。

下面是我所知的事实。某些"至理名言"告诉你,你要把心交给某个人,而他则有打碎它的权利。

当你处于心碎的深渊时，这听上去确实像是真理。

但它只是一种错觉。你过去和现在都掌控着自己的心，一直如此。

这是我学到的事，是我在这个星球上生活的短短38年中学到的。你的心并不是一枚可以别在其他人心口的胸针，也不是一只能被瞬间击碎的陶罐。

你的心像一座庞大、结构复杂的房屋。你拥有这栋房子。在一生中，你把房客们带进来，有的会一直住下，有的来了又走。这是一座有趣的、吱吱作响的、高贵壮观的大房子，布满了秘密的地下通道以及隐藏在假书架后的暗房。

房子的顶部有一个奇怪的房间，似乎比其他的地方更有魔力。它可能会是一座塔楼，有着彩色玻璃窗和贴合弧形墙壁的家具。这是你安置所爱之人的地方，是你最喜欢的房间，所以你把它奖给了爱人。

当塔楼里的房客突然离开时，你震惊不已：你忘了他们只是房客，也忘了他们可以离开。他们可能会在漆黑的夜幕下离去，留下一个烂摊子让你收拾，或者丢下多年后你依然无法狠心丢弃的东西。同样，他们也可能会被你主动驱逐，但过程往往同样艰难，因为它会涉及痛苦的对话，常常还有对峙。

当塔楼的房间空着时，你会很想待在里面，哪怕爱人已经离开了很久。在月色下，你因为寂寞和无人爱你而哭哭啼啼。你啜泣着躺在散发着他们味道的床单上。但这就是问题所在：当你坐在塔楼的山墙上，孤独而渴望地凝视着窗外时，是你主动选择了孤单。

在塔楼之下，还是有着各种各样的爱，人们点着蜡烛，说着不好笑的笑话哈哈大笑，做着杏仁饼干，房间拥挤得像个兔子洞。当塔楼忽然空下来时，想要花些时间哀悼逝去之物，是可以理解的。

但是在哀悼之后，请下楼来，花点儿时间在客厅的炉火旁取暖，或者去游戏室和一群朋友打乒乓球，也可以去同事的房间里，在烧水的时候闲聊几句。

哪怕塔楼永远空着，也没什么大不了的，因为你还有其他36个房间，充满了爱、亲密和尊重。其他的房客可能也会带给你同样的幸福，哪怕你并不会亲吻他们。你的心里可不只有一个房间，所以不要给那个房间至高无上的特权。

即使塔楼里的房客看起来会永远住下去，即使你们养了一条叫巴克斯特的小猎犬、买了一套高档茶巾，即使你们订了婚或者有了孩子，也请你记住，这套房子永远是属于你的。这些行为都以你的名义发生，由你主宰。哪怕背叛或冷漠让你寒心、让房间乱成一团，离婚或死亡的威胁横扫进屋，最终一切也都会好起来。你可以待在其他36个房间里，迎来一个全新的自己。

你的心像一座巨大的迷宫。你要在其中漫步，重新装饰那些看起来陈旧的房间，与每一位房客欢度时光，欢迎新来的房客，同时记住，除非你故意把自己关在某个房间里，否则你永远不会孤独。

　　你拥有你的心，它是你的。顺便说一句，我会一直待在房中的这间温室里，努力养活日渐枯黄的植物。如果你们在塔楼中遭遇了难过和震惊，我会在这儿等着你们，准备好茶和拥抱。随时来找我吧。

爱你们的凯瑟琳

你的信写好了吗？

　　好的，很好。现在试着在脑海中把孩子的名字从信中抹去，代之以你自己的名字。人类很奇怪：我们很擅长给他人建议，擅长告诉他人那些我们应该自己用心聆听的至理名言。

　　再读一遍这封信，把它当成是写给你自己的，然后，好好用心体会信上的话。这就是你要听的。

我的"单身快乐"成果汇报

你有没有非常喜欢过一个人,愿意为他做任何事呢?嗯,把那个人变成你自己,然后为所欲为吧。你会为他做什么呢?

——哈维·斯佩克特,《金装律师》

当我把这本书的初稿一股脑地交给出版社时,文案里包括这样一句:"显然,健康的关系有让你更快乐的能力,但这并不意味着没有它你就会不快乐。"

我不得不回过头删掉它,不仅是从书稿中删掉,也是从我的脑中删除。随着渐渐深入切实的研究,我开始重新审视大脑中关于单身和已婚快乐程度的名言。心理治疗显示,我并没有因为处在一段关系里而变得更快乐,即使是处在一段良好的关系里,也并不比我单身时更快乐。这振聋发聩、醍醐灌顶。

开始写这本书的时候,我知道,单身是快乐的,我也知道,哪怕我45岁或者50岁时仍然单身,我也是快乐的。但是永远单身下去呢?不,爱神啊,别让我这样。然而现在,我真的不害怕那种命运了。我知道,就算永远单身,我也会快乐且满足。我终于可以直面这种状态了,并感受到了平静。

心理学家谈到了我们"可能的自我",或者想象自己有一天会成为的"未来的自我"。从前,"永远单身的自我"总是怀着恶意，踮起脚尖在我关于未来的想象里走来走去，试图破坏"想要组建小家庭的自我"，就像《致命诱惑》中格伦·克罗斯饰演的坏女人，想要熟煮兔子，鬼鬼祟祟地溜进浴室，在满是雾气的镜子上写下罪恶的话。

但是现在，我把她请进了屋，和她做朋友，给她倒茶。我发现，她其实相当可爱。如今，我喜欢这个"可能的自我"。这意味着她再也不会在外面鬼鬼祟祟地吓唬我了。

我的爱瘾试图阻止我写下这本书。它会悄悄地对我说："要是有个本来可以做你男朋友的人读了这本书，他会被吓跑的，因为他会觉得你彻底疯了。"然后它会离开，让我独处一会儿，又阴魂不散地回来，说："而且，你考虑过吗？他的母亲可能会读到这本书，然后直接抹杀你走进她家门的机会！"

我直截了当地让这个声音闭嘴。理性层面上，我知道，任何一个配得上我的男人都不会被这样一番坦白劝退——"我曾经是一个爱瘾者，现在正努力做出改变"。

以下是我最后的思考，既是为我自己写下的，也是为你。

我会浪漫至死

阿兰·德波顿提出了一个令人信服的观点：尽管单身人士被视为"反浪漫"的人，但他们往往是最浪漫的。他警告道："狂热的浪漫主义者应该尤其谨慎，避免陷入平庸的关系中。"

你可以像我一样，是一个爱幻想的浪漫主义者，却仍然快乐地享受着单身生活。你可以选择把浪漫场景看作这个世界充满浪漫的证明，而不是认为它们在粗暴地提醒你仍然缺少爱情。

今天，我看到一对70岁的老人走到海滩尽头，非常自然地亲吻后又开始往回走，就像在接力赛中交棒一样。

我并没有被渴望和嫉妒刺痛，有的只是一阵感情的激荡，因为我现在相信富足，而不是匮乏。

每个人都有崩溃的时刻

认真地说，每一个人都是如此，我不是特别的，你也不是，如果你也曾有这种经历的话。埃克哈特·托利写道："并不是只有你觉得自己有问题，这是一种人类普遍的状况。"数百万人，不，是数十亿人有着完全相同的思维模式，这像是编织在每个人体内的一根线，终其一生我们会不时将它扯出。你并不是残缺不全的，你没有任何问题，我也没有，但"认为自己有问题"的心理是人类经验中无法回避的组成。

放开双手

我们永远不可能"拥有"他人。如果有人想要离开，那就试着和他们说再见。有句话是这么说的，成瘾者放开的东西上"布满了指印"。以前我对男朋友就是这样，如果他们想要离开，我会紧握拳头，竭尽全力阻止。

但现在，我甚至不会合拢双手。我的手会一直摊开，手掌向上，以便他们随时飞走。他们本来就不是我的，将来也不会是，因为人不是一份财产。如果他们真的离开了，我可能会孤单地凝视一会儿天空，但不会举着网一边努力捕捉他们，一边喊着他们应该留下来的理由，更不会跳上直升飞机，一路紧随在他们身后。

没有选择的生活是一艘已经启程的船

纠结着想要改变过去是在浪费你宝贵的精力。"你我永远都不会知道,我们没有选择的那种生活是怎样的。"谢丽尔·斯特雷德写道,"那是一艘我们没有登上的幽灵船。除了目送它启程外,我们无能为力。"

我们有能力拯救自己

佛家说,除了自己,没人能拯救我们。我全心全意地相信这一点。别人当然可以帮忙,但你要对自己的行为负责。

如果你在等着别人骑马前来,一把将你拉上马背、安置在自己身后,然后飞驰着将你护送到安全地带,那你就永远等下去吧。自己找一匹马,给它起个名字,然后跳上马背。

有吸引力的人并不是我们的敌人

你可能会回应:"他们当然不是。"但我可是直到 30 多岁时才明白了这一点。我现在明白了,嫉妒并不是既成事实。那些一脸冷漠、喝着水闲庭信步、招摇过市的漂亮姑娘或高大帅哥,并没有头顶着会像二手烟般熏到我的嫉妒光环。嫉妒是一只我们主动选择紧握在手中的滚烫煤球。

我似乎总是在不择手段地结识漂亮朋友,同时却又把任何陌生的美女看作是对我所处关系的威胁。远离陌生人!现在我会不厌其烦地对她们表达赞美并致以微笑,因为美不是她们的错,她们的美也并没有剥夺我任何东西。

现在我对生活感到安心,我不会再梦到自己清晨起得太晚,焦头烂额地化妆。我一生中大部分时候都顶着一头卷发，素面朝天。我知道并接受自己在宇宙中所处的位置。我不是这条街上最漂亮的女人，更不可能在哪个男友认识的女人中排第一，但这并没有什么，因为内在比外在更重要。十几岁和二十几岁的时候，我把一切都弄颠倒了。

婚姻并不是一件均码衣服

我并不确定婚姻对所有人来说都是一个明智的选择。在婚姻中，有人生活得花团锦簇，也有人凋零失意，它显然不适合所有人，也许这就解释了为什么现在有这么多人选择不走这条路。就像金·凯瑞在推特上所说："发明婚姻的人是个疯子。婚姻就像是在说，我太爱你了，甚至要让政府介入，让你无法离开。"

蒂姆·波顿和海伦娜·伯翰·卡特结婚后住进了两座紧挨着的房子，拥有分开睡觉的空间。"我们和任何一对情侣一样关注对方，但我们的关系因为彼此拥有独立的空间而得到了加强。"她说，"亲密不是强加的，它是一种主动的选择。"

歌蒂·韩和科尔特·拉塞尔选择不婚，在一起整整30年后，他们依然这样决定。每一个清晨，他们醒来，然后选择继续在一起。"结婚是一种非常有趣的心理学现象。"歌蒂说，"如果你需要一种和另一个人绑在一起的感觉，那么结婚就很重要……而如果你有足够的钱、独立感，而且喜欢这份独立，你就会产生一种不婚的心理，它给了你在分岔路口做决定的自由。"

我现在知道了，我也需要在一段关系中拥有自由。我像是生活在热带草原上的动物，需要广阔而开放的空间，可以自由地跳跃和奔跑。我对于一周中有四天不在一起或者分房睡的想法持开放态度。婚姻到底适不适合我，谁知道呢？它又适合你吗？请深刻挖掘和审视一下这个"所有人都应该结婚"的社会环境。

婚姻应当更多地被视为可选项

谈到没有结婚的"挫败感"时，情况似乎正在好转：在年轻人中，婚姻正在被视为可选项，而非必选项。

一项针对 7～21 岁女性的调查显示，受访者中，只有五分之一的人认为婚姻是"成功的标志"。真棒。除此之外，只有三分之一的受访者表示，已婚人士"会成为更好的父母"。我想让这些女性来统治未来的世界，行不行？拜托！

有人认为，即使是有孩子的情侣，不结婚的比例也会增长。有调查机构估计，到 2031 年，只有六成的家庭会由已婚伴侣创建。

未来正在改变，我们爆破岩体，炸出了新的出路。现在问题不在于要跟谁结婚，而在于要不要结婚。

这本书的出版就是进步的标志之一。我读了《观察家报》上的一篇文章，提到有一本叫《单身也不错》的书在 1999 年遭到了所有惊慌失措的出版商的拒绝。一位编辑在退稿信中写道："人们基本上还是想要处在关系里的，不管它是多么令人窒息或糟糕。"作者最终自费出版了这本书。

幸运的是，时代在进步。我不用自费出版这本书，你也不需要到禁书网站上去读它。我们赶上了好时候。

持有一种单身心态

如果你最终结束了单身状态，和他人走到了一起，恭喜，我发自内心地为你高兴。凯特·博立克如今就处在一段长久的关系中，但她始终带着一种"老姑娘心态"。而我也将保持单身心态，无论以后是否会步入婚姻。

单身到底是什么呢？是自由，是空间，是财务独立，是情绪自主，是对一切事务的掌控，是从朋友和家人那里寻求爱与浪漫。长期保持单身状态能够让你掌握很多技能，让你觉得自己所向披靡，所以，仅仅因为一枚戒指就把这些都丢掉，那绝对是疯了。

利用你的单身自由

无论何时，每当我不敢放开手脚，只想小心行事时，我都会用老虎"莫希尼"的故事来提醒自己。

塔拉·布拉赫，一位声名远播的心理学家及冥想老师，讲述了莫希尼的故事，它是华盛顿特区美国国家动物园里的老虎，被关在一只12平方米的笼子里。多亏了时代进步，工作人员为它建造了一处新栖息地，有数千平方米，有山有树，还有一座池塘。"他们怀着兴奋与期待的心情把莫希尼带到了昂贵的新住处，"塔拉在网站上写道，"但已经太迟了。老虎立刻缩进了围栏的角落里，躲在那里度过了余生。莫希尼在那个角落踱来踱去，直到这块 12 平方米的土地被踩得光秃秃的。"

利用你所拥有的自由，去跨过山峰、在池塘里翻滚、在树丛里快乐地跳跃。跑起来吧，老虎。

拥抱你的森林

德语中有很多独特的词汇，它们形容的事物是很难用某个英文单词表达的，比如"schadenfreude"指"对别人的不幸展现出的快乐"，"fremdschämen"指的是"替他人感到尴尬"，"waldeinsamkeit"的意思是"独自一人在森林里时那种快乐而美妙的感觉"。

我不会念最后这个词，但我能确切感觉到那种快乐。

巴塞罗那的振奋时光

2018 年 8 月

我躺在一座露天泳池边,写下这本书的最后一个篇章。海平线是那么直,甚至令人产生了幻觉——难怪人们曾认为世界是平的。海平线尽头有一艘游轮,小得像一艘塑料战舰,仿佛会掉在地上摔碎,而我们会意识到自己只不过是巨大游戏板上的小人。

缆车在露天泳池上方,把"铁皮罐头"里的人升起来,送入口中。一只像小狗那么大的海鸥笨拙地在我头顶俯冲,大风试图把它吹向内陆,而它则顽强地扑向海滩。

我意识到,单身有时就是这种感觉:孤注一掷,绝不屈服,努力作战,坚守并捍卫你认为正确的道路,而不是选择阻力最小的路径。我就是那只海鸥。

今年夏天,我搬到巴塞罗那住了三个月,因为我反正也违反了伦敦的租约。现在我习惯问"为什么不"而不是"为什么"。在这里租一套一居室的公寓,和在伦敦不怎么好的地段租一个单间公寓,花费是一样的。

我来这里是为了写完这本书,为了专心欣赏高迪的教堂,为了看阳光下的海星(当然,在我离开英国的那一刻,英国迎来了有史以来最美妙的夏天),为了和一脸困惑的当地人说蹩脚的西班牙语。我努力学习用西班牙语问"我们能说英语吗",我想知道为什么当地人听后会微微皱起眉头,回答:"嗯,我会尽力的。"结果就是我一进商店和银行就向所有人宣告:"你好!让我们都说英语吧!"

我租住的那间可爱的公寓位于四层。晾洗衣服像是一项极限运动,因为我必须爬加起来 12 米长的楼梯。走廊里有巨大的蟑螂,我管它们叫"布莱恩",为了让自己不那么害怕。

我的公寓里只有"单身女性"的装饰画。穆夏的新艺术风格版画中,弗拉门戈舞者充满自信地跳着踢踏舞,身边围绕着真正的龙!这是一个没有情侣的地方。

这对我来说很重要,我没有被束缚住。在来这里的航班上,当飞机摆脱引力戳破天空时,我感到了一种美妙的独立。"如果处在一段关系中,我就不会这么做了。"这个念头像电报一样一字一句浮现在脑海中。事实上,我真切地感受到,空气中洋溢着极度的兴奋与欢喜。

午夜时分,我拖着两个巨大的行李箱,来到一间陌生的公寓门口。我问自己:"该死,我到底来这儿干什么?"我觉得自己正在被"单身"嘲笑:我无法拖着两个行李箱爬上四层,又不想先把一只箱子留在楼下。我精疲力竭,还有些害怕。然后,一位好心的女士帮我拿了行李,一切又都好了。

所以,我还是偶尔会感到单身的忧伤袭来。如果想假装一切永远正常,那我就太天真了。我体内并不总是装满了单身的快乐,我也不是一个无尽的快乐源泉。

如果假装自己很快乐,就像假装我在戒酒的 5 年里一次也没有经历过"不管不顾只想来一杯"的时刻。当然有这样的时刻。每个人都会这样,哪怕他们已经戒酒很久了,理智上也知道不该喝酒。

但你不必盲目听从这些念头。要听从你聪明的心声,而不是你知之甚少、还在笨拙学习的那一部分。我理性的那一部分知道,我并不真的需要一个男朋友,我只是疲惫且孤独,这是不可避免的事。每个人都会有这种感觉,不管他们是否结了婚、婚姻状况如何。

我的观点是,单身的快乐和单身的悲伤是可以共存的,它们确实共存于我体内,但现在快乐的比例多过了悲伤。我是九分快乐,一分悲伤。我不会让恐惧定义我现在的生活,我要让冒险来领路。我不会被动地耗在伦敦,尽可能地打扮自己,犹如一朵等待被采摘的雏菊。我要动起来,而如果移动的目标更难抓住,那就顺其自然吧。

停止约会

在最近的两年半里,我都是单身状态,除了一些从未发展成"男女朋友关系"的短暂而美丽的小插曲。这正是我人生中最美好的时光。

4个月前,我决定再次停止约会,尽管我正要搬去巴塞罗那,而西班牙男人完全是我的菜,因为我又开始感到恐慌——那种迷恋、那种不停刷新约会软件的疯狂。

这种情况发生时,我就会扔掉手机,退出来。我会休息一下,直到觉得自己足够强大平静、能够再次约会,再重新进入约会的氛围。

10年前，对于28岁的我来说，4个月不约会是不可想象的。我得找个老公！我还能看见当时自己的样子，穿着迷你牛仔裙冲出门外，手指间夹着万宝路香烟，大喊："我怎么能不约会？"然后吐出烟雾，砰的一声关上门。

但现在，我38岁了，知道在这段不约会的时期，我的头脑冷静了太多。不约会令我的灵魂进入了深沉的宁静，抚慰着我心中焦虑的小鸟，让它将头埋进光滑的羽毛中小憩。约会固然有趣，但也很辛苦。所以现在，我只在觉得自己准备好了或者适合的时候，才去约会。我只在自己能够做到"适度"的时候，才去约会。

我不是说要永远单身，但我要保留选择单身的权利，以及为之骄傲的权利，直到找到比这更棒的东西。

单身和有伴侣应该得到同样的认可

我躺在泳池边，随着心情渐渐平静，我觉得自己不像那只海鸥，而更像一个人了。我环顾四周，想寻找一个单身的榜样。我瞥到了一个没戴戒指的女人，她大概47岁，身材很好，看上去像是常年练瑜伽，有一头夹杂着银丝的蜂蜜色秀发。如果以后能变成她的模样，我会非常高兴的。她一边读书，一边微笑。

她旁边是一位妈妈，正和两个蹒跚学步的小孩温柔而机敏地争辩，看上去有些疲惫但又乐在其中。我意识到，并不存在什么对错，单身与有伴侣，这两种生活方式没有哪一种是更好的。每一种生活方式都应该被认同，各有各的好处与陷阱。你不是非得在"反对婚姻"和"渴望婚姻"中选一个。我认为,关键在于享受当下,无论你处在哪一方阵营,都要顺其自然地往前走。

但不管怎么说,单身生活都一定更简单。我最近读到,"单身"(single)的拉丁文词根是"simplex",意为"简单"。而这就解释了一切,是不是?一定得是个足够棒的人,才会让我想摆脱这简单的生活。

我明白摆在面前的是一个挑战。我已经解构了那个我一直讲给自己听的故事("每一次分手都把我变得更脆弱"),意识到我因为那些分手变得更强大了。事实就是这样。与20多岁时蠢头蠢脑、天真无知的自己相比,我更加谨慎了。那时的我就像伊丽莎白·吉尔伯特一样,会奋不顾身地投入一段关系,犹如拉布拉多犬跃入泳池。

我的心不再像过去那样无所顾虑地敞开了,它只是半开着,随时会敏锐地闭合,哪怕只有一丝微风吹来。一个朋友说,即使害怕的时候也要保持一颗柔软的心,我一直记得这句话。

和自己同居

我离开泳池,骑车经过了我在巴塞罗那最爱的一个地方——威尔港,这里汇集了棕榈树、桅杆和哥特式尖塔。穿过一群不敢放开车把手的小贩时,我感觉自己在飞翔。

曾经有一项关于"女性愿望"的调查,发现女性最想要的是"被生活点燃的感觉",这甚至超过了对结婚生子的渴求。男人也是一样,我确定。无论是在巴塞罗那还是在英国,振奋感都是驱使我向前的动力。

但我也渴望有一个稳定的家,所以,等我回到英国的时候,我打算搬进第一套真正意义上属于我的公寓,它位于布莱顿的海边。不是在别人装饰好的公寓里住几个月或一年,而是栖息在一个空空的壳里,填满它,让它完全属于我。(我对这件事的兴奋程度远远超过了与男友同居。它也让我振奋。)

我打算在公寓里养植物,买12种不同的茶,在阳台上挂一张吊床,还要布置一个瑜伽区。不着急,慢慢存钱购买,这样我就不会无休止地在租房上砸钱了。

离开塔楼

所以,我要去布莱顿。而在心灵的房间里,你不会再看到我待在塔楼上落泪,孤零零地凝望着月亮,听着莉萨·洛布的《停留》,等待着王子前来的马蹄声。不,我会在这栋房子的其他36个房间里尽情享受。"等候之地"很无聊,我已经搬到起居室了。

我愤怒地喘着粗气,总算把自行车推上了蒙锥克山。我的口袋里有两个挂锁。我常常会经过一些挂满了爱之锁的地方,心想:"要是我也能……""如果……"好吧,现在我已经不这么想了,"如果……"不再是我前进的方向。让我们行动吧,就现在。

但考虑到我也拥有同样多的爱,我还是打算加入那些挂爱之锁的人。我的挂锁上面有我名字的缩写,代表我对自己的一份承诺。

我看到了我一直在寻找的那个地方,在一面涂鸦墙附近,看起来像是在对抗着这座城市。太阳从山顶童话一般的塔尖上慢慢降下了地平线。巴塞罗那的点点灯火构成了一首协奏曲,又像是一片从天上坠落的星座。我扣下锁,然后把钥匙远远地扔进了灌木丛中。

我锁进去的是一个承诺:我永远不会在追求理想爱情的过程中迷失自己,我再也不会把伴侣关系的重要性置于我自己的幸福之上。这意味着,我会做我自己的后盾,不需要别人的姓氏来支撑我的生活。我是在自我保护,而不是自我破坏。

今天也是我父亲去世一周年的日子,所以我还挂了一把锁,上面简单地写着"爸爸"。它有着多重含义:代表放手,代表宽容。我原谅了他灌输给我过时观念,"趁现在还来得及,赶紧找个丈夫"等等贬低女性价值、抬高男性的观念。

他的座右铭之一是"给别人犯错的权利",我决定也把这句话用在他身上,就像他经常对我做的那样。他只不过是他那个时代的产物。现在,我可以超越这些我已经坚持太久、深具破坏性的信念了。

我站在巴塞罗那的山上,而不是待在婚恋市场的"货架"上等着被人挑中。我非常想念我的父亲,但从某些方面说,他的死让我获得了自由。我无法再让他失望了,因为他已经不在了,这既令我心碎又令我释然。

但是我知道,谈及父母时,我们总是会放大不好的回忆,而忘记积极的部分。也许我已经和父亲和解了。在他的葬礼上,他最好的朋友对我说了一句话,是我收到过的最好的礼物。仿佛父亲本人溜进了我的大脑，点明了我需要知道的那件事："你知道吗？你父亲非常为你骄傲，他只是不知道该如何告诉你，或者将之表现出来。"

我站在可以俯瞰巴塞罗那的地方，听着恐怖海峡乐队的《罗密欧与朱丽叶》，这是对父亲的致敬。我想着他最好的一面：他会一边大声唱着这首歌，一边沿着蜿蜒的安特里姆海岸单手驾车（而且速度飞快）。

我还记得他心里住着一位幻想家，我也是一样。13岁的时候，我问他上帝是不是真的存在。他说，就个人而言，他不这么认为，但他接着拿起一粒沙子说："也许地球只是某颗巨人星球上的一粒沙，谁知道呢？"

我记得他是一个热爱动物的人。他会蹲在他养的那只漂亮的玳瑁猫廷克旁边，而猫在沙发上扭着身子，看起来很得意。爸爸会告诉廷克，它是"世界上最好、最漂亮的猫"，而它会回头亲吻他的鼻子。我真希望我是那只猫。但是在20世纪50年代的爱尔兰，人们养育男孩时并不会培养他们的情感能力，以及他们日后对孩子的喜爱。就像我在过度重视恋爱的环境中长大，他也有他的成长环境。

一阵眼泪急速涌来，这首歌就像按下了我的"悲伤按钮"。接下来，我听了佛利伍麦克合唱团的《吉卜赛》，这首歌已经成了我的"单身代言曲"，"她的脸庞诉说着自由，尽管还有一丝恐惧"。对我来说，单身生活最大的好处，就是不用再压抑体内流淌的吉卜赛血液了。

夜幕渐深，巴塞罗那被靛蓝色的天鹅绒笼罩，星星则像扎进天空的点点针头。圣家堂像被施了魔法的森林,一只蝴蝶带着神秘的使命掠过,与此同时,山下传来摩托车的轰鸣。

我感到悲伤与解脱交织在一起,就像墨消逝在水中。悲伤是因为父亲,但解脱是因为自己。现在,如果我发现自己处在一段有害的关系中,就像之前那样,我会毫不犹豫地放弃它,因为我不再害怕单身。我知道我可以快乐地单身,我不需要留下来等待,也不需要让对方留下来。我可以离开。

带着这个想法,我跳上了自行车,没蹬踏板一路滑下山坡。挂上爱之锁后并不会遇到什么可爱的西班牙男人,这就是电影的结局,对吗?而且,坦白说,朋友,我一点也不在乎,因为,我正在跟巴塞罗那热恋呢。

致谢

写作生涯中，我从没像此时此刻这般快乐，而这主要归功于两位坚毅、活泼、犀利且豁达开朗的女士：我的经纪人蕾切尔·米尔斯以及出版人斯蒂芬妮·杰克逊。

阿斯特的团队一如既往地耐心、有爱且专业，包容着我的种种缺点：过分注意细节（"控制狂"的委婉说法），一旦要在公开场合发言就宛如受惊的马，并认为自己拥有驾驭时间的魔力（信心满满地许诺会按时交稿）。我尤其要多谢这几位：凯伦·贝克、波林·贝奇、亚辛·威廉斯以及哈里特·沃克。

我要向充满智慧、启迪人心的希尔达·伯克和亚历克斯·科布博士致敬，他们不断慷慨地和我分享专业洞见。我也要向凯特·博立克以及詹妮弗·L. 泰茨博士表达感谢与欣赏，她们都对我的访问给予了百分之百的配合。我要与那些贡献了时间和精力的已婚及单身朋友一一击掌表示感谢，你们提供了那么多有趣、聪明又引人深思的发言。

我要向本书的最初几位读者深表感谢，你们提供了无价的意见和及时的鼓励支持。感谢你们，我的啦啦队员：我的妈妈、凯特·费思富尔-威廉斯、劳拉·麦卡利斯特、卡尔·威廉斯、苏西·考克斯、露易丝·格雷以及霍莉·惠特克。

最后也是最重要的，我要向所有的家人和朋友致以精神上的爱（它和浪漫的爱情一样强大），他们中的许多位已经在书中被提及。当我信誓旦旦地宣称某个我几乎不认识的人是我的"命中注定"时，他们会包容地点点头，爽朗地说："好的，让我们走着瞧吧。"他们容忍着我对自己情感困境和爱情悲剧抽丝剥茧式的分析。他们拥抱我，安慰我，陪伴我度过了愉快的单身生活中诸多被酒精催化的崩溃时刻。

我感到非常幸运，我已经找到了这么多灵魂伴侣。我期待与你们所有人共度余生。

译后记
认识你自己

刚看完一档离婚综艺的最后一期,然后来为一本叫作《单身快乐吗》的书写译后记,实在有些应景,说到底都是在讲人和关系。这本书的英文书名直译过来是"意想不到的单身快乐",但私以为现在的书名是更好的选择——这是一个能让每个看到它的人都思考一下的书名,思考"单身",也思考"快乐"。

不同于研究单身对于宏观经济、人口结构、国家政策乃至人类社会影响的著述,《单身快乐吗》虽然同样讨论了近年颇受关注的"单身"话题,但关怀对象和落点却是作为个体的人。书中当然包括许多单身人士与情侣、已婚人士的对比,既有学术分析、调查数据,也有生活中的真实场景;但这些对于本书来说只是理论分析及社会文化层面的背景。在单身议题背后,这本书另有一条暗线,那就是作者凯瑟琳·格雷的人生故事。它指向的是那个老生常谈却最为根本的问题,我们每个人都避无可避——认识你自己。

米田引理提出"一个东西与其他东西的关系决定了它本身"。这大概可以解释为什么对单身的讨论与"认识自我"密不可分,为什么这本书有如此丰富立体的人物和情节,为什么它个人色彩极强、感情浓度极高。

从一个自幼渴望爱情和婚姻的女孩，成长为如今享受单身状态的中年女性，凯瑟琳·格雷意识到了曾经自己对爱情不可救药的迷恋，感受到了"爱瘾"带给自己的痛苦。她回忆并剖析了自己的成长经历、感情观与恋爱史，写到了她的母亲、朋友、父亲、继父、男朋友、约会对象……毫不吝啬地敞开了内心世界。那些辗转反侧、忐忑不安，那些迷茫无措、懊悔难耐，那些心酸与苦涩，愤怒与委屈……那些我们每个人或多或少都经历过的时刻，那些我们未必能清醒意识到的内心幽暗细微之处，她都真诚且勇敢地一一袒露了。

她忍不住想要对比"单身"和"有伴侣"两种状态，想要探究自己对爱情的浪漫梦想从何而来，自己对某些人、某些事的态度因何塑造，想确认自己到底是谁，想要的到底是什么，要如何感知和判断爱。

格雷写书的过程就是她寻找答案的过程。她找到了一些社会学数据、一些心理学理论，见了一些专家和心理医生，访问了身边或单身或已婚的朋友，再加上读过的书、看过的电影剧集、听过的音乐乃至播客节目……这一切汇总在一起，就成了你手中的这本书。它是经由一个人——一个具体、鲜活、立体的人的感知和思考而自然流淌出来的。这里有每一个如你我一般的普通人都会有的隐惑、共同影响过我们的流行文化背景以及亲密关系的烦恼。我甚至有过白天糟糕的情绪刚好被当晚翻译的段落击中后再被温柔抚平的时刻，那实在是一种奇妙难言的感受。它亲切得犹如一面镜子——谁没有过坐立难安、心神不宁地守着手机，等一条短信的经历呢？再说到和父母一辈的沟通问题,说到社会时钟、同辈压力,东亚人也太熟悉了,对不对?

在本书结尾,作者确立了独立的自己,更能够理解他人,同时对人生持有一种开放的态度。她说,自己真的不再感到恐惧了,哪怕将要面对"一直单身下去"的命运。这无疑是在传递一份勇气。从这个意义上说,只要这本书能够影响到哪怕一个人,使其能更勇敢地发现并坚持自我,那么这份书与读者之间的关系就会反过来影响它。毕竟出版之后,一本书的意义才能够真正发挥作用。

感谢在翻译过程中督促我、陪伴我,并与我交流感受的好友们。感谢除了督促我翻译外,还敦促我写下这篇后记并贡献了其中最好的一句话的某人。

据说快乐其实最多只占人生的 20%,那最后就不再说"单身"或者"快乐"的字眼了。希望这本书能让你多少看到自己,也祝你标识出更广阔的自我。

薛一一
2021 年 10 月